Nalin Asanka Gamagedara Arachchilage

Jogos sérios para a educação sobre cibersegurança

Nalin Asanka Gamagedara Arachchilage

Jogos sérios para a educação sobre cibersegurança

ScienciaScripts

Imprint

Cover image: www.ingimage.com

This book is a translation from the original published under ISBN 978-3-659-85318-0.

Publisher:
Sciencia Scripts
is a trademark of
Dodo Books Indian Ocean Ltd. and OmniScriptum S.R.L publishing group

120 High Road, East Finchley, London, N2 9ED, United Kingdom
Str. Armeneasca 28/1, office 1, Chisinau MD-2012, Republic of Moldova, Europe
Managing Directors: Ieva Konstantinova, Victoria Ursu
info@omniscriptum.com

Printed at: see last page
ISBN: 978-620-8-37421-1

Índice

Resumo....2
Agradecimentos....3
Capítulo 1....4
Capítulo 2....11
Capítulo 3....37
Capítulo 4....49
Capítulo 5....63
Capítulo 6....81
Capítulo 7....106
Capítulo 8....117
Referências....125
Apêndices....145

Resumo

A investigação apresentada neste livro centra-se no desenvolvimento de uma estrutura de conceção de jogos para proteger os utilizadores de computadores contra ataques de phishing. Foi realizada uma revisão exaustiva da literatura para compreender o domínio de investigação, apoiar o trabalho de investigação proposto e identificar as lacunas de investigação para dar o seu contributo para o conhecimento. Foram realizados dois estudos e um projeto teórico para atingir o objetivo da investigação relatada neste livro. No primeiro estudo, foi utilizada uma abordagem quantitativa e, no segundo, abordagens quantitativas e qualitativas. O primeiro estudo relatado neste livro centrou-se na investigação dos elementos-chave que devem ser abordados na estrutura de conceção do jogo para evitar ataques de phishing. A estrutura de conceção do jogo proposta visava melhorar o comportamento de evitamento do utilizador através da motivação para evitar ataques de phishing. Os resultados deste estudo revelaram que os elementos ameaça percebida, eficácia da salvaguarda, custo da salvaguarda, auto-eficácia, gravidade percebida e suscetibilidade percebida devem ser incorporados na estrutura de conceção do jogo para que os utilizadores de computador evitem ataques de phishing através da sua motivação. A abordagem teórica da conceção centrou-se na conceção de um jogo móvel para educar os utilizadores de computadores contra ataques de phishing. Os elementos da estrutura foram abordados no contexto da conceção de jogos para telemóvel. O principal objetivo da conceção do jogo móvel proposto era ensinar os utilizadores a identificar endereços de sítios Web (URL) de phishing, que é uma das muitas formas de identificar um ataque de phishing. O protótipo do jogo para telemóvel foi desenvolvido utilizando o emulador App inventor do MIT. No segundo estudo, o quadro de conceção de jogos formulado foi avaliado através do protótipo de jogo móvel implementado num smartphone HTC One X com ecrã tátil. Em seguida, é apresentada uma discussão neste livro que investiga a eficácia do protótipo de jogo para telemóvel desenvolvido, em comparação com a aprendizagem tradicional em linha, para impedir as ameaças de phishing. Por fim, a investigação apresentada neste livro concluiu que o jogo para telemóvel é algo eficaz para aumentar a sensibilização do utilizador para o phishing. Revelou também que os participantes que jogaram o jogo para telemóvel eram mais capazes de identificar sítios Web fraudulentos do que os participantes que leram o sítio Web sem qualquer formação. Por conseguinte, a investigação relatada neste livro determinou que a perceção da ameaça, a eficácia da salvaguarda, o custo da salvaguarda, a auto-eficácia, a perceção da ameaça e a perceção da suscetibilidade têm um impacto significativo no comportamento de evitamento através da motivação para impedir ataques de phishing, tal como abordado no quadro de conceção do jogo.

Agradecimentos

Gostaria de expressar a minha mais profunda gratidão a muitas pessoas pelo seu apoio e encorajamento contínuos, sem os quais esta realização não teria sido possível. Em particular, estou extremamente grato aos meus supervisores: Dr. Steve Love e Dr. Mark Perry do Departamento de Sistemas de Informação e Computação da Universidade de Brunel, Londres. O Dr. Steve Love, cuja perspicácia mudou a forma como encaro a investigação, sem cujo apoio este livro não teria aparecido. Gostaria de lhe agradecer a sua orientação entusiástica, os seus conselhos inestimáveis, a sua imensa paciência e também o seu encorajamento nos momentos difíceis do meu percurso de doutoramento e por ter tornado a minha estadia na Universidade de Brunel memorável e maravilhosa.

Agradeço à Dra. Melissa Cole, que me ajudou a abrir os olhos para ver o mundo como investigadora. Agradeço também ao Dr. Tim French, que me incentivou e encorajou continuamente a iniciar um doutoramento. Pela minha capacidade de sobreviver ao ambiente de um gabinete de investigação, devo muito ao Professor Carsten Maple e ao Professor Yong Yue, da Universidade de Bedfordshire, que me deram um ânimo e um apoio incessantes. Gostaria também de agradecer aos meus colegas académicos do Departamento de Informática e Tecnologia da Universidade de Bedfordshire.

Agradeço também a Jeremy Baxter e Gareth Hirst, da unidade de apoio técnico do Departamento de Sistemas de Informação e Computação da Universidade de Brunel, que generosamente forneceram equipamento experimental e licenças de software, o que melhorou significativamente a qualidade das experiências efectuadas. Um grande obrigado a todos os estudantes, colegas e amigos que participaram nos estudos e experiências realizados para este livro.

Gostaria de agradecer ao pessoal académico, aos colegas e aos amigos do Departamento de Sistemas de Informação e Computação da Universidade de Brunel pela sua inestimável assistência e conselhos que contribuíram para esta investigação.

Um agradecimento especial aos meus queridos pais, Nanda e Somapala, que sempre me encorajaram nos meus percursos académicos, me deram a autoconfiança necessária para enfrentar novos desafios e me apoiaram de todo o coração, o que funcionou como asas de borboleta no meu futuro.

Este livro é dedicado à minha querida mãe e ao meu querido pai

Capítulo 1

Introdução

1.1 Visão geral

Este livro examina as questões de sensibilização para a segurança relacionadas com a utilização do computador, dando especial atenção a uma perspetiva de prevenção de ameaças informáticas maliciosas. As explorações de segurança podem incluir ameaças informáticas maliciosas, tais como programas informáticos que podem perturbar o comportamento normal dos sistemas informáticos (vírus), software malicioso (malware), correio eletrónico não solicitado (spam), software de monitorização (spyware), tentativas de tornar os recursos informáticos indisponíveis para os utilizadores a que se destinam (ataque de negação de serviço distribuído ou DDoS), a arte da pirataria informática humana (engenharia social) e o roubo de identidade em linha (phishing). Estes ataques são preparados com o objetivo de obter ganhos financeiros ou sociais (Ng, Kankanhalli e Xu, 2009; Workman, Bommer e Straub, 2008; Woon, Tan e Low, 2005). Por exemplo, um ataque DDoS pode ter como alvo um banco para avariar o seu servidor de correio eletrónico e o atacante pode exigir uma quantia fixa de dinheiro para devolver o servidor de correio eletrónico ao banco.

Por outro lado, talvez algumas pessoas tenham como objetivo a diversão e a realização, em vez de ganhos financeiros ou sociais. Por exemplo, um adolescente pode piratear a conta do Facebook do "seu" amigo para se divertir ou mostrar as suas capacidades. A BBC noticiou que um em cada quatro jovens britânicos tenta aceder às contas do Facebook dos seus amigos apenas por diversão, segundo um inquérito (BBC News, 2010). Esta situação pode ser grave com o rápido crescimento das tecnologias da informação e da comunicação. A mesma empresa de radiodifusão informou recentemente que a polícia deteve um rapaz de 17 anos, alegadamente o porta-voz de um famoso grupo de pirataria informática (BBC News, 2012). Esta situação representa um perigo não só para os indivíduos, mas também para toda a sociedade, uma vez que a difusão da tecnologia da Internet proporciona atualmente um paraíso aos piratas informáticos para o seu "hactivismo".

Porque é que as violações de segurança e a pirataria humana aumentam regularmente? Isso deve-se principalmente ao facto de as pessoas tentarem divulgar as suas informações pessoais ao público através da Internet. Pode ser através do Facebook, Twitter, Hi5, Orkut, Skype e até de sítios de redes sociais mais profissionais como o LinkedIn. Investigações anteriores revelaram que o fator humano ainda é uma criança e uma grande ameaça no domínio da segurança da informação (CNN. com, 2005 e Pike, 2011). Por conseguinte, esta investigação compreende a necessidade de influenciar o aspeto humano do desempenho da segurança para evitar ameaças informáticas maliciosas no contexto da utilização do computador. O trabalho atual no domínio emergente da "segurança utilizável" consiste em conceber e desenvolver uma ferramenta para educar os utilizadores de computadores a protegerem-se contra ameaças informáticas maliciosas.

Os utilizadores de computadores desempenham um papel importante para ajudar a tornar o ciberespaço um lugar mais seguro para todos devido ao crescimento da tecnologia da Internet. Atualmente, a tecnologia da Internet está tão difundida que constitui a espinha dorsal da vida moderna, permitindo que as pessoas comuns façam compras, socializem e se divirtam através da utilização dos seus computadores domésticos. medida que a dependência das pessoas em relação à tecnologia da Internet aumenta, aumenta também a possibilidade de pirataria informática e de outras violações da segurança (Liang e Xue, 2010). Por conseguinte, a mensagem "a segurança é vital" deve ser difundida a todos os utilizadores de computadores (Ngand Rahim, 2005).

Além disso, à medida que as organizações se tornaram cada vez mais "virtuais", verificou-se uma deslocação tecnológica do trabalho para o ambiente doméstico (O'Brien, et al., 1999). Os empregados são livres de trabalhar em casa ou de levar o trabalho inacabado para casa devido à difusão da tecnologia da Internet. Isto aumenta a oportunidade de os utilizadores individuais se exporem a ameaças informáticas vulneráveis. Ao contrário dos trabalhadores das organizações, é pouco provável que estes utilizadores de computadores em casa disponham de uma infraestrutura informática suficiente para se protegerem de ataques informáticos maliciosos ou que não disponham de normas adequadas ou de políticas rigorosas de segurança informática. Por exemplo, a maioria dos utilizadores de computadores não são profissionais de TI e não possuem um elevado grau de literacia informática para criar um sistema informático doméstico seguro (Doswell, 2008). Além disso, os utilizadores de computadores tendem a adotar um comportamento informático pouco seguro, o que os torna particularmente vulneráveis a ameaças informáticas maliciosas. Outros exemplos são a navegação em sítios Web não seguros, o descarregamento de software suspeito, a partilha de palavras-passe entre familiares e colegas e a utilização de redes domésticas sem fios desprotegidas (Liang e Xue, 2010).

1.2 Descrição do problema de investigação

Uma dessas ameaças informáticas que é particularmente perigosa para os utilizadores de computadores é o phishing (Dhamija, Tygar e Hearst, 2006). Trata-se de um tipo de *ataque semântico* (Schneier, 2000), em que as vítimas são convidadas por e-mails fraudulentos a visitar sítios Web fraudulentos. O atacante cria um sítio Web fraudulento com o aspeto e a aparência do sítio Web legítimo. Os utilizadores são convidados, através do envio de e-mails fraudulentos, a aceder ao site fraudulento e a roubar o seu dinheiro. Os ataques de phishing tornam-se mais sofisticados de dia para dia, à medida que os atacantes aprendem novas técnicas e alteram as suas estratégias em conformidade (Kumaraguru, et al., 2007). A mais popular é o correio eletrónico (James, 2005; Richmond, 2006). Os e-mails de phishing utilizam uma variedade de tácticas para induzir as pessoas a revelar as suas informações confidenciais, como nomes de utilizador, palavras-passe, números de segurança social e números de cartões de crédito/débito. Por exemplo, pedir às pessoas que participem num inquérito ou instar as pessoas a verificarem as informações da sua conta bancária, devendo fornecer os seus dados bancários para serem compensadas. A crescente sofisticação destas técnicas torna um desafio a proteção dos utilizadores individuais contra ataques de phishing (Drake, Oliver e Koontz, 2006).

Foram desenvolvidas várias ferramentas de software automatizadas para ajudar os utilizadores a identificar e-mails e sítios Web fraudulentos (Kumaraguru, et al., 2007; Arachchilage e Love, 2014). Por exemplo, Ye e Sean (2002) e Dhamija e Tygar (2005) desenvolveram um protótipo denominado "trusted paths" para o navegador Web Mozilla, concebido para ajudar os utilizadores a verificar se o seu navegador estabeleceu uma ligação segura a um sítio Web de confiança. No entanto, estes sistemas não são totalmente fiáveis na deteção de ataques de phishing (Sheng, et al., 2007; Abbasi, Zahedi e Chen, 2012). Além disso, estudos anteriores revelaram que as ferramentas anti-phishing disponíveis, como a CallingID Toolbar, a Cloudmark Anti-Fraud Toolbar, a EarthLink Toolbar, o Firefox 2, a eBay Toolbar e a Netcraft Anti-Phishing Toolbar, são insuficientes para combater as ameaças de phishing (Robila e Ragucci, 2006). Por um lado, os conceptores e criadores de aplicações informáticas, com a ajuda de peritos em segurança informática, continuarão a melhorar a deteção de phishing e de spam. No entanto, o risco do fator humano continua a ser elevado e o ser humano é o elo mais fraco da segurança da informação (Purkait, 2012; CNN. com, 2005). Por outro lado, os riscos do fator humano podem ser atenuados através da educação dos utilizadores contra as ameaças de phishing (Brody, Mulig e Kimball, 2007; Robila e Ragucci, 2006; Arachchilage e Cole, 2011; Abbasi, Zahedi e Chen, 2012; Purkait, 2012).

Os utilizadores de computadores são susceptíveis a ataques de phishing (Dhamija, Tygar e Hearst, 2006; Kumaraguru, et al., 2007; Purkait, 2012; Arachchilage e Love, 2014; Arachchilage, 2013). Isto deve-se ao facto de os utilizadores poderem ter uma falta de sensibilização para a segurança e para as decisões de confiança sensíveis que tomam durante as actividades em linha, como as transacções bancárias em linha ou o pagamento de facturas. Para proteger os utilizadores individuais contra as ameaças de phishing, é necessário considerar a educação em matéria de phishing (Kumaraguru, et al., 2007; Abbasi, Zahedi e Chen, 2012; Purkait, 2012). Estudos anteriores referiram que a educação do utilizador final é uma abordagem frequentemente recomendada para combater os ataques de phishing (Hiner, 2002; Wu, Miller e Garfinkel, 2005; Allen, 2006; Kumaraguru, et al., 2008; Purkait, 2012). Por conseguinte, o objetivo deste trabalho de investigação é estudar a melhor forma de educar os utilizadores de computadores para se protegerem contra ataques de phishing.

1.3 Contexto teórico

Investigações anteriores constataram que a tecnologia, por si só, é insuficiente para garantir questões críticas de segurança informática. Até agora, tem havido pouco trabalho sobre o comportamento do utilizador final no que respeita à segurança e à prevenção de ataques por parte dos utilizadores, que são imperativos para fazer face a ameaças informáticas maliciosas, como os ataques de phishing (Anderson e Agarwal, 2006; Aytes e Terry, 2004; Liang e Xue, 2009; Ng e Rahim, 2005; Susan, Catherine e Ritu, 2006; Woon, Tan e Low, 2005; Workman, Bommer e Straub, 2008; Purkait, 2012). Muitos debates terminaram com a conclusão de que "se pudéssemos retirar o utilizador do sistema, poderíamos torná-lo seguro" (Gorling, 2006). Quando não é possível eliminar completamente o utilizador, por exemplo na utilização doméstica, a melhor abordagem possível para a segurança informática é educar o utilizador na prevenção da segurança (Mitnick e Simon, 2002; Schneier, 2000). Investigações anteriores revelaram que uma educação para a segurança do utilizador bem concebida pode ser eficaz (Kumaraguru, et al.,

2007; Sheng, et al., 2007). Pode tratar-se de materiais de formação baseados na Web, de formação contextual e de formação incorporada para melhorar a capacidade dos utilizadores de evitarem ataques de phishing.

Por conseguinte, o trabalho de investigação apresentado neste livro tenta encontrar uma forma eficaz de educar as pessoas para identificarem e evitarem sítios Web de phishing.

Então, como é que se pode educar o utilizador do computador para se proteger contra ataques de phishing? Para resolver esta questão, o trabalho de investigação apresentado neste livro centra-se no desenvolvimento de um quadro de conceção de jogos para os utilizadores de computador se protegerem de ataques de phishing. Este conceito baseia-se na noção de que não só um jogo de computador pode educar (Raybourn e Waern, 2004), mas também que os jogos podem proporcionar um melhor ambiente de aprendizagem, porque motivam o utilizador e mantêm a atenção através de um feedback imediato (Amory e Seagram, 2003; Prensky, 2001). Ainda assim, o ensino baseado em jogos indica o seu potencial para melhorar a aprendizagem. O jogo, pelo menos, leva os utilizadores a um estado diferente, em que estão mentalmente preparados para a aprendizagem, criando o ambiente certo e onde também já experimentam alguma aprendizagem socialmente orientada (Parsons, Ryu e Cranshaw, 2006).

Sheng, et al. (2010) realizaram um inquérito de role-play com 1001 inquiridos em linha para estudar quem cai em ataques de phishing. O estudo revelou que as mulheres são mais susceptíveis do que os homens aos ataques de phishing e que os participantes com idades compreendidas entre os 18 e os 25 anos são mais susceptíveis ao phishing do que os outros grupos etários. Os estudos relatados neste livro destinavam-se a examinar o comportamento dos participantes para evitar ameaças de phishing através da utilização de educação anti-phishing baseada em jogos. Por conseguinte, os participantes com idades compreendidas entre os 18 e os 25 anos eram estudantes da Universidade de Brunel e da Universidade de Bedfordshire (incluindo pessoas preocupadas com a segurança informática).

1.4 Finalidades e objectivos

O objetivo da investigação relatada neste livro é investigar como se pode educar os utilizadores de computadores contra as ameaças de phishing. O trabalho de investigação proposto é conseguido através do desenvolvimento de uma estrutura de conceção de jogos como ferramenta para educar os utilizadores de computadores a impedir ataques de phishing.

Os objectivos da investigação são os seguintes:

- Investigar o nível dos desafios de segurança para os utilizadores de computadores no que diz respeito às ameaças de phishing.
- Explorar as lacunas de conhecimento da investigação em relação à literatura publicada.
- Investigar os principais elementos que devem ser abordados numa estrutura de conceção de jogos para impedir ataques de phishing.
- Desenvolver um protótipo de jogo para telemóvel com base na estrutura de conceção de jogos

proposta.

- Avaliar o quadro de conceção do jogo através do protótipo do jogo para telemóvel.
- Investigar a eficácia do protótipo de jogo móvel em comparação com a aprendizagem tradicional em linha.
- Formular uma estrutura de conceção de jogos para impedir ataques de phishing.

1.5 A abordagem de investigação

É efectuada uma revisão exaustiva da literatura para compreender o domínio de investigação, apoiar o trabalho de investigação proposto e identificar as lacunas de investigação para dar o seu contributo para o conhecimento. É também utilizada uma atividade cognitiva para ilustrar algumas das dificuldades de compreensão dos desafios que se colocam aos utilizadores de computadores no que respeita à ameaça de phishing.

Foram utilizados dois estudos e uma conceção teórica para o trabalho de investigação apresentado neste livro. Existem várias abordagens metodológicas de investigação em SI (Oates, 2006). Por exemplo, a abordagem qualitativa, a abordagem quantitativa e a abordagem de método misto. No primeiro estudo, foi adoptada uma abordagem de investigação quantitativa, enquanto no segundo estudo foram utilizadas abordagens quantitativas e qualitativas. Para além disso, os dados foram recolhidos através de um questionário, de um estudo de usabilidade e de um estudo de think-aloud.

O primeiro estudo relatado neste livro centrou-se no desenvolvimento de uma estrutura de conceção de jogos para os utilizadores de computadores impedirem ataques de phishing. O estudo questionou quais os elementos-chave que deveriam ser abordados na estrutura de conceção do jogo. A estrutura de conceção do jogo reforça o comportamento de evitamento do utilizador através da motivação para impedir ataques de phishing. Por conseguinte, trata-se de uma abordagem positivista (Oates, 2006). Neste estudo, foi concebido e utilizado um questionário para avaliar a estrutura de conceção de jogos proposta para os utilizadores de computadores para contrariar os ataques de phishing.

O segundo estudo relatado neste livro tentou avaliar empiricamente a estrutura de conceção do jogo proposta através do protótipo do jogo para telemóvel. Isto parece mais interpretativo porque o estudo se concentra em determinar o impacto do utilizador na estrutura de conceção de jogos proposta depois de jogar o protótipo de jogo móvel. No segundo estudo, foi concebido e utilizado um questionário para avaliar a satisfação subjectiva do utilizador relativamente à interface de um protótipo de jogo para telemóvel. Em seguida, foi utilizado um estudo de think-aloud, juntamente com um pré e um pós-teste, para avaliar a estrutura de conceção de jogos proposta através do protótipo de jogo para telemóvel.

1.6 Estrutura do livro

O presente livro está estruturado da seguinte forma. Utilizando a literatura, estudos de inquérito e experiências, o Capítulo 2 explora a forma de proteger os utilizadores de computadores contra a ameaça de phishing, com especial incidência na educação para a segurança. Por conseguinte, é explorada a educação para a segurança baseada em jogos. Além disso, é observado o comportamento de segurança do utilizador do computador, a fim de estruturar a literatura numa história com significado. O capítulo contém várias secções, a saber: comportamento de segurança dos utilizadores de computadores; ameaças à cibersegurança; ameaças de phishing; jogos educativos. Esta pode ser utilizada para identificar semelhanças e disparidades entre a investigação e a atual lacuna de conhecimentos.

No capítulo 3 é apresentada uma descrição pormenorizada da abordagem de investigação utilizada. O capítulo está dividido em cinco secções principais, que são: Descrição geral da questão de investigação; Descrição geral da abordagem de investigação utilizada neste livro; Instalação do laboratório; Recolha de dados; Análise de dados.

O Capítulo 4 descreve o primeiro estudo. O objetivo deste estudo era desenvolver uma estrutura de conceção de jogos para os utilizadores de computadores se protegerem de ataques de phishing. O capítulo relata em pormenor o primeiro estudo deste livro. São explicados os objectivos, o estudo-piloto, o estudo principal, o teste de modelos e a estrutura de conceção do jogo. Por fim, são apresentados e discutidos os resultados e é feita uma síntese do capítulo.

O capítulo 5 discute uma abordagem teórica de conceção de jogos móveis para os utilizadores de computadores para impedir ataques de phishing. O capítulo está dividido em nove secções principais, a saber Finalidades e objectivos; Questões de conceção de jogos; Descrição do jogo; Aprendizagem baseada em jogos; Princípios da ciência da aprendizagem; Conceção de jogos móveis; Conceção de storyboards; Protótipo de jogos móveis.

O Capítulo 6 descreve o segundo estudo. Neste capítulo, a estrutura de conceção do jogo (apresentada no Capítulo 4) foi avaliada através de um protótipo de jogo para telemóvel (apresentado no Capítulo 5). Este capítulo relata em pormenor o segundo estudo do livro. É apresentada a abordagem de investigação, incluindo a técnica de amostragem, os instrumentos de recolha de dados, o procedimento e a análise de dados. Os resultados são então apresentados, seguidos de uma secção de discussão, terminando com um resumo do capítulo.

O Capítulo 7 é um capítulo de discussão que se centra na investigação da eficácia do protótipo de jogo móvel desenvolvido (apresentado no Capítulo 5) em comparação com a aprendizagem tradicional em linha para impedir ameaças de phishing. Além disso, discute as implicações para o trabalho de investigação apresentado neste livro. Por conseguinte, é realizado um estudo de avaliação para examinar a eficácia do protótipo de jogo para telemóvel desenvolvido, em comparação com a aprendizagem em linha tradicional, para impedir as ameaças de phishing. Para realizar este estudo, foi utilizado um sítio Web desenvolvido pelo Anti-Phishing Work Group (APWG) para efeitos de uma iniciativa pública de educação anti-phishing como fonte de aprendizagem tradicional baseada na Web. Este capítulo relata em pormenor o estudo de avaliação do livro. É apresentada a abordagem da investigação, incluindo a técnica de amostragem, os instrumentos de recolha de dados, o procedimento e a análise dos dados. Os resultados são depois apresentados, seguidos de implicações para a investigação, terminando com um resumo do capítulo.

Finalmente, o livro termina com a apresentação de uma discussão e de uma conclusão no Capítulo 8. O capítulo destaca um resumo dos resultados da investigação deste livro e a contribuição para o conhecimento do trabalho de investigação apresentado neste livro. O capítulo também identifica as potenciais limitações desta investigação e abre oportunidades para trabalhos futuros que possam alargar os actuais resultados da investigação.

1.7 Resumo

Este capítulo introdutório apresenta uma breve explicação do trabalho de investigação apresentado neste livro. Foi explicado o contexto da investigação e, em seguida, foram apresentados o objetivo e os objectivos da investigação. Em seguida, foi introduzida a abordagem metodológica que se compromete a atingir o objetivo de investigação deste livro. Por último, foi apresentada a estrutura do livro.

O capítulo seguinte apresenta um historial pormenorizado da investigação relevante. Isto proporciona uma discussão de fundo para a finalidade e os objectivos da presente investigação.

Capítulo 2

Revisão da literatura

2.1 Introdução

A investigação relatada neste livro centra-se na forma de educar os utilizadores de computadores contra a ameaça de phishing, com especial incidência na aprendizagem baseada em jogos. A investigação relacionada com o comportamento dos utilizadores de computadores para evitar ameaças de phishing e a aprendizagem baseada em jogos é analisada de modo a organizar a literatura numa história significativa, que pode ser utilizada para identificar semelhanças e disparidades entre a investigação e as lacunas no conhecimento atual. Em primeiro lugar, o comportamento de segurança dos utilizadores de computadores é analisado para dar ao leitor uma ideia da importância do trabalho de investigação apresentado neste livro. Os trabalhos mais recentes relacionados com as ciberameaças na utilização de computadores são abordados em pormenor. O perigo da ameaça de phishing é então sublinhado, destacando o estado atual da educação em matéria de segurança para contrariar as ameaças de phishing. Em seguida, é discutida a importância da aprendizagem baseada em jogos no contexto educativo. Além disso, foram debatidas abordagens de aprendizagem baseadas em jogos para telemóveis, a fim de proporcionar uma melhor educação aos utilizadores de computadores para combater as ameaças de phishing. Por último, é apresentado um resumo para realçar os principais pontos de interesse relacionados com o problema em causa.

2.2 Comportamento de segurança dos utilizadores de computadores

O utilizador do computador desempenha um papel vital na proteção do ciberespaço; no entanto, a segurança dos computadores é deixada à iniciativa do utilizador (Ng e Rahim, 2005). Isto deve-se principalmente ao facto de as decisões de confiança sensíveis serem tomadas durante as suas actividades em linha, como as transacções bancárias em linha. A difusão da tecnologia da Internet fornece meios que lhes permitem participar facilmente em actividades em linha, como compras, operações bancárias e entretenimento em linha. Infelizmente, a maioria dos utilizadores de computadores não tem conhecimento desta técnica e abre uma porta traseira para os piratas informáticos. Esta é uma das principais razões para aumentar a possibilidade de pirataria informática e de outras violações da segurança. Por conseguinte, vale a pena analisar os aspectos humanos da segurança no âmbito da utilização regular do computador.

A Teoria da Motivação para a Proteção (PMT) descreve que a motivação para se proteger de ameaças está relacionada com as crenças cognitivas do indivíduo de que é pessoalmente vulnerável à ameaça (Tu e Yuan, 2012). No entanto, há relativamente pouca investigação sobre o aspeto humano do desempenho da segurança informática e sobre a forma como pode ser influenciado para praticar a segurança (Ng, Kankanhalli e Xu, 2009).

Porque é que o aspeto humano da segurança é tão importante? Claro que é um desafio conhecer a complexidade do comportamento humano e a falta de literacia informática na utilização do computador.

Isto permite que os investigadores e os profissionais da segurança revelem possíveis formas de os proteger de ameaças informáticas maliciosas. Os computadores pessoais são um alvo popular dos intrusos (Doswell, 2008; Rogers, 2006), porque estes estão interessados no que os utilizadores guardam nos seus computadores. Por exemplo, informações pessoais confidenciais, como nomes de utilizador, palavras-passe e detalhes de contas bancárias. Por outro lado, pode argumentar-se que os utilizadores individuais de computadores podem ser facilmente enganados devido à falta de sensibilização para a segurança na utilização do computador. Por conseguinte, é importante compreender o comportamento de segurança do utilizador no contexto da utilização do computador para o proteger de ataques informáticos maliciosos.

Além disso, não é apenas a informação relacionada com o dinheiro que procuram, também estariam interessados nos recursos do utilizador do computador, tais como espaço no disco rígido, ligação à Internet e processadores rápidos. Podem utilizar estes recursos do utilizador do computador para atacar outra pessoa na Internet. Por exemplo, os piratas informáticos podem aceder ilegalmente ao computador portátil de alguém para comprometer os computadores do seu escritório. O pior é que, na maioria dos casos, este tipo de ataque não pode ser detectado.

Porque é que os hackers prestam atenção especificamente aos utilizadores de computadores pessoais? O ambiente dos computadores pessoais é normalmente inseguro e também fácil de invadir, em comparação com o ambiente de escritório (Rogers, 2006). Isto é problemático, porque muitos utilizadores de computadores pessoais podem não se aperceber de que estão expostos a vulnerabilidades e, por conseguinte, precisam de proteger os seus sistemas informáticos pessoais.

A complexidade dos sistemas informáticos individuais está a aumentar cada vez mais devido ao rápido desenvolvimento das tecnologias da informação e da comunicação (Hui, 2007). Por exemplo, isto pode incluir o acesso à Internet de banda larga, sistemas de áudio e vídeo, partilha de ficheiros e serviços de impressão em rede. No entanto, por um lado, isto pode ser uma observação positiva para assumir que a tendência para adotar tecnologias individuais continua a crescer. Por outro lado, o combate às ameaças informáticas maliciosas na utilização do computador constituiria um grande desafio.

O ambiente dos sistemas informáticos pessoais funciona de forma consideravelmente diferente de um ambiente organizacional típico (Art e Glenn, 2005). Um poder de decisão centralizado que exerce um controlo operacional sobre o aspeto da gestão dos sistemas informáticos pelo ambiente organizacional. Isto permite gerir o ambiente organizacional ocupando infra-estruturas informáticas suficientes e políticas e procedimentos rigorosos de segurança informática desenvolvidos por peritos profissionais em segurança. Por conseguinte, os empregados aderem às melhores práticas no contexto organizacional. Por exemplo, isto inclui a instalação pré-determinada de aplicações de software como antivírus e anti-spyware, configurações adequadas de firewall, bloqueio dos sistemas para evitar a instalação não autorizada de software e utilização de políticas de palavras-passe fortes e procedimentos de cópia de segurança. Além disso, na organização gerida, a configuração pode ocupar os administradores de sistemas para manter os computadores actualizados e proteger adequadamente contra ameaças informáticas maliciosas. Isto pode dever-se ao facto de as organizações quererem gerir normalmente a sua infraestrutura de TI, libertando o utilizador final da sua responsabilidade.

No entanto, o ambiente dos computadores pessoais não tem, normalmente, este tipo de configuração gerida com as vantagens de uma autoridade de gestão central que consome muitos recursos (Art e Glenn, 2005). Além disso, as funções de manutenção e configuração dos sistemas são deixadas ao critério do utilizador individual. A dependência de um administrador de sistemas é uma solução menos óptima devido à falta de educação, sensibilização, formação e profissionalismo no ambiente de computadores pessoais não geridos. Apesar disso, os sítios Web de redes sociais continuam a estar amplamente difundidos entre os utilizadores individuais de computadores, amigos, pares e famílias. Este ambiente informático pessoal não gerido, juntamente com o seu envolvimento em sítios Web de redes sociais, permite revelar um conjunto rico de informações confidenciais aos piratas informáticos para que estes possam ser bem sucedidos nos ataques. Por conseguinte, a escala da ameaça pode aumentar drasticamente devido à difusão de computadores individuais não geridos ligados a serviços de banda larga de alta velocidade.

O aspeto humano da segurança na utilização do computador pode ser considerado a área mais interessante e desafiante da segurança da informação, porque os utilizadores em geral não estão equipados com um certo grau de literacia informática (Liang e Xue, 2009a; 2010b). No entanto, em muitas ocasiões, os adolescentes têm a responsabilidade de cuidar dos sistemas informáticos domésticos, uma vez que estão mais expostos às tecnologias mais recentes (Hui, 2007). A pior situação é que a maioria dos adolescentes está interessada em contribuir como trabalhadores não remunerados a tempo inteiro em casa, prestando apoio técnico, administração e serviços de resolução de problemas. Talvez isto possa ser uma falsa suposição, desde que a preocupação seja com os seus conhecimentos de segurança informática.

Por vezes, é muito mais fácil e menos arriscado manipular os seres humanos que têm acesso a informações sensíveis do que tentar entrar imediatamente nos sistemas (Pike, 2011). Por exemplo, o ataque de spear phishing, que é uma fraude de falsificação de correio eletrónico, que tenta atingir um utilizador específico ou uma organização.

Infelizmente, a maioria dos utilizadores de computadores não está sensibilizada para a segurança devido à falta de educação, profissionalismo e formação (Hui, 2007). A sensibilização para a segurança, a atitude em relação à confiança e a proteção da privacidade dependem do contexto cultural e das normas da sociedade (Hui, 2007). Hofstede descreve uma série de índices de valores culturais para medir as diferenças culturais entre as sociedades (Hofstede, 1991; Hofstede, 2003). Na definição de Hofstede, *o Coletivismo* representa uma preferência por um quadro social fortemente unido, em que os indivíduos podem esperar que os seus familiares, pares ou membros de um determinado grupo tomem conta deles em troca de uma lealdade inquestionável. Por conseguinte, a cultura pode desempenhar um papel significativo na formação das atitudes das pessoas relativamente à privacidade (Kumaraguru e Cranor, 2005). Por exemplo, o coletivismo em algumas sociedades criou uma atitude de maior confiança entre si e, por isso, as pessoas podem não hesitar em partilhar identidades em linha, como nomes de utilizador, palavras-passe e dados de cartões de crédito ou débito, entre pares e familiares. Do mesmo modo, podem não tentar dispor de um mecanismo de autenticação adequado para aceder à sua rede sem fios ou partilhar a autenticação das redes sem fios domésticas, como nomes de utilizador e palavras-passe, com os vizinhos. Este comportamento pouco seguro na utilização do computador expõe os utilizadores a ataques informáticos maliciosos vulneráveis ou a violações da segurança.

Os utilizadores de computadores devem compreender que são responsáveis pela segurança do seu computador pessoal da mesma forma que são responsáveis por ter um seguro quando compram uma casa ou um veículo. No entanto, o conhecimento sobre o aspeto humano da segurança informática está ainda longe de estar completo (Anderson e Agarwal, 2006; Aytes e Terry, 2004; Liang e Xue, 2009; Ng e Rahim, 2005; Susan, Catherine e Ritu, 2006; Woon, Tan e Low, 2005; Workman, Bommer e Straub, 2008; Purkait, 2012). O objetivo da investigação relatada neste livro é investigar como se pode educar os utilizadores de computadores para combater as ameaças de phishing. Por conseguinte, o quadro de conceção de jogos introduzido para educar os utilizadores de computadores contra ataques de phishing parte de uma perspetiva de SI. O estudo procurou investigar empiricamente quais os elementos-chave que devem ser incorporados na estrutura de conceção do jogo para que os utilizadores de computador evitem ataques de phishing através da motivação. Os elementos de um modelo teórico derivado da Teoria da Evitação de Ameaças Tecnológicas (TTAT) foram utilizados para abordar a estrutura de conceção do jogo (Liang e Xue, 2010).

O modelo investiga a forma como os indivíduos evitam ameaças informáticas maliciosas utilizando uma determinada medida de proteção. A medida de proteção não tem necessariamente de ser uma fonte informática, como as ferramentas anti-phishing, mas pode ser um comportamento, como a educação anti-phishing baseada em jogos (Liang e Xue, 2010). Liang e Xue (2010) revelaram que o comportamento de evitamento de ameaças informáticas por parte dos utilizadores de computadores é previsto pela motivação de evitamento, que, por sua vez, é determinada pela perceção da ameaça, pela eficácia da salvaguarda, pelo custo da salvaguarda e pela auto-eficácia. Além disso, salientaram que os utilizadores de computadores desenvolvem uma perceção de ameaça quando acreditam que a TI maliciosa é suscetível de os atacar (perceção de suscetibilidade) e que as consequências negativas serão graves se forem atacados (perceção de gravidade). Quando ameaçados, os utilizadores de computadores estão mais motivados para evitar a ameaça se acreditarem que a medida de proteção é eficaz (eficácia da proteção), pouco dispendiosa (custo da proteção) e se tiverem confiança na sua utilização (auto-eficácia). Além disso, verificaram que a perceção da ameaça e a eficácia da salvaguarda têm um efeito de interação negativo na motivação para evitar a ameaça.

Liang e Xue (2010) desenvolveram as medidas com base no seu significado teórico e na literatura relevante. A ameaça percebida foi medida por uma série de itens criados com base no seu significado substantivo (Rosenstock, 1974). Os itens avaliaram a perceção dos participantes sobre os potenciais danos, perigos ou riscos que uma ameaça informática maliciosa (neste caso, spyware) impõe. As escalas para a suscetibilidade percebida foram desenvolvidas com base na investigação relacionada com o comportamento de saúde (Saleeby, 2000), que avalia a probabilidade e a possibilidade de ocorrência de uma ameaça informática maliciosa.

A TTAT considera que o bem-estar dos utilizadores de computadores relacionado com as TI inclui duas dimensões: a privacidade da informação e o desempenho do computador, podendo um ataque malicioso às TI prejudicar ambas as dimensões (Liang e Xue, 2009). Por conseguinte, as percepções de gravidade dos utilizadores de computadores devem estar relacionadas com as duas dimensões. Para desenvolver uma lista de itens para medir a perceção de gravidade, os autores referiram-se à literatura sobre privacidade em SI (Smith, et al., 1996) e a jornais de profissionais que apontam os impactos negativos de uma ameaça maliciosa de TI (Schultz, 2003; Shaw, 2003; Sipior, et al., 2005; Stafford e Urbaczewski, 2004). Os itens medidos baseiam-se nas preocupações dos utilizadores de computadores com a perda de informações pessoais e com a degradação do desempenho do computador relacionada com a velocidade de processamento, a ligação à Internet e as aplicações de software.

Liang e Xue (2010) desenvolveram os itens de eficácia das salvaguardas com base na investigação relevante sobre comportamentos de saúde (Champion e Scott, 1997; Saleeby, 2000). Utilizaram os itens relativos ao custo das salvaguardas de Milne, et al. (2002) e Saleeby (2000). Avaliaram a auto-eficácia com os itens desenvolvidos por Compeau e Higgins (1995), fazendo pequenos ajustes para os adaptar ao contexto da ameaça informática maliciosa (neste caso, o contexto do spyware). Os itens desenvolvidos para medir a motivação para evitar foram baseados em medidas de intenção comportamental da investigação sobre a adoção de tecnologias (Davis, 1989; Davis, et al., 1983), centrando-se na prevenção de ameaças informáticas maliciosas e não na adoção de TI. Por último, Liang e Xue (2010) mediram o comportamento de evitamento de ameaças de TI com dois itens auto-desenvolvidos.

2.3 Ameaças à cibersegurança

As ameaças à cibersegurança são questões críticas que as pessoas enfrentam continuamente na utilização do computador (Bishop, 2003). Isto deve-se ao facto de cada vez mais utilizadores individuais experimentarem os imensos benefícios da tecnologia da Internet. No entanto, a tecnologia da Internet traz regularmente à sociedade novas e perigosas ameaças informáticas maliciosas, como vírus, software malicioso (malware), correio eletrónico não solicitado (spam), software de monitorização (spyware), a arte da pirataria humana (engenharia social) e o roubo de identidade em linha (phishing). Os atacantes encontram formas fáceis de entrar em sistemas informáticos individuais devido à falta de contramedidas de segurança. Por exemplo, na maior parte das vezes, a ligação à Internet dos utilizadores individuais está sempre ligada quando utilizam uma ligação de banda larga de alta velocidade. Podem não dispor de técnicas de autenticação seguras, como nomes de utilizador e palavras-passe fortes. Por conseguinte, os atacantes podem facilmente encontrar uma forma de atacar este tipo de sistema informático não gerido.

Como é que os hackers invadem os sistemas informáticos dos indivíduos? (Rogers, 2006) Não existe uma forma padrão específica de entrar num sistema. Em alguns casos, enviam mensagens de correio eletrónico com vírus em anexo. Ao abrir o anexo, o vírus é ativado. Os piratas informáticos podem então utilizar este facto como ponto de entrada para invadir o sistema informático. Uma vez comprometido o sistema informático, os piratas informáticos podem facilmente realizar as suas tarefas instalando novos programas maliciosos. Por exemplo, os hackers podem recolher informações sobre os utilizadores sem o seu conhecimento, instalando spyware. A presença de spyware está normalmente escondida do utilizador e pode ser difícil de detetar. Por conseguinte, a arte de manipular os seres humanos para que realizem acções (engenharia social) está na origem do êxito dos ciberataques.

A engenharia social é uma das principais estratégias utilizadas pelos atacantes. Trata-se de um método (Allen, 1993; Hiner, 2002; Pike, 2011; Timko, 2008) que permite obter informações das pessoas sem as pedir diretamente. A engenharia social é uma ameaça cibernética constante, uma vez que as pessoas fornecem demasiada informação nas redes sociais (Allen, 1993; Hiner, 2002; Timko, 2008). Esta situação pode ocorrer através de serviços de Internet como o Facebook, o Twitter, o Hi5, o Orkut, o Skype e até de sítios Web de redes sociais mais profissionais como o LinkedIn. Os profissionais da segurança argumentam que isto acontece devido à falta de sensibilização para a segurança, de profissionalismo e de formação. O pobre utilizador de computadores abre a porta das traseiras aos hackers que utilizam os sítios de redes sociais (Allen, 1993; Hiner, 2002; Pike, 2011).

Além disso, os piratas informáticos podem tentar descobrir as medidas de segurança informática do utilizador como preparação para ataques de pirataria informática. Neste caso, as vítimas podem ser contactadas e convidadas a preencher um inquérito por telefone ou por correio eletrónico, que incide sobretudo sobre as TI em geral. Mas haveria uma pequena secção no final em que se perguntava que firewall, produtos antivírus e outras ferramentas de segurança o indivíduo utiliza. Para motivar os participantes que participam no inquérito, pode haver um sorteio, como um iPad da Apple, se completarem o inquérito com êxito. Por conseguinte, a engenharia social é difícil de travar, mas é uma ferramenta sofisticada através da qual os hackers incitam pessoas inocentes a fornecer informações sensíveis.

Os programas de vírus são outra ameaça grave enfrentada pelos utilizadores de computadores (Foreman, 2004). Os vírus são normalmente um conjunto de programas que podem perturbar o comportamento normal do sistema informático. Por exemplo, uma vez instalados no sistema informático, os vírus ocupam frequentemente todo o disco rígido, replicando ficheiros e acabando por o explorar. Por conseguinte, os utilizadores de computadores devem ter cuidado ao instalar aplicações de software de terceiros de fornecedores desconhecidos. É como se alguém tocasse à campainha da porta e quisesse entrar em casa para vender alguma coisa. Nesta fase, o proprietário da casa tem de tomar a decisão de o deixar entrar ou não. O problema são as pessoas que visitam a casa para vender produtos ou serviços falsos. Uma vez lá dentro, podem tentar roubar objectos de valor ou tentar fazer um assalto à mão armada. Por isso, é importante vigiá-los cuidadosamente enquanto estiverem em casa. Do mesmo modo, os vírus também podem infetar os sistemas informáticos pessoais de muitas formas, como através de pen drives, disquetes, CD-ROMs, sítios Web, e-mails e ficheiros descarregados (Rogers, 2006). Por conseguinte, é aconselhável verificar a existência de vírus antes de cada utilização. Por exemplo, quando se recebe uma mensagem de correio eletrónico com um anexo ou se insere uma pen drive no sistema informático, é necessário verificar a existência de vírus antes de a utilizar. O problema é saber quantos utilizadores de computadores estão a praticar isto?

O que é que se pode fazer se um eletrodoméstico se avariar? A resposta seria tentar reparar ou chamar um reparador para fazer o trabalho, ou substituí-lo por um novo. Os programas de software funcionam da mesma forma. Por exemplo, o que acontece se o próprio sistema operativo se avariar devido a um ciberataque? É importante restaurar a função que ele fornece. Por conseguinte, a solução mais adequada seria a instalação de correcções que corrigem as falhas fornecidas por um fornecedor de confiança antes de os intrusos terem a oportunidade de as explorar através de um ataque malicioso. Por exemplo, a Microsoft fornece patches para todos os sistemas operativos Windows no seu sítio Web (Microsoft, 2012). A BBC noticiou que a Microsoft recomendou a todos os seus clientes que instalassem correcções o mais rapidamente possível ou que actualizassem a versão mais recente do navegador Web para "melhorar a segurança", depois de ter descoberto que o Internet Explorer era o elo mais fraco de um ciberataque sofisticado e direcionado contra a Google em janeiro de 2010 (BBC News, 2010). No entanto, é importante considerar quantos utilizadores de computadores se aperceberam da utilidade de instalar patches para proteger o seu navegador Web.

Já ouvimos histórias sobre a receção de uma carta ou encomenda através dos serviços postais que, de alguma forma, causaram danos. Por exemplo, cartas carregadas de antraz causaram a morte de 5 pessoas e infectaram gravemente outras 17 em 2001 (Centre for Counter Proliferation Research, 2002). Do mesmo modo, os utilizadores de computadores podem receber diariamente muitas mensagens de correio eletrónico, a maioria das quais não solicitadas. Esses e-mails não solicitados podem utilizar técnicas de engenharia social para atrair as pessoas a participarem no concurso ou no prémio que possam ter ganho. O atacante pode tentar encorajar o destinatário a abrir e ler a mensagem de correio eletrónico. Não é muito prejudicial apenas abrir e ler essas mensagens de correio eletrónico, mas clicar nas ligações e descarregar os anexos das mensagens de correio eletrónico é extremamente perigoso. Os e-mails com vírus e worms anexados são muito comuns (Rogers, 2006), o que pode causar muitos danos ao sistema informático. Por exemplo, uma vez aberto um vírus de correio eletrónico, este pode propagar-se a todos os contactos do livro de endereços de correio eletrónico. Isto pode ser ainda mais prejudicial à medida que o ataque se espalha entre as pessoas. Por conseguinte, o utilizador do computador deve ser sensibilizado para evitar este tipo de ameaças informáticas.

O trabalho de um guarda de segurança consiste em avaliar todas as pessoas que pretendem entrar ou sair das instalações. O guarda decide se a pessoa deve continuar a entrar ou se deve ser impedida. Por outras palavras, o guarda mantém as pessoas indesejadas afastadas e apenas permite a entrada de pessoas autorizadas nas instalações, verificando as suas identidades. A firewall também actua da mesma forma que o guarda de segurança. Observa o tráfego quando envia ou recebe pacotes de dados de outro computador através da Internet (Rogers, 2006). Por fim, decide se deve ou não enviar o pacote ao destinatário. Se o pacote de dados for suspeito, pode não o enviar para o destinatário. Por conseguinte, a configuração correta de uma firewall é muito importante na utilização individual do computador. Caso contrário, pode haver o risco de receber pacotes de dados suspeitos, que podem causar danos ao sistema informático pessoal. É evidente que os utilizadores devem ter conhecimento das melhores práticas de segurança para se protegerem das ameaças à cibersegurança na utilização do computador (Anderson e Agarwal, 2006; Ng e Rahim, 2005; Susan, Catherine e Ritu, 2006).

Todas as casas têm portas, janelas e, por vezes, chaves para trancar e proteger os moradores de estranhos. As pessoas devem ser desencorajadas a partilhar a chave com estranhos, por vezes até com amigos próximos ou vizinhos. A utilização de palavras-passe para correio eletrónico ou contas de redes sociais funciona da mesma forma. Por conseguinte, vale a pena utilizar palavras-passe fortes na utilização individual do computador. Por que razão se devem utilizar palavras-passe fortes? A palavra-passe é uma das principais fontes de fuga de informação dos utilizadores para os hackers. Por exemplo, os utilizadores de computadores podem tentar efetuar transacções em linha no seu dia a dia. Antes de procederem à transação em linha, têm de se registar no sítio Web, fornecendo dados pessoais como nome de utilizador, palavra-passe, data de nascimento e endereço. O hacker pode atacar tentando todas as combinações possíveis da palavra-passe (procurando possibilidades prováveis). Se a palavra-passe for fraca, o ataque pode ser bem sucedido. Trata-se de um processo de tentativa e erro em que o hacker tenta até encontrar a palavra-passe correta. Este tipo de ataque é bem conhecido dos utilizadores de computadores e é o chamado ataque de dicionário (Rogers, 2006). O método de ataque seria eficaz, embora demore muito tempo a ser bem sucedido.

Entre as outras ameaças informáticas maliciosas que existem no ciberespaço, como os vírus, o malware, o spam e o spyware, o roubo de identidade em linha, conhecido como phishing, é particularmente perigoso para os utilizadores de computadores (Arachchilage e Cole, 2011). Isto deve-se ao facto de os ataques de phishing serem fáceis de concretizar e difíceis de travar.

2.4 Ameaças de phishing

Por vezes, uma mensagem de correio eletrónico "amigável" tenta os destinatários a revelarem mais informações online do que o fariam de outra forma, o que faz com que o remetente se aproveite da situação" (Jagatic, et al., 2007). O phishing é um dos crimes em linha em rápido crescimento, no qual o atacante tenta obter informações sensíveis da vítima de forma fraudulenta, fazendo-se passar por uma entidade fiável (Anderson, 2001; Iacovos e Sasse, 2012; Purkait, 2012). As vítimas são atraídas por um e-mail que lhes pede para entrarem num sítio Web que parece legítimo, mas que na realidade foi criado para roubar as suas informações confidenciais, como nomes de utilizador, palavras-passe e dados bancários. Embora os sítios Web de phishing sejam encerrados assim que são identificados, surgem novos sítios diariamente. No entanto, é muitas vezes difícil encerrar rapidamente os sítios Web de phishing devido a problemas de jurisdição transfronteiras (Kumaraguru, et al., 2010). Segundo o Grupo de Trabalho Anti-Phishing (APWG), os sítios Web de phishing permanecem em linha, em média, 4-5 dias (APWG, 2006; Kumaraguru, et al., 2010).

Os crimes em linha, como os ataques de phishing, são fáceis de cometer, mas difíceis de travar, porque estes ataques envolvem técnicas sociais e psicológicas juntamente com ferramentas técnicas. Por exemplo, o atacante pode enviar uma mensagem de correio eletrónico insistindo para que a vítima inicie sessão no sítio Web do seu banco para verificação da identidade. Na realidade, o sítio Web do banco é um sítio falso com o mesmo aspeto do sítio Web legítimo. Os piratas informáticos podem utilizar as suas competências técnicas para desenvolver sítios Web falsos e, ao mesmo tempo, utilizar técnicas de engenharia social para tentar revelar às vítimas mais informações em linha. O phishing é um tipo de ataque semântico, que sintetiza técnicas de engenharia social juntamente com competências técnicas para que o ataque seja bem sucedido (Downs, Holbrook e Cranor, 2007). Os ataques de engenharia social estão a ser cada vez mais utilizados para contornar sistemas robustos e seguros, devido à fraqueza da tendência humana para confiar (Kumaraguru e Cranor, 2009).

A ameaça de phishing tem sido problemática para os compradores em linha nos últimos 15 anos (Iacovos e Sasse, 2012). A probabilidade de um consumidor em linha passar por um sítio Web de phishing é consideravelmente elevada devido ao crescimento das transacções em linha. A polícia do Reino Unido revelou, numa investigação recente, que sete dos 10 principais resultados de pesquisa no Google para uma marca popular de botas eram anunciados em sítios Web fraudulentos com o mesmo aspeto de sítios Web legítimos (Iacovos e Sasse, 2012). Além disso, foi referido que um em cada 12 clientes em linha que compraram bilhetes para eventos foi apanhado por sítios Web de bilhetes falsos, sendo o prejuízo médio de cada vítima de 80 libras.

Stajano e Wilson (2011) descreveram o "princípio da necessidade e da ganância", que os atacantes exploram com sucesso. Quando o atacante sabe o que os utilizadores querem, pode facilmente manipulá-los. De facto, a maioria dos compradores em linha está atrás de bons negócios. Por isso, tentam utilizar os motores de busca da Web para procurar o que pretendem. Quando lhes são apresentadas ofertas muito tentadoras com ligações a sítios Web, não desistem da oportunidade de poupar dinheiro que não têm de gastar. Esta grande oportunidade é aproveitada pelos hackers para cometerem actividades de fraude em linha. Talvez os compradores em linha se apercebam demasiado tarde do que realmente aconteceu. Como consequência, podem perder todo o dinheiro que têm nos cartões de crédito ou de débito.

Na última década, os ataques de phishing aumentaram drasticamente na World Wide Web (Purkait, 2012; Arachchilage e Love, 2013). Isto deve-se ao facto de o phishing se ter tornado o canal mais comum para os ladrões roubarem informações pessoais para os ajudar no roubo de identidade (Mercuri, 2006; Brody, et al., 2007; Anderson, et al., 2008; Eisenstein, 2008). Por conseguinte, os phishers têm agora como alvo os utilizadores de computadores e as organizações de todo o mundo (Sullins, 2006). Estudos anteriores mostraram um aumento constante das actividades de phishing, bem como dos respectivos custos. O relatório sobre as tendências da atividade de phishing publicado pelo APWG (2013) em abril de 2013 indicou 76 123 sítios de phishing únicos detectados entre outubro de 2012 e dezembro de 2012, como mostra a Tabela 2.1. Além disso, o relatório sublinhava que, no mesmo período, o APWG recebeu

142 862 comunicações (campanhas) de correio eletrónico de phishing dos seus consumidores. Vale a pena notar que, normalmente, 56,04% dos ataques de phishing contêm alguma forma de nome do alvo no URL. Por conseguinte, a necessidade de sensibilização do utilizador final para o URL de phishing deve ser considerada para combater as ameaças de phishing.

Tabela 2.1: Relatório de Tendências da Atividade de Phishing do APWG, 4th Trimestre de 2012 (APWG, 2013)

Destaques estatísticos do 4th Trimestre de 2012	outubro	novembro	dezembro
Número de denúncias (campanhas) de correio eletrónico de phishing recebidas pelo APWG dos consumidores	23,365	24,563	28,195
Número de sites de phishing únicos detectados	51,232	46,002	45,628
Número de marcas visadas por campanhas de phishing	401	430	418
País que acolhe o maior número de sítios de phishing	EUA	EUA	EUA
Contém alguma forma de nome de destino no URL	60.31%	54.23%	53.59%
Sem nome de anfitrião; apenas endereço IP	1.63%	1.87%	1.93%
Percentagem de sítios que não utilizam a porta 80	0.30%	0.24%	1.04%

Verificou-se que os ataques de phishing contra jogadores de jogos em linha registaram um aumento maciço (Figura 2.1 e 2.2). Este aumento é de 2,7 por cento de todos os ataques de phishing no terceiro trimestre (3rd Trimestre de 2012) para 14,7 por cento no quarto trimestre (4th Trimestre de 2012). O sector dos serviços financeiros continuou a ser o sector mais visado no quarto trimestre de 2012, estando os serviços de pagamento logo atrás. Além disso, tal como referido nos relatórios de tendências da atividade de phishing, as vítimas mais visadas pelos ataques são os utilizadores de computadores pessoais (APWG, 2013). Isto deve-se principalmente ao facto de a maioria dos jogadores em linha serem utilizadores de computadores pessoais.

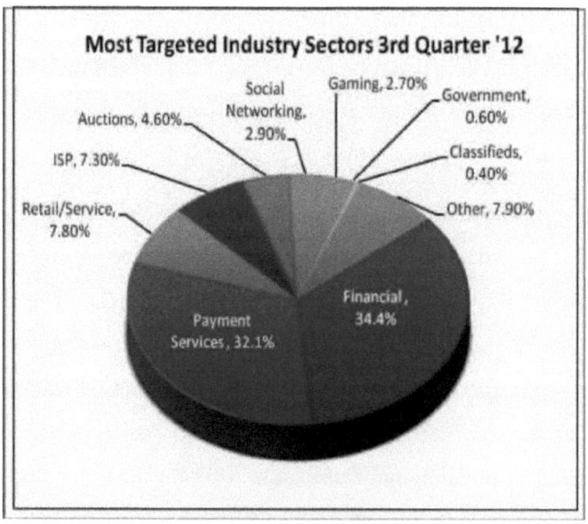

Figura 2.1: Ataques de phishing: sectores industriais mais visados, 3rd Trimestre de 2012 (APWG,

2013)

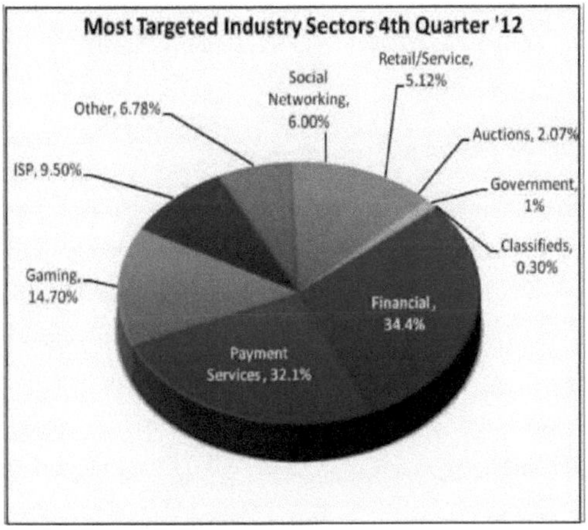

Figura 2.2: Ataques de phishing: sectores industriais mais visados, 4th Trimestre de 2012 (APWG, 2013)

O PhishTank, o sítio Web em linha que recolhe informações sobre sítios Web envolvidos em actividades de phishing, recebeu 25 021 envios válidos de sítios Web de phishing apenas no mês de janeiro de 2013 (PhishTank, 2013). Além disso, o sítio Web indicou que 860 (3 por cento dos phishes válidos nesse mês) phishes utilizaram um endereço IP (ou seja, http://12.34.56.78) e 24 169 (ou 97 por cento) utilizaram um nome de domínio (ou seja, http://example.com) nesse mês. Por conseguinte, os criminosos utilizam uma variedade de tácticas para atrair as pessoas a visitarem sítios Web falsos e persuadi-las a divulgarem as suas informações pessoais.

A divulgação de informações confidenciais do cliente, como informações pessoais ou dados bancários, em sítios Web falsos pode levar não só a perdas financeiras imediatas, mas também a tornar-se vítima de roubo de identidade ou das suas consequências (Brody, Mulig e Kimball, 2007; Iacovos e Sasse, 2012; Kumaraguru, et al., 2007). Por exemplo, esta situação pode prejudicar a notação de crédito de uma pessoa ou ser associada a actividades ilegais ou criminosas. Além disso, este tipo de situação pode levar a uma perda geral de confiança dos consumidores em linha que fazem compras e desencorajá-los de efetuar transacções financeiras em linha. Por conseguinte, o phishing é considerado uma ameaça perigosa que existe no ciberespaço. No entanto, os investigadores académicos e os profissionais da segurança estão constantemente a lutar contra as ameaças de phishing (Brody, Mulig e Kimball, 2007; Dahamija, Tygar e Hearst, 2006; Downs, Holbrook e Cranor, 2007; Garera, et al., 2007; Iacovos e Sasse, 2012; Kumaraguru, et al., 2007a; 2007b; Robila e Ragucci, 2006; Sheng, et al., 2007; Wu, Miller e Garfinkel, 2006).

A investigação anterior sobre phishing divide-se em três categorias: investigação relacionada com a compreensão das razões pelas quais as pessoas caem em ataques de phishing, quais as ferramentas para proteger as pessoas contra ataques de phishing e métodos para educar as pessoas a não caírem em ataques de phishing (Arachchilage e Cole, 2011; Iacovos e Sasse, 2012; Kumaraguru, et al., 2007a; 2008b; Sheng, et al., 2007). Além disso, é importante aprofundar as categorias supramencionadas, a fim de fornecer uma melhor solução para as ameaças de phishing.

2.4.1 Porque é que as pessoas caem em ataques de phishing?

Dhamija, Tygar e Hearst (2006) realizaram uma experiência em laboratório que mostrou vinte e dois participantes a vinte sítios Web, pedindo-lhes que determinassem quais eram legítimos. Descobriram que os participantes cometeram erros no teste em 40% das vezes. Além disso, observaram que 23% dos participantes ignoraram todas as indicações na barra de endereços e na barra de estado do navegador Web, bem como todos os indicadores de segurança. Uma quantidade considerável de trabalhos literários refere que esta é uma das principais razões pelas quais as pessoas caem em ataques de phishing (Downs, Holbrook e Cranor, 2007; Kumaraguru, et al., 2007a; 2007b; Sheng, et al., 2007; Wu, Miller e Garfinkel, 2006).

É importante notar que a perceção que os utilizadores têm dessas ameaças de phishing pode incentivá-los a evitar potenciais vulnerabilidades. Downs, Holbrook e Cranor (2006) realizaram um estudo de role playing com o objetivo de compreender por que razão as pessoas caem em e-mails de phishing e que pistas procuram para evitar tais ataques. Os resultados da investigação revelaram dois aspectos fundamentais. Em primeiro lugar, mesmo as pessoas que estão conscientes dos ataques de phishing, não pensam nas suas potenciais vulnerabilidades ou estratégias para detetar ataques de phishing. Em segundo lugar, embora as pessoas possam proteger-se de riscos conhecidos, têm dificuldade em generalizar os riscos conhecidos para riscos desconhecidos. Wu, Miller e Garfinkel (2006) afirmaram que muitos utilizadores não compreendem os ataques de phishing nem se apercebem da sofisticação desses ataques. Uma possível razão para tal seria a falta de perceção da ameaça de phishing por parte do utilizador.

Wu, Miller e Garfinkel (2006) avaliaram três barras de ferramentas anti-phishing simuladas para determinar a sua eficácia na proteção dos utilizadores contra a visita a sítios Web fraudulentos. Revelaram que muitos participantes ignoraram os indicadores de segurança passivos da barra de ferramentas e, em vez disso, utilizaram o conteúdo do sítio para decidir se se tratava ou não de um sítio fraudulento. Nalguns casos, os participantes não repararam nos sinais de aviso e, noutros casos, assumiram que os avisos eram inválidos, apesar de os terem notado. Talvez a possível razão seja a dificuldade dos utilizadores em interagir com as barras de ferramentas devido à falta de facilidade de utilização. Por conseguinte, é aconselhável realizar estudos de usabilidade para determinar como os utilizadores interagem com as barras de ferramentas de segurança.

Num estudo de seguimento, os autores testaram barras de ferramentas anti-phishing para gerar mensagens de aviso pop-up que bloqueavam o acesso a sítios Web fraudulentos até serem anuladas pelo utilizador. Estas mensagens de aviso pop-up reduziram a taxa a que os utilizadores caíam em sites fraudulentos. No entanto, não eliminaram completamente a possibilidade de todos os utilizadores caírem em sites de phishing. Os autores concluíram na sua investigação que os utilizadores da Internet não são muito bons a interpretar avisos de segurança e não estão familiarizados com as técnicas e estratégias comuns de ataques de phishing. Além disso, recomendaram a educação dos utilizadores para a prevenção do phishing e para as práticas de segurança em linha.

Reuven Harrison, cofundador da Tufin Technologies, que encomendou o inquérito, disse à BBC que os jovens precisam de uma melhor educação para se protegerem da pirataria informática e de outras violações da segurança (BBC News, 2010). Sheng, et al. (2010) realizaram um inquérito com um instrumento de role-play administrado a 1001 inquiridos em linha para estudar quem cai no phishing. O estudo revelou que as mulheres são mais susceptíveis do que os homens ao phishing; além disso, os participantes com idades compreendidas entre os 18 e os 25 anos são mais susceptíveis ao phishing do que os outros grupos etários. Os participantes foram selecionados de um grupo diversificado de funcionários e estudantes, incluindo pessoas preocupadas com a segurança informática.

Kumaraguru, et al. (2009) efectuaram uma avaliação do mundo real da formação anti-phishing com 515 participantes, que alargou o seu trabalho anterior "PhishGuru". Neste estudo do mundo real, centraram-se na retenção de conhecimentos anti-phishing a longo prazo e na reação a dois e-mails de formação recebidos. Foi relatado que 17,5% dos participantes ainda introduziam os seus dados pessoais em sítios Web de phishing simulados após 28 dias da primeira mensagem de correio eletrónico. Esta foi uma melhoria considerável em relação aos 40,1% medidos num grupo de controlo antes do estudo. No entanto, o estudo revelou que um em cada cinco utilizadores é vulnerável a ataques de phishing. Também descobriram que os participantes com idades compreendidas entre os 18 e os 25 anos eram consistentemente mais vulneráveis a ataques de phishing do que os participantes mais velhos.

2.4.2 Ferramentas de software automatizadas para deteção de phishing

As ferramentas anti-phishing são atualmente fornecidas pelos fornecedores de serviços Internet (Sheng, et al., 2007; Iacovos e Sasse, 2012; Sanchez e Duan, 2012), por exemplo, disponíveis como barras de ferramentas do navegador Web. Existem atualmente várias ferramentas anti-phishing disponíveis para descarregamento gratuito (Zhang, et al., 2007). CallingID Toolbar, Cloudmark Anti-Fraud Toolbar, EarthLink Toolbar, Firefox 2, eBay Toolbar e Netcraft Anti-Phishing Toolbar são alguns exemplos. No entanto, estas ferramentas não são totalmente fiáveis na deteção de ataques de phishing (Aggarwaly, Rajadesingan e Kumaraguru, 2012; Sanchez e Duan, 2012; Sheng, et al., 2007; Wu, Miller e Garfinkel, 2006). Mesmo as melhores ferramentas antiphishing falharam mais de 20 por cento dos sítios Web de phishing (Zhang, et al., 2007).

Zhang, et al. (2007) desenvolveram um banco de testes automatizado para testar as ferramentas antiphishing disponíveis. O seu banco de ensaio automatizado anti-phishing foi implementado em C# e era composto por 2000 linhas de código. A Figura 2.1 mostra a arquitetura de alto nível do sistema utilizada por Zhang, et al. (2007).

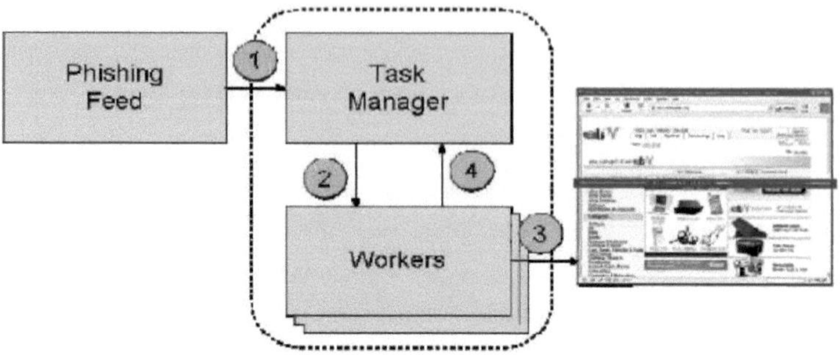

Figura 2.3: Arquitetura de sistema de alto nível para o banco de ensaio de avaliação anti-phishing (Zhang, et al., 2007)

O gestor de tarefas obtém uma lista actualizada de Localizadores Unificados de Recursos (URLs) a partir de um feed de phishing e envia esses URLs para um conjunto de trabalhadores. Cada trabalhador recupera uma página Web, verifica se a página Web foi rotulada como uma fraude de phishing ou não e envia o resultado de volta para o gestor de tarefas para agregar todos os resultados. O gestor de tarefas e os trabalhadores são agrupados porque podem ser executados na mesma máquina ou em máquinas separadas. A experiência foi realizada através da automatização deste processo, extraindo URLs de um feed de URLs de phishing validados e/ou utilizando heurísticas próprias para selecionar URLs de phishing de um feed de mensagens de correio eletrónico de phishing invalidadas.

Utilizaram 200 URLs de phishing verificados e 516 URLs legítimos para testar a eficácia de dez ferramentas anti-phishing populares. As suas descobertas revelaram que apenas uma ferramenta, o 'SpoofGuard', foi capaz de identificar consistentemente mais de 90% dos URLs de phishing corretamente. No entanto, também identificou incorretamente 42% dos URLs legítimos como phish. Outras ferramentas variaram consideravelmente consoante a fonte dos URLs de phishing, como mostra a Tabela 2.2 fornecida por Zhang, et al. (2007). Os resultados positivos incorretamente identificados (falsos positivos) estão resumidos no Quadro 2.3 fornecido por Zhang, et al. (2007). Das restantes ferramentas, apenas uma identificou corretamente mais de 60% dos URLs de phishing. No entanto, é interessante notar que os atacantes e os criadores de ferramentas estão continuamente numa corrida ao armamento.

Tabela 2.2: Número de sítios de phishing corretamente identificados pelas ferramentas anti-phishing. Nota: a taxa de captura do SpoofGuard é estimada após o tempo 0 (Zhang, et al., 2007)

	PliishTa uk					APWG				
Tempo desde a extração do URL	O horas	1 hora	2 horas	12 horas	24 horas	0 horas	1 hora	2 horas	12 horas	24 horas
ID de chamada	NA	NA	NA	NA	NA	23 (23%)	26 (26%)	25 (27%)	30 (38%)	24 (36%)
Marca de	68	68 (68%)	68 (69%)	64 (67%)	47 (67%)	22	24 (24%)	21 (22%)	25 (31%)	25

nuvem	(68%)					(22%)				(37%)
EaitliLmk	83 (83%)	83 (83%)	81 (82%)	78 (84%)	59 (84%)	54 (54%)	53 (54%)	51 (54%)	51 (64%)	47 (70%)
eBay	28 (28%)	28 (28%)	26 (27%)	24 (26%)	18 (26%)	52 (52%)	52 (53%)	51 (54%)	43 (54%)	35 (52%)
IE7	68 (68%)	68 (68%)	67 (68%)	62 (67%)	47 (67%)	75 (75%)	74 (75%)	72 (77%)	67 (84%)	58 (87%)
Fiiefox	NA	NA	NA	NA	NA	28 (28%)	50 (50%)	51 (54%)	47 (59%)	44 (66%)
Fuefox. Google	70 (70%)	70 (70%)	70 (71%)	71 (76%)	59 (84%)	53 (53%)	54 (55%)	56 (60%)	56 (70%)	49 (73%)
Netcraft	77 (77%)	77 (77%)	73 (74%)	69 (74%)	56 (80%)	60 (60%)	59 (60%)	57 (61%)	62 (78%)	49 (73%)
Netscape	8 (8%)	10 (10%)	10 (10%)	9 (10%)	15 (21%)	31 (31%)	31 (31%)	32 (34%)	37 (46%)	30 (45%)
Proteção contra falsificações	91 (91%)	91(91%)	89(91%)	85(91%)	64(91%)	96 (96%)	95(96%)	90(96%)	78(98%)	65 (97%)
TrustWatch	49 (49%)	49 (49%)	48 (49%)	45 (48%)	36 (51%)	44 (44%)	43 (43%)	44 (47%)	45 (56%)	45 (67%)
ActiveURLs	100	100	98	93	70	100	99	94	80	67

Tabela 2.3 Número de sítios legítimos (de 516 testados) falsamente identificados como sítios de phishing por ferramentas anti-phishing (Zhang, et al., 2007)

	Falsamente identificado como phishing	**Insuficiente**
Callitigro	**10** (2%)	177 **(34%)**
Cloudmaik	5 **(1%)**	497 **(96%)**
EaitliLitik	5 **(1%)**	493 **(96%)**
eBay	0 **¢0%)**	**0 (0%)**
Firefox	0 **(0%)**	**0 (0%)**
FirefoxGoogle	0 **¢0%)**	**0 (0%)**
EE7	0 **¢0%)**	**0 (0%)**
Netcraft	0 **(0%)**	**0 (0%)**
Netscape	0 **¢0%)**	**0 (0%)**
SpoofGuard	218 **(42%)**	256 **(50%)**
TrustWatch	0 **¢0%)**	256 **(50%)**

Dhamija, Tygar e Hearst (2006) mostraram que os indicadores anti-phishing desenvolvidos em ferramentas de software automatizadas são ineficazes devido a uma percentagem significativa de ignorância dos utilizadores em relação aos indicadores passivos (Iacovos e Sasse, 2012). Mesmo que os utilizadores tenham reparado nos indicadores, podem não compreender o seu significado. Além disso, a colocação inconsistente em navegadores Web heterogéneos torna difícil a tarefa de identificar um sítio de phishing.

Schechter (2007) referiu que 53% dos participantes no seu estudo de investigação ainda tentaram aceder a um sítio Web depois de as suas tarefas terem sido interrompidas por uma mensagem de aviso de segurança. Também revelaram no mesmo estudo que a eliminação da segurança do protocolo de transferência de hipertexto (HTTPS) não teve qualquer efeito sobre os participantes que revelaram os seus dados pessoais num sítio. Além disso, 97% dos participantes sentiram-se tentados a introduzir os seus dados pessoais mesmo depois de as imagens de autenticação do sítio terem sido removidas.

Abbasi, Zahedi e Chen (2012) realizaram uma experiência com mais de 400 participantes para avaliar o impacto da precisão das ferramentas anti-phishing na capacidade dos utilizadores para evitar ataques de phishing. Cada participante recebeu uma ferramenta de elevada precisão (90%) ou de baixa precisão (60%) e foi-lhe pedido que tomasse uma decisão sobre vários sítios Web legítimos e de phishing. Os seus resultados experimentais revelaram que os participantes que utilizaram a ferramenta anti-phishing de elevada precisão tiveram um desempenho muito melhor do que os que utilizaram a ferramenta de menor precisão em termos de evitar ataques de phishing. No entanto, mesmo os utilizadores da ferramenta de elevada precisão ignoraram frequentemente as suas recomendações corretas. Por conseguinte, os autores sugeriram que, embora a precisão das ferramentas anti-phishing seja um fator crítico, a redução das taxas de sucesso dos ataques de phishing exige outras considerações, como o reforço da sensibilização do utilizador para o phishing.

Pelas razões mencionadas, o presente estudo conclui que uma educação anti-phishing eficaz deve complementar quaisquer medidas técnicas para melhorar a capacidade dos utilizadores para detetar ataques de phishing (Kumaraguru, et al., 2007a, 2007b; 2008; Robila e Ragucci, 2006).

2.4.3 Educação Anti-Phishing

Tem sido demonstrado que tanto as instituições académicas como as organizações governamentais têm feito um esforço significativo para proporcionar educação aos utilizadores finais, a fim de permitir a compreensão da segurança por parte do público (Iacovos e Sasse, 2012; Arachchilage, Tarhini, Love, 2015; Arachchilage, 2015). O Anti-Phishing Work Group (APWG) é uma organização sem fins lucrativos que trabalha no sentido de proporcionar educação anti-phishing para melhorar a compreensão da segurança por parte do público. Abrange várias áreas: 1) O que é uma ameaça de phishing? 2) Como é que pode ser grave? 3) Qual é a utilidade de ter uma medida de proteção? 4) Onde denunciar uma mensagem de correio eletrónico ou um sítio Web suspeitos de phishing? e 5) Educação sobre phishing para impedir ataques de phishing. A Equipa de Preparação para Emergências Informáticas dos EUA também oferece conselhos gratuitos no seu sítio Web sobre violações de segurança comuns para utilizadores de computadores com falta de conhecimentos informáticos.

Embora muito esforço tenha sido dedicado à resolução do problema das ameaças de phishing através da prevenção e deteção de e-mails, URLs e sítios Web de phishing, pouca investigação tem sido feita na área da educação dos utilizadores para se protegerem de ataques de phishing (Iacovos e Sasse, 2012). Por conseguinte, é necessário que a investigação se centre mais na educação anti-phishing para proteger os utilizadores das ameaças de phishing.

No entanto, a formação ou educação anti-phishing é eficaz? Embora haja especialistas em usabilidade que afirmam que a educação e a formação dos utilizadores não funcionam (Sheng, et al., 2007; Evers, 2007), outros investigadores revelaram que uma educação bem concebida do utilizador final pode ser uma abordagem recomendada para combater os ataques de phishing (Allen, 1993; Hiner, 2002; Iacovos e Sasse, 2012; Kumaraguru, et al., 2008; Schechter, 2007; Sheng, et al., 2007; Timko, 2008). Em consonância com Herley (2009), também Iacovos e Sasse (2012) e outros investigadores argumentam que a atual educação em matéria de segurança sobre ameaças de phishing oferece pouca proteção aos utilizadores finais que acedem a sítios Web potencialmente maliciosos (Kumaraguru et al., 2009; Sheng, et al., 2007; Arachchilage e Love, 2014).

Outra razão para a ineficácia da atual educação para a segurança na prevenção do phishing prende-se com o facto de os fornecedores de educação para a segurança partirem do princípio de que os utilizadores estão dispostos a evitar riscos e, por conseguinte, a adotar comportamentos que os possam proteger. Iacovos e Sasse (2012) afirmam que a formação em matéria de segurança deve ter em conta os factores que determinam o comportamento dos utilizadores finais, em vez de os alertar para os perigos. Por conseguinte, uma educação para a segurança bem concebida deve desenvolver a perceção da ameaça, de modo a que os utilizadores estejam conscientes de que essa ameaça está presente no ciberespaço. Deve também incentivar os utilizadores a reforçar o comportamento de evitamento através da motivação para os proteger de ameaças informáticas maliciosas.

Kumaraguru, et al. (2007) conceberam e avaliaram um sistema de formação incorporado no correio eletrónico que ensina as pessoas a protegerem-se de ataques de phishing durante a sua utilização normal do correio eletrónico. Os autores realizaram experiências de laboratório que compararam a eficácia de avisos de segurança normais sobre phishing com dois modelos de formação incorporada que desenvolveram. Concluíram que a formação incorporada funciona melhor do que a prática atual de envio de avisos de segurança.

Robila e Ragucci (2006) avaliaram o impacto da educação do utilizador final na diferenciação entre e-mails de phishing e e-mails legítimos. Apresentaram uma panorâmica da educação em matéria de phishing, centrando-se nos ataques contextuais, e introduziram uma nova estratégia para a educação dos utilizadores finais, combinando testes de QI de phishing e discussões em sala de aula. A técnica consistia em apresentar aos utilizadores mensagens de correio eletrónico legítimas e fraudulentas e pedir-lhes que identificassem as tentativas de phishing das mensagens autênticas. O estudo concluiu que os utilizadores identificaram corretamente os e-mails de phishing após a realização do teste de QI de phishing e das discussões em sala de aula. Os utilizadores também reconheceram a utilidade do teste de QI e da discussão na sala de aula. Os investigadores da Universidade de Indiana também realizaram um estudo semelhante com 1700 estudantes, no qual recolheram sítios Web frequentemente visitados pelos estudantes e enviaram-lhes mensagens de phishing ou falsificaram os seus endereços de correio eletrónico (Jagatic, et al., 2007).

Sheng, et al. (2007) realizaram um estudo para avaliar a capacidade dos participantes para identificar sítios Web fraudulentos antes e depois de passarem 15 minutos envolvidos numa das três actividades de formação anti-phishing: jogar o jogo; ler um tutorial anti-phishing criado com base no jogo; ou ler materiais de formação em linha existentes. Descobriram que os participantes que jogaram o jogo eram mais capazes de identificar sítios Web de phishing após 15 minutos de formação, em comparação com os participantes nas outras condições. A taxa de falsos positivos (site de phishing identificado como real) foi reduzida de 30% para 14% e a taxa de falsos negativos (site legítimo identificado como falso) foi reduzida de 34% para 17%. No entanto, também referiram que 31% dos utilizadores continuavam a não conseguir distinguir entre sítios Web bons e maus. Iacovos e Sasse (2012) argumentaram que a probabilidade de um comprador em linha se deparar com um sítio Web de phishing é relativamente elevada, porque atualmente muitos sítios Web falsos aparecem nos resultados de motores de pesquisa populares, como o Google e o Yahoo. Por conseguinte, ensinar as pessoas a utilizar os motores de pesquisa para encontrar sítios Web legítimos é crucial e problemático.

Tseng, et al. (2011) também desenvolveram um jogo para ensinar os utilizadores sobre phishing com base no conteúdo do sítio Web. Os autores propuseram a hierarquia de estruturas de ataque de phishing para descrever caraterísticas estereotipadas das técnicas de ataque de phishing. As propriedades de herança e instanciação do modelo de estrutura permitiram-lhes estender as páginas originais de phishing para aumentar o conteúdo do jogo. Por fim, desenvolveram um jogo educativo anti-phishing para avaliar a eficácia da hierarquia de estruturas proposta. Os resultados da avaliação mostraram que a maioria dos professores e especialistas ficaram satisfeitos com o sistema proposto.

Até à data, a educação dos utilizadores finais sobre a ameaça de phishing tentou incentivar os utilizadores a verificar os URL, mas teve um sucesso limitado (Iacovos e Sasse, 2012). Kumaraguru, et al. (2007) realizaram uma investigação sobre o ensino de "Johnny a não cair no phishing", que se centrou na educação dos utilizadores sobre o phishing e em ajudá-los a tomar melhores decisões de confiança. Depararam-se com uma série de desafios na educação anti-phishing, em particular: os utilizadores não estão motivados para aprender segurança; a segurança é uma tarefa secundária para a maioria dos utilizadores; é difícil ensinar as pessoas a identificar ameaças sem aumentar a sua tendência para julgar erradamente as não ameaças como ameaças.

Kumaraguru, et al. (2007) também conceberam materiais educativos utilizando os princípios da ciência da aprendizagem para ensinar os utilizadores a não cair em ataques de phishing. O seu objetivo era motivar os utilizadores a prestarem atenção aos materiais de formação. Isto deve-se ao facto de, na maioria das situações, os utilizadores ignorarem os materiais educativos de segurança.

Os possíveis ataques de phishing podem ser identificados de várias formas, como, por exemplo, observando cuidadosamente o endereço do sítio Web, o chamado Localizador Universal de Recursos (URL), os sinais e o conteúdo da página Web, os ícones de bloqueio e os jargões da página Web, o contexto da mensagem de correio eletrónico e as mensagens de aviso gerais apresentadas no sítio Web (Downs, Holbrook e Cranor, 2007; Wu, Miller e Garfinkel, 2006). Investigações anteriores identificaram que as técnicas anti-phishing existentes baseadas em URL não são suficientemente robustas para a deteção de phishing (Garera, et al., 2007; Sheng, et al., 2007; Iacovos e Sasse, 2012). Iacovos e Sasse (2012) afirmaram que foram utilizadas duas abordagens principais para proteger os utilizadores contra o phishing: indicadores anti-phishing e educação do utilizador final. No entanto, Dhamija, Tygar e Hearst (2006) sublinharam que a primeira abordagem continua a ser ineficaz porque uma percentagem significativa de utilizadores ignora os indicadores passivos. Realizaram uma experiência em laboratório, mostrando a 22 participantes 20 sítios Web e pedindo-lhes que determinassem quais eram legítimos. Os resultados revelaram que 23% dos participantes ignoraram todos os sinais na barra de endereço do navegador Web e na barra de estado, bem como todos os indicadores de segurança. Isto deve-se à falta de sensibilização dos utilizadores para os URL de phishing (Dhamija, Tygar e Hearst, 2006; Liang e Xue, 2009; 2010). Garera, et al. (2007) salientaram que, muitas vezes, é possível saber se um determinado URL pertence ou não a um sítio Web de phishing sem ter qualquer conhecimento das informações da página correspondente. No seu estudo, identificaram várias heurísticas de pormenor que podem ser utilizadas para distinguir entre um URL de phishing e um URL benigno. A técnica de classificação baseada nestas heurísticas alcançou uma precisão de 97,3 por cento, demonstrando que a análise do URL por si só pode atingir um elevado grau de precisão na deteção de phishing.

O trabalho de investigação relatado no Capítulo 5 deste livro tenta conceber um jogo móvel para os utilizadores de computadores se protegerem de ataques de phishing. O objetivo da conceção do jogo para telemóvel é ensinar os utilizadores a evitar URLs de phishing. No entanto, a conceção do jogo móvel deve sensibilizar para a identificação das caraterísticas de potenciais URLs de phishing. Por exemplo, os sítios Web legítimos normalmente não têm números no início dos seus URL, como http://81.153.192.106/.www.hsbc.co.uk.

Anandpara, et al. (2007) revelaram que os utilizadores que lêem os materiais de formação em linha existentes são demasiado cautelosos e identificam muitos sítios legítimos como sítios fraudulentos. No entanto, não aprendem técnicas úteis para identificar ataques de phishing porque muitos dos recursos de formação em linha não ensinam pistas e estratégias específicas (Kumaraguru, et al., 2007). Mesmo a maioria dos materiais de formação existentes não foi concebida com base nos princípios da ciência da aprendizagem (Kumaraguru, et al., 2007). Por conseguinte, foi sugerido que os investigadores e os criadores de sistemas deveriam tentar aplicar os princípios da ciência do e-Learning para maximizar a eficácia dos materiais de formação. Podem ser utilizados os princípios da aprendizagem pela ação, do feedback imediato, do princípio da contiguidade, da personalização e do ambiente de agentes baseados em histórias. Além disso, as teorias do e-Learning podem ser utilizadas para aumentar a motivação dos jogadores na conceção do jogo.

A falta de motivação é um dos principais obstáculos à educação do utilizador final para a deteção e prevenção do phishing (Tseng, et al., 2011). Por conseguinte, a abordagem de aprendizagem baseada em jogos utiliza actividades interactivas e multimédia interessante como solução adequada para motivar os utilizadores finais para a educação sobre phishing (Sheng, et al., 2007).

2.5 Jogos educativos

Os jogos educativos e as simulações têm sido cada vez mais reconhecidos como uma enorme e poderosa ferramenta de ensino que pode resultar numa "revolução pedagógica" (Walls, 2012; Cone, et al., 2007; Foreman, 2004). A principal razão é que a educação baseada em jogos permite que os utilizadores aprendam através da experiência e da utilização do ambiente virtual, levando-os a abordar a resolução de problemas através do pensamento crítico.

Os jogos educativos tornaram-se uma parte importante do ambiente social e cultural (Walls, 2012; Papastergiou, 2009; Oblinger, 2004). Esses jogos são particularmente interessantes e difundidos entre as crianças e os adolescentes e estão classificados como a atividade mais popular na utilização do computador (Downes, 1999; Harris, 1999; Mumtaz, 2001). McFarlane, Sparrowhawk e Heald (2002) realizaram um estudo com estudantes dos 7 aos 16 anos no Reino Unido e revelaram que a maioria deles jogava regularmente no computador de casa.

Zyda (2005) descreve os Jogos Sérios como "um concurso mental, jogado com um computador de acordo com regras específicas, que utiliza o entretenimento para promover a formação, a educação, a saúde, as políticas públicas e os objectivos de comunicação estratégica do governo ou das empresas". Michael e Chen (2005) propuseram a seguinte classificação temática com base na definição de Jogos Sérios de Zyda: Jogos Militares, Jogos Governamentais, Jogos Educativos, Jogos Empresariais, Jogos de Saúde, Jogos Políticos e Religiosos. No entanto, os jogos educativos são bastante úteis como meio de ensino eficaz (Froschauer, et al., 2010) porque permitem aos utilizadores aprender de uma forma interactiva e atraente.

Existe uma quantidade considerável de estudos publicados na literatura que descrevem o papel dos jogos no contexto educativo. Bellotti, et al. (2009) conceberam um jogo online multijogador massivo (MMOG) para o ensino secundário chamado 'SeaGame' para promover as melhores práticas em comportamentos relacionados com o mar, como a navegação ou a vigilância das praias. O principal objetivo do "SeaGame" era integrar o conteúdo educativo num contexto de jogo, num todo significativo, homogéneo e atraente, em que o jogador pode desfrutar da aprendizagem enquanto se diverte. Por conseguinte, este tipo de jogos ajuda as pessoas a melhorar as suas melhores práticas comportamentais.

Além disso, a educação baseada em jogos é ainda mais útil para motivar os jogadores a mudar o seu comportamento. Gustafsson e Bang (2008) conceberam um jogo móvel generalizado denominado "Power Agent" para educar os adolescentes e as suas famílias a reduzir o consumo de energia nas suas casas. Tentaram transformar o ambiente doméstico e os seus dispositivos numa arena de aprendizagem para experiências práticas com a utilização da eletricidade. Os resultados sugeriram que o conceito de jogo era mais eficaz para levar os adolescentes e as suas famílias a reduzir o seu consumo de energia durante as sessões de jogo.

Além disso, a aprendizagem baseada em jogos pode ser eficaz não só para mudar o comportamento das pessoas, mas também para desenvolver o seu raciocínio lógico para resolver problemas matemáticos. Eagle (2009) concebeu e investigou empiricamente o "Wu's Castle", um jogo de role-playing 2D (2-Dimensional) em que os alunos podem desenvolver código C++ para resolver problemas do jogo. Os resultados mostraram que o "Wu's Castle" é mais eficaz do que um trabalho de programação tradicional para aprender a resolver problemas sobre arrays e loops.

Atualmente, as pessoas viajam muito devido a um estilo de vida móvel e global e a custos de transporte acessíveis. Geralmente, os viajantes e turistas estão interessados em conhecer a cultura e as tradições antes de chegarem ao local. A leitura de livros consome muitas vezes demasiado tempo, uma vez que muitos deles têm uma vida muito ocupada, conciliando o trabalho, as tarefas domésticas, a família e os amigos. Por conseguinte, é importante para eles que a informação esteja rapidamente acessível. 'Travel in Europe' (Bellotti, et al., 2008) e 'Second China Island' (Fishwick, et al., 2008; Henderson, et al., 2008) são dois projectos desenvolvidos que se concentram no património cultural e no turismo, respetivamente. O projeto 'Travel in Europe' (TiE) visava implementar um meio inovador de promover e revelar o património cultural. Promoveu a interação do utilizador no âmbito de representações virtuais em linha de cidades europeias e incentivou-o a cumprir missões de caça ao tesouro. "The Second China Island" é um espaço 3D (tridimensional) desenvolvido no "Mundo Virtual do Second Life" para que o utilizador possa experimentar virtualmente o conteúdo da China e da sua cultura.

A literatura revelou que os jogos bem concebidos centrados na educação podem ser úteis para a aprendizagem, mesmo quando utilizados sem assistência. O jogo "Anti-phishing Phil" desenvolvido por Sheng, et al. (2007) apresentou resultados que confirmam que os jogos educam as pessoas sobre phishing e outros ataques de segurança de uma forma mais eficaz do que outras abordagens educativas, como a leitura de tutoriais anti-phishing ou a leitura de materiais de formação em linha existentes. Anido, et al. (2011) conceberam um quadro, que foi desenvolvido como um sistema de software de fonte aberta, que apoia a aprendizagem personalizada com enfoque em jogos e simulações sérios. Afirmaram que a realização mais bem sucedida do projeto foi um sistema expressivo, educativo e adaptativo fácil de utilizar, interoperável e poderoso que permitiu aos professores sem conhecimentos técnicos conceber, desenvolver e executar jogos electrónicos através de uma plataforma abrangente e em vários dispositivos e ambientes.

O ensino dos jogos de vídeo é cada vez mais utilizado nas escolas para ensinar às crianças várias disciplinas, como o inglês, a matemática e a geografia (Wang, Fsdahl e Morch-Storstein, 2008; Walls, 2012). Estudos anteriores referiram que a educação através de jogos de vídeo é eficaz em termos de aprendizagem das crianças (Gee, 2003; Jenkins, 2002; Papert, 1998; Wang, Fsdahl e Morch-Storstein, 2008; Walls, 2012). As crianças em idade escolar podem praticar determinadas competências utilizando jogos de vídeo num laboratório de informática supervisionado por um professor. Estudos anteriores mostraram que a utilização de jogos de vídeo dinâmicos na sala de aula pode ser benéfica para melhorar os resultados académicos e a motivação das crianças (Rosas, et al., 2003). O ensino baseado em jogos não é apenas atrativo para as crianças em idade escolar, mas também para os estudantes universitários (Sharples, 2000). Vários estudos mostraram como os jogos de vídeo podem ser utilizados no ensino superior (Baker, Navarro e Hoek, 2003; Natvig, Line e Djupdal, 2004; Navarro e Hoek, 2004; Wang, Fsdahl e Morch-Storstein, 2008; Walls, 2012). No entanto, Wang, Fsdahl e Morch-Storstein (2008) acreditam firmemente que esta área precisa de ser explorada mais extensivamente.

Vários jogos educativos foram concebidos e desenvolvidos para proteger os utilizadores de computadores e para afirmar questões de segurança no ciberespaço (Cone, et al., 2007). Por exemplo, alguns jogos educativos ensinam conceitos de garantia da informação, enquanto outros ensinam puro entretenimento sem qualquer base nos princípios ou na realidade da garantia da informação. No entanto, há pouca investigação sobre o envolvimento no mundo virtual que combine também o aspeto humano da segurança (Sheng, et al., 2007). Por conseguinte, vale a pena investigar mais aprofundadamente a aprendizagem baseada em jogos, a fim de proteger os utilizadores de computadores contra ameaças informáticas maliciosas, como os ataques de phishing.

No passado, os jogos educativos receberam atenção não só da comunidade académica e de investigação, mas também do governo do Reino Unido (Oblinger, 2004). A BBC noticiou que o governo do Reino Unido planeou introduzir uma redução do imposto sobre as sociedades a partir de abril de 2013 para as indústrias dos jogos de vídeo, da animação e da televisão de alta qualidade (BBC News, 2012). Além disso, mencionaram que o governo queria promover o Reino Unido como o centro tecnológico da Europa. Isto deve-se principalmente ao facto de múltiplos

As melhorias da experiência de aprendizagem são atribuídas aos jogos educativos e à aprendizagem educativa baseada em jogos, uma vez que têm um potencial crescente para influenciar e aumentar a motivação dos alunos. Acredita-se que as tecnologias de jogos têm potencial para melhorar o processo de aprendizagem de múltiplas formas (Torrente, et al., 2010).

Um dos factos mais bem estabelecidos na investigação sobre jogos educativos é a capacidade de aumentar a motivação dos jogadores para a aprendizagem, uma vez que conseguem reter a sua atenção e mantê-los envolvidos e imersos nos jogos (Gee, 2003; Ghazvini, Earnshaw, Robison e Excell, 2009a; 2009b; Gunter, Kennye Vick, 2008; Malone, 1981; Quinn, 2005). Outros factos interessantes dos jogos educativos são

- A disponibilização de ambientes de jogo imersivos que podem ser explorados livremente pelos jogadores e que promovem a aprendizagem autónoma (Oblinger, 2004; Squire, 2003)

- O processo de feedback imediato com perceção do progresso (Freitas e Oliver, 2006; Ghazvini, et al., 2009a; 2009b; Gunter, Kenny e Vick, 2008; Quinn, 2005)

- A sua relação com as teorias construtivistas e o apoio à aprendizagem em ambiente aumentado (Ghazvini, et al., 2009a; 2009b; Prensky, 2001)

Foi demonstrado que os jogos estão a ser amplamente difundidos entre os utilizadores devido à difusão dos dispositivos e tecnologias móveis. A BBC noticiou que os criadores de "World of Warcraft" já confirmaram que estão a pensar em levar o jogo de sucesso para os dispositivos móveis (BBC News, 2012). Atualmente, os dispositivos móveis podem ser utilizados para jogar a maior parte dos jogos, uma vez que a escala do software destes jogos é cada vez menor. Este é um enorme desafio para os investigadores académicos e os especialistas em cibersegurança que tentam encontrar soluções para proteger as pessoas de ameaças informáticas maliciosas. Os investigadores têm defendido firmemente que a educação baseada em jogos móveis tem potencial e merece ser investigada para a sensibilização para a cibersegurança (Cone, et al., 2007; Ghazvini, et al., 2009a; 2009b; Shih, Hou e Wu, 2011).

2.5.1 Aprendizagem baseada em jogos móveis

A difusão dos telemóveis e das tecnologias conexas entre os jovens tornou-os uma plataforma ideal para fornecer conteúdos educativos para uma aprendizagem informal em qualquer lugar e a qualquer momento (Molnar e Martinez, 2011). Os dispositivos móveis tornaram-se uma parte significativamente importante da vida das pessoas devido a uma plataforma omnipresente que utilizam quase a toda a hora. Ao contrário dos computadores de secretária, a penetração dos telemóveis é significativamente maior nas economias emergentes, ultrapassando as linhas fixas e o acesso à banda larga (ITU ICT-Eye Free Statistics, 2012). Esta ubiquidade mundial contribuiu para melhorar a educação baseada em jogos através de dispositivos móveis. Uma grande coleção de jogos móveis educativos existentes comprova o aumento da educação baseada em jogos móveis (Molnar e Martinez, 2011; Daher, 2010).

A aprendizagem baseada em jogos móveis é um método em que os utilizadores têm a oportunidade de realizar actividades de aprendizagem utilizando um jogo ou uma série de jogos através de dispositivos móveis, como telemóveis e telefones inteligentes (Denk, Weber e Belfin, 2007; Ghazvini, et al., 2009a; 2009b; Klopfer, 2008; Kurkovsky, 2009). Estes jogos digitais baseados em dispositivos móveis podem oferecer uma fidelidade de simulações e tarefas de resolução de problemas, que são desafiantes, divertidas e interactivas para os alunos, aumentando assim a sua motivação para a aprendizagem. Por conseguinte, a aprendizagem de conceitos de sensibilização para a segurança utilizando minijogos baseados em dispositivos portáteis tornar-se-á um dos principais desafios e tendências futuras na educação baseada em jogos móveis (Cone, et al., 2007; Shih, Hou e Wu, 2011). Embora os jogos móveis sejam uma das áreas de aplicação mais importantes na tecnologia educativa, a literatura revelou que relativamente poucos jogos móveis educativos foram concebidos de forma eficaz do que outros tipos existentes (Hosein e Beharry, 2010).

Os jogos móveis começaram com o jogo "snake" num telemóvel Nokia em 1997 e evoluíram para o jogo "Angry Birds" (Chasey, 2010; Shih, Hosein e Beharry, 2010; Hou e Wu, 2011). Os jogos móveis nacionais em linha começaram a aumentar a partir de 2004 devido ao rápido crescimento dos dispositivos portáteis e das tecnologias sem fios conexas, como telemóveis, pagers, PDA, Bluetooth, Wi-Fi e 3G (Garner, et al., 2006; Zhu, et al., 2009). Além disso, as tecnologias sem fios emergentes e as normas abertas da Internet permitem a comunicação entre dispositivos móveis heterogéneos através da rede (Gee, 2003). Os dispositivos portáteis heterogéneos são fundamentais para a aprendizagem baseada em jogos móveis, uma vez que fornecem acesso ao conteúdo de aprendizagem num ambiente baseado em jogos.

Os investigadores no domínio da educação e os criadores de software reconheceram esses dispositivos e tecnologias como recursos poderosos para apoiar a aprendizagem baseada em jogos (Andrews, et al., 2003; Facer, et al., 2004; Gee, 2003; Roschelle e Pea, 2002; Wegerif, 2003). Os profissionais da indústria dos jogos para telemóveis analisaram que o jogo em linha de hoje é a plataforma móvel de amanhã; prevêem também um grande potencial de crescimento dos jogos para telemóveis nacionais (Zhu, et al., 2009). Foi demonstrado que os principais operadores de comunicações móveis, os operadores de rede, os fabricantes de dispositivos móveis e os criadores de software tentam desenvolver jogos para plataformas móveis para aumentar as receitas. A BBC noticiou que as vendas do Google Android aumentaram 886%, enquanto a Apple apresentou o segundo maior crescimento no sector dos telefones inteligentes, com um crescimento de 61% no ano de 2010 (BBC News, 2010). Foi salientado que o sector global dos telefones inteligentes cresceu 64% no mesmo ano. A mesma empresa de radiodifusão informou, em 2012, que a Apple quase duplicou os seus lucros nos primeiros três meses do ano e que foram vendidos 35 milhões de iPhones da Apple nesse trimestre, o que representou quase o dobro do nível registado no ano anterior (BBC News, 2012). Por conseguinte, os investigadores académicos e os especialistas em educação podem beneficiar deste crescimento dos dispositivos e das tecnologias conexas para proporcionar uma melhor aprendizagem no contexto educativo.

Alguns inovadores defendem veementemente que os computadores de secretária desaparecerão da sociedade, ao passo que os novos dispositivos portáteis e as suas interfaces se tornarão tecnologias ou dispositivos omnipresentes, omnipresentes, invisíveis e integrados no ambiente circundante (Shneiderman, 1987). Acredita-se também que esses dispositivos estarão centrados na consciência do contexto, atentos e perceptivos, detectando os desejos dos utilizadores e fornecendo feedback através de ecrãs ambientais que brilham, zumbem, mudam de forma ou sopram ar. Além disso, alguns investigadores e especialistas em tecnologia prevêem dispositivos móveis avançados que podem ser usados ou mesmo implementados sob a pele humana. Por exemplo, através da adaptação de tecnologias como sensores individuais sem fios que podem ser utilizados para localizar os utilizadores que entram nas instalações.

Os jogos móveis e as tecnologias conexas podem também enriquecer as relações familiares e entre pares (Shneiderman, 1987). Por exemplo, os jogos multijogadores para telemóveis ajudam a desenvolver uma forte relação entre os utilizadores, que é útil para partilharem os seus conhecimentos, competências e experiências, bem como emoções e amor entre si. Verificou-se que algumas dessas relações podem acabar num futuro casamento.

Atualmente, verifica-se uma enorme tendência na tecnologia de jogos orientada para dispositivos de programação portáteis dedicados, como a Nintendo DS e a PlayStation Portable ou PDAs e telemóveis (Denk, Weber e Belfin, 2007; Klopfer, 2008; Kurkovsky, 2009). Por exemplo, as interfaces tácteis introduzidas na Nintendo DS ou no iPhone/iPod mudaram os jogos educativos baseados em computador para a emergente plataforma móvel. Essas interfaces tácteis permitem que o jogador interaja com objectos digitais no ambiente do jogo mais facilmente do que se navegasse através do teclado. Como consequência destas tecnologias móveis emergentes, os dispositivos iPhone e Android e as lojas de aplicações de baixo custo estão repletos de jogos.

Está provado que os jogos móveis podem melhorar o recrutamento e a retenção, captando o entusiasmo dos jogadores (Kurkovsky, 2009). A mobilidade é uma caraterística importante que apoia a utilização de jogos móveis (Parsons, Ryu e Cranshaw, 2006). Pode ser conceptualizada de muitas formas, como a mobilidade do utilizador, a mobilidade do serviço e a mobilidade do dispositivo. Por exemplo, a caraterística de mobilidade subjacente ao ambiente de jogos móveis permite que os jogadores utilizem o jogo quando estão longe do espaço de comunicação. A maior parte dos utilizadores joga jogos casuais em intervalos curtos (Kurkovsky, 2009); durante os intervalos das aulas, quando viajam de autocarro ou comboio e enquanto esperam por um transporte ou numa fila de espera.

Embora a investigação anterior sobre jogos educativos tenha tido dificuldade em provar que a aprendizagem baseada em jogos móveis pode contribuir seriamente para a área da educação, outra investigação nesta área revelou que foram detectados sinais de mudança (Molnar e Martinez, 2011). Banerjee, et al. (2007) descobriram que os jogos educativos móveis podem melhorar significativamente o processo de aprendizagem quando utilizados para estudar. Kam, et al. (2009) também demonstraram que a utilização da educação baseada em jogos móveis pode melhorar a literacia das crianças (Tian, 2010). Além disso, investigações anteriores desenvolveram reflexões de meta-nível sobre estratégias de aprendizagem através da educação baseada em jogos móveis (Facer, et al., 2004).

Tem havido muitas tentativas de utilizar os jogos móveis para o ensino; os jogos de puzzle, por exemplo, são muito populares na educação baseada em jogos (Hosein e Beharry, 2010). A investigação anterior identificou e defendeu, em muitas tentativas, os jogos para telemóvel como uma ferramenta educativa. Costabile, et al. (2008) realizaram um estudo experimental para explorar a forma como um telemóvel pode ser utilizado para ensinar arqueologia através da aprendizagem baseada em jogos. Yordanova (2007) explicou a importância global da aprendizagem móvel integrada com a tecnologia na educação. Além disso, as caraterísticas básicas, as vantagens e os desafios actuais relacionados com a aprendizagem móvel são abordados num estudo de Kurkovsky (2009). O estudo de Kurkovsky mostra como a aprendizagem baseada em jogos móveis pode ser utilizada para envolver os estudantes em cursos de Informática desde uma fase inicial (Yordanova, 2007). O estudo concluiu que os jogos móveis ajudaram os alunos a relacionar-se com os materiais do curso e a estabelecer fortes ligações a aplicações do mundo real.

Além disso, o ambiente dos jogos para telemóvel tornou-se um mamute no sector do entretenimento (Wang, Fsdahl e Morch-Storstein, 2008). As razões são a conveniência, o baixo custo, o aumento da criatividade e a comunidade dos jogos para telemóvel. A popularidade dos jogos para telemóvel deve-se à possibilidade de os levar para qualquer lugar depois de o jogo ter sido descarregado para o dispositivo móvel. Os jogos criativos para telemóvel podem ser concebidos e desenvolvidos a um custo muito inferior ao dos jogos para consolas. Embora os telemóveis tenham sido originalmente criados para a comunicação, os valores fundamentais apresentados aos utilizadores nos jogos para telemóvel são uma vantagem distinta.

Os dispositivos móveis e as tecnologias conexas, como telemóveis, PDA, pagers, Wi-Fi, Bluetooth e 3G, são cada vez mais vistos como um terreno fértil para o desenvolvimento de recursos de apoio à aprendizagem com base em jogos móveis. Há um interesse crescente dos jovens por uma cultura digital fora da escola e pela interação com tecnologias móveis e de jogos, por oposição às aplicações para PC de secretária (Facer, et al., 2004; Holloway e Valentine, 2003; Facer, et al., 2003). Os investigadores no domínio da educação identificaram estas ferramentas e tecnologias como recursos poderosos para apoiar a experiência de aprendizagem e incentivar o desenvolvimento de competências cognitivas (Andrews, et al., 2003; Facer, et al., 2004; Gee, 2003; Roschelle e Pea, 2002; Wegerif, 2003).

Por exemplo, a câmara do telemóvel, a Internet, o Wi-Fi ou o Bluetooth estão disponíveis em quase todos os telemóveis inteligentes. Sabe-se também que cada vez mais jogos utilizam estas funcionalidades (Baillie, et al., 2010; Elina e Koivisto, 2010). De acordo com o Office for National Statistics (2011), quase metade dos utilizadores da Internet no Reino Unido estão ligados à Internet através de um telemóvel quando estão fora de casa ou do escritório. Os programadores de jogos podem utilizar este conhecimento e as ferramentas e tecnologias existentes para conceber e desenvolver jogos móveis educativos eficazes.

Os jogos para telemóveis e as tecnologias conexas tornaram-se cada vez mais complexos e difundidos nos últimos anos; atualmente, assemelham-se aos jogos para consolas e PC (Korhonen e Koivisto, 2006). O número de utilizadores de telemóveis é certamente superior ao número de utilizadores de computadores de secretária no Reino Unido (Office for National Statistics, 2011). A posse generalizada de telemóveis pode garantir uma grande penetração no mercado para os criadores de jogos. A posse de telemóveis no Reino Unido aumentou drasticamente em 45% nos últimos dez anos (Office for National Statistics, 2011). Por conseguinte, a conceção e o desenvolvimento de jogos para plataformas generalizadas permitem e melhoram a acessibilidade do utilizador.

2.6 Resumo e conclusão

Este capítulo analisou a investigação existente no domínio da segurança utilizável em linha e dos jogos móveis, a fim de fornecer os antecedentes necessários para este livro e apoiar a questão de investigação. Estudos anteriores referiram que a tecnologia, por si só, é insuficiente para garantir questões críticas de segurança informática. Não tem havido muito trabalho de investigação sobre o comportamento humano na execução da segurança ou sobre a proteção do utilizador contra ataques, que são imperativos para fazer face a ameaças informáticas maliciosas, como os ataques de phishing. No entanto, uma educação para a segurança bem concebida pode ser eficaz para proteger o utilizador final contra estes ataques informáticos maliciosos.

Um dos objectivos do trabalho de base apresentado neste livro era encontrar formas eficazes de educar as pessoas para identificarem e prevenirem ataques de phishing. A literatura mostrou a importância de educar as pessoas para identificarem e se prevenirem contra ataques de phishing como a melhor abordagem possível. Além disso, discutiu a noção de que não só um jogo de computador pode proporcionar educação, mas também que os jogos podem potencialmente proporcionar um melhor ambiente de aprendizagem. Além disso, indicou os jogos móveis para melhorar a potencial experiência de aprendizagem.

O capítulo seguinte descreve os métodos de investigação que foram utilizados para realizar os estudos referidos neste livro.

Capítulo 3

Metodologia de investigação

3.1 Introdução

O capítulo seguinte contém quatro partes constituintes. A primeira parte descreve a abordagem de investigação utilizada neste livro. Em seguida, é abordada a montagem do laboratório para as experiências. Em seguida, são abordadas as técnicas de recolha de dados utilizadas neste trabalho de investigação. Finalmente, são apresentados os procedimentos analíticos aplicados aos dados recolhidos.

3.2 Visão geral da abordagem de investigação utilizada neste livro

Dois estudos e uma conceção teórica foram incorporados no trabalho de investigação apresentado neste livro. Existem várias abordagens metodológicas de investigação na literatura sobre Sistemas de Informação (Creswell, 2003; Oates, 2006), por exemplo, a abordagem qualitativa, a abordagem quantitativa e a abordagem de método misto.

A investigação quantitativa refere-se a estudos que produzem resultados que são concluídos por análises estatísticas e resumos. A análise de dados quantitativos significa geralmente produzir dados ou provas com base em números. Os investigadores que seguem esta abordagem tentam recolher dados recorrendo a diferentes estratégias, como inquéritos por questionário e experiências. Os dados quantitativos são principalmente utilizados e analisados por investigadores positivistas (Oates, 2006), mas os investigadores críticos e interpretativos por vezes também geram esses dados.

Por outro lado, a abordagem de investigação qualitativa refere-se a estudos com resultados que não são concluídos por análise estatística e resumo. Os dados obtidos na investigação qualitativa são normalmente recolhidos a partir de estudos de caso, entrevistas e observações. Os dados qualitativos incluem dados não numéricos, como palavras, sons e imagens. Além disso, os dados qualitativos podem ser utilizados para descrever comportamentos sociais e grupos individuais. Os dados quantitativos são o principal tipo de dados utilizados e analisados por investigadores interpretativos e críticos (Oates, 2006), mas também podem ser gerados por investigadores positivistas.

Na abordagem de método misto, os investigadores recolhem dados quantitativos e qualitativos para dar a melhor resposta à pergunta de investigação. Esta abordagem começa por recolher dados estatísticos utilizando um método quantitativo (como um inquérito) e depois recolhe dados qualitativos de entrevistas utilizando um método qualitativo. Esta abordagem de método misto pode ser útil na medida em que permite utilizar da melhor forma as abordagens quantitativa e qualitativa.

O primeiro estudo utilizou uma abordagem quantitativa e, no segundo, foram utilizadas abordagens quantitativas e qualitativas. O primeiro estudo procurou desenvolver um quadro de conceção de jogos para os utilizadores de computadores impedirem ataques de phishing. Como metodologia de investigação, embora pudesse ter sido utilizada uma abordagem qualitativa neste estudo de investigação, foi escolhida uma abordagem quantitativa porque oferecia a flexibilidade de representar a população geral de utilizadores de computadores; a abordagem de investigação quantitativa é também uma abordagem com grande penetração nos SI (Oates, 2006). Além disso, este estudo centrou-se na investigação dos elementos-chave que devem ser abordados na estrutura de conceção do jogo, o que reforça o comportamento de evitamento do utilizador através da motivação para se proteger de ataques de phishing. Os métodos de investigação quantitativa estão maioritariamente associados ao paradigma filosófico do positivismo (Oates, 2006). Por conseguinte, isto soa mais a uma abordagem positivista.

O outro paradigma filosófico é a abordagem interpretativa; que não prova ou refuta um hipo-livro, em comparação com a investigação positivista (Oates, 2006). Se a investigação se basear em inquéritos ou experiências, é mais provável que se baseie no positivismo. Por conseguinte, o primeiro estudo relatado neste livro adopta uma abordagem positivista, uma vez que se baseia em inquéritos e testa hipo-livros derivados de um modelo de investigação. O positivismo é mais adequado para este estudo de investigação, porque reforça o comportamento do utilizador para evitar ameaças de phishing.

O segundo estudo centrou-se na avaliação da estrutura de conceção de jogos proposta através do protótipo de jogo para telemóvel desenvolvido no MIT App Inventor Emulator. O estudo utilizou uma abordagem quantitativa como primeiro passo para medir a satisfação subjectiva do utilizador com a interface do protótipo de jogo móvel. Em seguida, o estudo seguiu uma abordagem qualitativa como segunda etapa, a fim de determinar o impacto dos utilizadores no quadro após terem jogado o protótipo de jogo móvel. Os métodos de investigação quantitativa estão maioritariamente associados ao paradigma filosófico do interpretativismo (Oates, 2006). Por conseguinte, este estudo de investigação assemelha-se mais a uma abordagem interpretativa, porque se concentra em determinar o impacto do utilizador na estrutura de conceção do jogo proposto depois de jogar o protótipo do jogo para telemóvel.

As hipóteses são afirmações formais cujas previsões derivam da evidência de trabalhos de investigação anteriores e da teoria ou são simplesmente o resultado de um palpite (Breakwell, Hammond e Fife-Schaw, 1995). Por exemplo, os investigadores começam a desenvolver teorias sobre o seu tópico do território de investigação. Isto leva a uma afirmação baseada na teoria que pode ser testada através de uma investigação empírica. As hipóteses são testadas através da manipulação de uma ou mais variáveis (Preece, Rogers e Sharp, 2002). Uma experiência é então concebida para provar ou refutar a hipótese definida (Oates, 2006). Robson afirmou que uma experiência engloba: a atribuição de participantes a diferentes condições; a manipulação de uma ou mais variáveis independentes; a medição dos efeitos desta manipulação numa ou mais variáveis dependentes; e o controlo de todas as outras variáveis (Robson, 2002).

Existem dois tipos de experiências: as realizadas em laboratório e as realizadas no terreno, o chamado "mundo real" (Oates, 2006). Quando uma experiência é realizada em laboratório, o participante utiliza normalmente o sistema num ambiente controlado. Por exemplo, uma experiência é realizada no Laboratório de Usabilidade da Microsoft. Uma vantagem da experiência em laboratório é que permite o controlo das variáveis para medir corretamente a causa e o efeito do sistema (Coolican, 2004). Por exemplo, todos os participantes podem utilizar o mesmo dispositivo móvel durante a experiência. Isto permite medir com mais precisão o comportamento dos participantes e manter as condições idênticas para eles.

Coolican (2004) identificou alguns pontos fracos da experiência no terreno: a falta de controlo traz o problema das variáveis estranhas; é difícil reproduzir a experiência e registar os dados com exatidão e, mais frequentemente, há problemas éticos. O aspeto ético da experiência seria mais preocupante, especialmente quando se trata de investigar o comportamento dos participantes relacionado com a segurança informática, envolvendo informações sensíveis como nomes de utilizador, palavras-passe ou dados bancários em linha. Pode haver o risco de os participantes revelarem as suas informações pessoais ao público na experiência do mundo real, se não tiverem conhecimento de que se trata de uma experiência. Por conseguinte, a experiência é mais robusta e fiável quando é realizada num ambiente controlado.

Além disso, a experiência em laboratório pode ser ocupada com tecnologias e equipamentos que permitem o registo de dados, oferecendo ao participante um ambiente livre de distracções quotidianas. Janssen e Ostrom (2006) afirmaram que as experiências em laboratório proporcionam um ambiente muito abstrato e controlado, no qual os investigadores testam hipóteses muito precisas. Por outro lado, este ambiente permite o controlo de variáveis, podendo todos os participantes utilizar o mesmo equipamento. A principal razão para realizar esta experiência num laboratório prende-se com o facto de todos os participantes deverem estar acessíveis para os pré e pós-testes através de um computador ligado à Internet. Além disso, o investigador deve ser capaz de registar os dados com precisão durante a experiência. Por conseguinte, seria ideal montar um laboratório antes do início da experiência com todo o equipamento necessário, em vez de organizar um trabalho de campo.

A investigação anterior incidiu sobre o aspeto humano do comportamento de segurança utilizando experiências laboratoriais. Dhamija, Tygar e Hearst (2006) realizaram uma experiência laboratorial com um grupo de vinte e dois participantes para determinar por que razão as pessoas caem em ataques de phishing. Egelman, Cranor e Hong (2008) realizaram uma experiência laboratorial em que pediram aos participantes que comprassem um produto no eBay e enviaram-lhes um falso correio eletrónico de phishing relacionado com o eBay. Downs, Holbrook e Cranor (2006) também realizaram um estudo laboratorial em duas partes com 20 participantes para analisar as razões pelas quais as pessoas caem em ataques de phishing. Por conseguinte, vale a pena referir que as experiências laboratoriais são muito úteis para os investigadores que pretendem investigar especificamente o aspeto humano do comportamento de segurança numa determinada situação.

Pelas razões mencionadas, um estudo de inquérito baseado na abordagem quantitativa foi apresentado no Capítulo 4, enquanto um estudo de laboratório baseado na abordagem qualitativa foi apresentado no Capítulo 6. O primeiro estudo, apresentado no Capítulo 4, estava relacionado com o desenvolvimento de uma estrutura de conceção de jogos para os utilizadores de computadores impedirem ataques de phishing. O segundo estudo, realizado no Capítulo 6, centrou-se na avaliação da estrutura de conceção do jogo utilizando um protótipo de jogo para telemóvel.

3.3 3 Montagem do laboratório

É importante definir o ambiente e as condições de investigação, incluindo as caraterísticas físicas, para realizar uma experiência em laboratório (Rates, 2004). Além disso, é necessária uma sala de experiências silenciosa e fechada, onde apenas o participante e o experimentador se sentem juntos num determinado momento. A sala de estudo experimental está equipada com os dispositivos de hardware necessários, tais como um computador, acesso à Internet, placas de rede e cabo de Internet. Além disso, é necessário preparar previamente o software necessário para o estudo experimental. Por conseguinte, o estudo laboratorial foi apresentado no Capítulo 6, organizado da seguinte forma (Figura 3.1).

Figura 3.1: Sala de experiências no segundo estudo

3.4 Recolha de dados

Foram utilizados vários instrumentos para recolher os dados necessários para o trabalho de investigação apresentado neste livro. Os dados foram recolhidos através de um questionário, de um estudo de usabilidade e de um estudo de think-aloud. Cada um destes instrumentos é descrito na secção seguinte.

3.4.1 Questionário

Um questionário é uma técnica de investigação flexível e básica para recolher informações estruturadas de indivíduos (Coolican, 2004). Zaharias e Poylymenakou (2009) argumentaram que um questionário é um dos métodos úteis de recolha de dados na investigação científica. É amplamente utilizado para reconhecer as opiniões, preferências, juízos e padrões de comportamento dos participantes numa determinada estrutura. Um questionário conduz os participantes diretamente aos tópicos de investigação, ajudando-os a ver claramente o foco. Além disso, o mesmo questionário pode ser entregue a todos os participantes, a fim de manter a coerência do processo de recolha de dados. Além disso, um estilo de resposta anónimo incentiva os participantes a responderem com sinceridade, especialmente quando falam de questões controversas (Walliman, 2001). Além disso, os questionários podem ser entregues por via eletrónica (Root e Draper, 1983), o que também é mais barato e demora menos tempo em comparação com outros métodos (Zaharias e Poylymenakou, 2009).

Existem alguns princípios básicos que o investigador deve ter em conta ao conceber um questionário (Brooke, 1996; Coolican, 2004; Kirakowski e Corbett, 1988). Em primeiro lugar, solicitar o mínimo de informação necessária para o objetivo da investigação, porque a maioria dos inquiridos não quer passar muito tempo a responder às perguntas ou as suas respostas podem depender do seu estado de espírito. Além disso, o questionário não deve abordar questões que já não são utilizadas ou que podem ser obtidas noutro local. Em segundo lugar, o investigador tem de se certificar de que o participante pode responder às perguntas. Por exemplo, uma pergunta como "*quantas horas utilizou a Internet este ano?*" é difícil de responder com exatidão para a maioria das pessoas. Em terceiro lugar, o investigador tem de se certificar de que o participante deve responder às perguntas de forma honesta e exacta. Se a pergunta for difícil, é pouco provável que seja respondida com honestidade e exatidão. Embora a pergunta estivesse a ser respondida, seria mais baseada na opinião pública conhecida do que na crença real do indivíduo. Por conseguinte, o investigador deve evitar incluir perguntas difíceis na elaboração de um questionário. Por último, o investigador tem de se certificar de que todas as perguntas serão respondidas sem qualquer rejeição, porque os participantes podem recusar-se a responder a perguntas sensíveis.

Assim, o questionário é considerado uma técnica adequada para recolher dados relacionados com a perceção da usabilidade pelos utilizadores (Brooke, 1996; Kirakowski e Corbett, 1988). A utilização de um questionário e de uma escala de atitudes proporciona simplicidade e rapidez ao método de avaliação utilizado. Por exemplo, na maioria dos casos, os participantes têm de se deslocar ao laboratório para realizar os exercícios de avaliação, que duram entre 20 minutos e uma hora. Como se pode imaginar, os participantes podem ficar desmotivados se encontrarem problemas, uma vez que não foi prestada qualquer assistência. Se lhes fosse apresentado um questionário curto e simples, destinado a avaliar as reacções subjectivas à usabilidade do sistema, é muito provável que não se recusassem a preenchê-lo.

Foi concebido e utilizado um questionário para cada estudo deste trabalho de investigação. Os pormenores sobre cada questionário serão apresentados no estudo relacionado, nos capítulos 4 e 6 deste livro. No entanto, foi utilizado um questionário no primeiro estudo, que avaliou uma estrutura de conceção de jogos para os utilizadores de computadores impedirem ataques de phishing. Outro questionário foi concebido e utilizado no segundo estudo para medir a satisfação subjectiva do utilizador com a interface de um protótipo de jogo móvel. Falthzik e Carroll (1971) realizaram um inquérito por questionário por correio eletrónico a organizações industriais sobre a taxa de retorno de perguntas fechadas versus perguntas abertas. De 100 empresas que receberam uma pergunta "aberta", 27% devolveram-na, enquanto 78% das 100 que receberam uma pergunta "fechada" a devolveram. Além disso, afirmaram que as perguntas "fechadas" são mais fáceis e menos dispendiosas de analisar, assegurando que a forma como os dados são recolhidos é correta para o tipo de análise planeado e fornece também uma base de comparação mais significativa. Para além disso, as alternativas apresentadas com a pergunta "fechada" podem ajudar o participante a compreender claramente a pergunta. Por outro lado, as perguntas "abertas" são mais adequadas quando a questão é complexa, as dimensões relevantes e os factores críticos são desconhecidos e, acima de tudo, a exploração é o principal objetivo do trabalho de investigação (Falthzik e Carroll, 1971). Por conseguinte, foram utilizadas perguntas "fechadas" em ambos os questionários, que têm muitas formas, tais como:

- Perguntas do tipo sim ou não: por exemplo, "Utiliza telemóvel?"
- Uma resposta verdadeira: por exemplo, "Por favor, selecione o seu sexo?"
- Escolher entre diferentes respostas disponíveis; por exemplo, "Experiência de utilização de dispositivos móveis"
    1. Telemóvel
    2. Telefone inteligente
    3. Assistente pessoal digital (PDA)
    4. Tablet PC

Foi utilizada uma escala de Likert de 5 pontos nos questionários de ambos os estudos. As escalas de Likert são utilizadas para avaliar atitudes, crenças e opiniões e também têm sido amplamente utilizadas para avaliar a satisfação subjectiva dos utilizadores com os produtos. O investigador deve conceber cada escala como um instrumento de medição unitário e não como um questionário de opinião. Existem vários tipos de escalas populares que são mencionados por Coolican (2004): intervalos de aparência iguais; o diferencial semântico; e a classificação resumida.

Thurstone (1931) introduziu *"intervalos de aparência iguais"* na escala, atribuindo uma pontuação equivalente à força de cada afirmação com que um participante concorda. Para estruturar esta escala, o investigador deve seguir as etapas seguintes:

1. Apresente uma série de afirmações positivas e negativas sobre o objeto de atitude.
2. Pedir a um grupo de juízes que classifique as afirmações de 1 (muito negativo) a 11 (muito positivo).
3. Encontre os valores da escala obtendo o valor médio de todas as classificações para cada afirmação.
4. Rejeitar as afirmações que os juízes classificaram de forma diferente.
5. A pontuação global da atitude é o total de todos os valores da escala nos itens com os quais os participantes concordaram.

No entanto, esta escala continua a ser problemática. Os juízes não podem ser totalmente naturais. É também bastante difícil selecionar as afirmações mais discriminatórias entre os itens que têm o mesmo valor de escala.

Osgood, Suci e Tannenbaum (1957) introduziram *a "escala diferencial semântica*", que pode ser utilizada para medir o significado conotativo de um objeto para um indivíduo. Por exemplo, pede-se a um participante que assinale uma escala entre adjectivos bipolares de acordo com o sentimento que tem em relação ao objeto na escala, como se indica a seguir:

"Doutor"

bom mau

fraco forte

ativa passivo

Além disso, afirmam que todos os pares bipolares podem ser associados aos três factores de significado geral seguintes: 'ativo' (juntamente com 'lento-rápido', 'quente-frio') é um exemplo do fator atividade; 'forte' (juntamente com 'áspero-delicado', 'grosso-fino') é um exemplo do fator potência; e 'bom' (juntamente com 'limpo-sujo', 'agradável-desagradável') é um exemplo do fator estimativa.

A escala de diferencial semântico produz bons valores de fiabilidade e está bem correlacionada com outras escalas de atitudes. No entanto, esta escala também é problemática quando os participantes têm tendência para um "enviesamento de resposta de posição", em que normalmente classificam no extremo da escala ou não utilizam o extremo de todo, sem considerar possíveis respostas mais fracas ou mais fortes.

Likert (1932) introduziu *"a classificação total"* que necessita de seguir os passos seguintes para se estruturar numa escala:

1. Esta escala é semelhante à escala proposta por Thurstone (1931); apresenta um conjunto de afirmações favoráveis e desfavoráveis sobre um objeto de atitude.

2. Em seguida, peça aos participantes para darem a sua resposta a cada afirmação utilizando uma escala que varia entre discordo totalmente e concordo totalmente. Por exemplo, "Um jogo para telemóvel é um bom fornecedor de aprendizagem" pode ser escalado da seguinte forma:

1	2	3	4	5
Discordo totalmente	Não concordo	Neutro	De acordo	Concordo plenamente

As escalas variam tipicamente entre 1 e 3 pontos, até um máximo de 1 a 9 pontos, mas é geralmente aceite que obter o meio-termo, utilizando escalas de 1 a 5, ou de 1 a 7, é o método mais eficaz (Dix, et al., 2004). Para o trabalho relatado neste livro, decidiu-se, portanto, utilizar uma escala de 1 a 5, como mostra o exemplo acima. Cada valor da escala pode ser utilizado como uma pontuação para o item individual de cada inquirido. Por exemplo, "5" será a pontuação para concordar fortemente com o item satisfatório, enquanto será "1" para discordar fortemente com um item insatisfatório. Por último, a soma das pontuações de cada item fornecerá a pontuação global da atitude.

Pode argumentar-se que a pontuação "3" não é muito clara, porque é conhecida como "indecisa". Pode corresponder a uma opinião inexistente ou a uma opinião "em cima do muro", pelo que o valor central (neste caso, "3") da escala não é muito claro. Por exemplo, 50 em 100 seriam "indecisos" numa escala global que varia entre respostas "fortemente a favor" e "fortemente contra". No entanto, Coolican (2004) afirmou que a utilização da técnica da escala de Likert tem várias vantagens: permite completar e manter o envolvimento direto dos inquiridos; provou ter um grau mais elevado de validade e fiabilidade; e é eficaz para medir as mudanças ao longo do tempo. Além disso, o autor descreve que as escalas de atitude são medidas altamente estruturadas que permitem aos inquiridos dar a resposta mais adequada. Por conseguinte, neste trabalho de investigação, foi utilizada uma escala de Likert, devido às vantagens referidas por Coolican (2004).

3.4.2 Abordagem "Think-aloud

O pensamento em voz alta é uma abordagem que tem sido tradicionalmente utilizada como método de investigação psicológica (Ericsson e Simon, 1984; Neilsen, 1993). No entanto, Neilson Jacobson, o "rei da usabilidade", afirmou que esta abordagem está a ser muito utilizada na avaliação de interfaces de computadores humanos (Neilsen, 1993). Além disso, descreve que a realização de uma experiência de think-aloud com participantes reais é uma das abordagens de avaliação mais fundamentais nos testes de aplicações de software. O processo de teste implica que os participantes utilizem o sistema ou protótipo para completar um conjunto pré-determinado de tarefas, enquanto são observados e verbalizam os seus pensamentos e comentários. As observações, pensamentos e comentários são depois analisados para responder à questão de investigação.

Existe um grande volume de estudos publicados que discutem criticamente a abordagem think-aloud (Dix, et al., 2004; Hertzum e Jacobsen, 2001; Neilsen, 1993; Nielsen, Clemmensen e Yssing, 2002; N0rgaard e Hornbaek, 2006; Preece, Rogers e Sharp, 2002; Ramey, et al., 2006). Ramey, et al. (2006) descreve que o think-aloud é a abordagem mais importante na avaliação de sistemas, porque descobre mais problemas do que qualquer outra medida existente. Talvez seja esta a principal razão pela qual o raciocínio em voz alta é mais popular como técnica de aplicação frequente entre os investigadores académicos e os especialistas industriais (Nielsen, Clemmensen e Yssing, 2002).

A vantagem mais significativa da abordagem think-aloud é que permite conceber o sistema a partir de utilizadores reais, que são representantes da população em geral. Os participantes fornecem ao investigador uma compreensão dos seus pontos de vista sobre a utilização do sistema com base na verbalização dos seus pensamentos. Isto permite ao investigador reconhecer as principais confusões dos participantes (Neilsen, 1993). O processo think-aloud é utilizado pelos investigadores para conhecer o comportamento dos participantes através de uma análise. Esta análise pode revelar as causas dos problemas do sistema. Além disso, a voz e o comportamento dos participantes permitem conhecer as suas reacções efectivas, tais como carrancas, suspiros e carrancas que transmitem insatisfação, frustração ou talvez felicidade. Por conseguinte, os dados de observação recolhidos através de uma abordagem think-aloud são bastante benéficos e poderosos para a conceção de um sistema.

O método think-aloud é flexível, pelo que constitui uma vantagem vital para os avaliadores de sistemas.

Alguns investigadores apercebem-se de que a abordagem think-aloud pode afetar o tipo e a quantidade de dados recolhidos. Por isso, podem tentar manipular a sessão de pensamento em voz alta para garantir que a exploração das áreas de investigação corresponde aos objectivos da experiência (Ramey, et al., 2006). Esta é uma vantagem significativa da abordagem, quando se trata de certos aspectos de uma interface, como a conceção de uma interface de jogo para a aprendizagem. Além disso, esta abordagem pode ajudar a identificar as áreas suspeitas de serem problemáticas ou a descobrir a razão dos problemas.

Apesar destas vantagens da abordagem "think-aloud", existem alguns pontos de estrangulamento que merecem ser considerados aquando da avaliação desta técnica. Ramey, et al. (2006) descrevem que a validade e a fiabilidade da abordagem think-aloud têm sido negligenciadas devido à sua utilidade para convencer os investigadores da existência de problemas. No entanto, teria sido importante preocupar-se com a falta de solidez ao investigar a eficácia desta abordagem.

Dix, et al. (2004) afirmaram que a utilidade da abordagem think-aloud é influenciada pela eficácia da observação e da análise subsequente. Isto depende dos investigadores que facilitam a realização de sessões de reflexão. Tal como sugerido por Preece, Rogers e Sharp (2002), a avaliação do sistema pelos utilizadores é fortemente controlada pelo investigador, que é o responsável pelo teste. Por um lado, isto é uma vantagem para os profissionais garantirem os objectivos da avaliação dos sistemas. No entanto, por outro lado, a abordagem think-aloud não fornece as orientações necessárias para que os investigadores efectuem uma análise fiável (Hertzum e Jacobsen, 2001). Isto deve-se a uma combinação de análise de objectivos pouco clara, procedimentos de avaliação pouco claros e critérios de problema pouco claros. Além disso, Norgaard e Hornbaek (2006) argumentaram que a organização inadequada de sessões de reflexão em voz alta e a análise incompleta dos resultados podem gerar resultados de investigação que podem não representar a experiência real do utilizador. Estas questões podem aumentar a possibilidade de incoerência nos resultados da investigação efectuada por diferentes investigadores.

O papel interruptivo do investigador pode causar inconsistência na abordagem think-aloud, o que leva à falta de concentração dos participantes (Preece, Rogers e Sharp, 2002 e Ramey, et al., 2006). Talvez o investigador obrigue os participantes a dedicar mais ou menos tempo a um determinado aspeto da avaliação do sistema, o que pode induzir em erro a representação da utilização natural dos conselhos pelos participantes. Norgaard e Hornbaek (2006) afirmaram que o investigador varia a forma como conduz as sessões de reflexão em voz alta porque deseja que os participantes confirmem questões conhecidas que possam ter previsto ou problemas já conhecidos.

O ambiente de laboratório onde se realizam as sessões de reflexão em voz alta não é natural, o que pode afetar o comportamento dos participantes. Os participantes interagem com o sistema durante o teste de reflexão em voz alta, verbalizando os seus comentários num ambiente completamente antinatural, enquanto são observados. Por conseguinte, tentam fazer comentários com base na sua experiência durante a realização de tarefas no ambiente de laboratório. Este facto pode aumentar a sua carga cognitiva, o que tem impacto no seu comportamento de resolução de problemas (Nielsen, Clemmensen e Yssing, 2002; Preece, Rogers e Sharp, 2002; Ramey, et al., 2006). Além disso, os participantes não podem atender chamadas telefónicas, consultar e-mails, falar com os amigos ou ocupar-se com qualquer tarefa que possam fazer regularmente na sua vida normal (Preece, Rogers e Sharp, 2002). Além disso, a observação no ambiente laboratorial é também uma abordagem obstrutiva, em que os participantes estão normalmente conscientes de que estão a ser monitorizados pelo investigador (Dix, et al., 2004).

Os resultados das sessões de reflexão em voz alta estão limitados ao que realmente representam em termos da população de utilizadores para testar o sistema. A realização de uma experiência de reflexão em voz alta com uma grande amostra consome tempo e recursos, pelo que os resultados dessa avaliação reflectem normalmente um pequeno número de utilizadores (Hong e Landay, 2001). A literatura revelou que existem desacordos contínuos quanto à dimensão da amostra da população para efetuar um teste de pensamento em voz alta. Geralmente, são aconselhados entre cinco a quinze participantes. No entanto, Nielson, o "rei da usabilidade", sugere que cinco participantes são suficientes para encontrar problemas importantes (Neilsen, 1993).

Em resumo, Dix, et al. (2004) salientaram a simplicidade da abordagem think-aloud. Esta técnica é descrita como uma abordagem "rápida e suja" que permite obter rapidamente um grande número de resultados através da utilização de uma metodologia simples (Preece, Rogers e Sharp, 2002; Ramey, et al., 2006). Nielson (1993) afirmou que a riqueza dos dados qualitativos que podem ser recolhidos a partir de um número relativamente pequeno de participantes. Embora os dados qualitativos sejam reconhecidamente valiosos, este estudo de investigação compara as conclusões obtidas a partir desses dados com as conclusões obtidas a partir dos dados quantitativos apresentados no Capítulo 4 deste livro. Além disso, será comunicada a ideia de reforçar as conclusões deste livro combinando as conclusões de métodos que recolhem independentemente dados quantitativos (questionário) e qualitativos (think-aloud).

3.5 Análise de dados

O estudo relatado no capítulo 4 investigou empiricamente os elementos-chave que devem ser abordados na estrutura de conceção do jogo para que os utilizadores de computadores possam evitar ataques de phishing. Por conseguinte, foi utilizado um modelo teórico derivado da Teoria da Evitação de Ameaças Tecnológicas (TTAT) na estrutura de conceção do jogo. O modelo examinou a forma como os utilizadores evitam ameaças informáticas maliciosas utilizando uma determinada medida de proteção. Foi adoptada uma análise quantitativa, baseada num questionário do tipo Likert, para avaliar o quadro de conceção do jogo descrito neste estudo. Em seguida, o estudo utilizou o SPSS, que é um pacote de software estatístico para análise de dados desenvolvido pela IBM (Davis, Bagozzi e Warshaw, 1983). É muito mais fácil de utilizar e é a técnica estatística mais comummente utilizada.

Os testes estatísticos aplicados aos dados devem garantir se os dados podem ou não ser analisados durante a fase de planeamento do estudo. Isto permitirá apoiar ou rejeitar o hipo-livro (Breakwell, Hammond e Fife-Schaw, 1995). Como primeiro passo deste estudo, foi calculado o alfa de Cronbach, conhecido como coeficiente alfa, para medir a fiabilidade do questionário (Pallant, 2007). Além disso, foi utilizada a medida do valor de Kaiser-Meyer-Olkin (KMO) para avaliar a adequação do tamanho da amostra. Em seguida, o estudo utilizou uma análise de regressão múltipla para testar o modelo teórico derivado da TTAT no quadro de conceção do jogo com os seguintes parâmetros: ataque de phishing e educação anti-phishing como ameaça maliciosa de TI e medida de proteção, respetivamente. A análise de regressão múltipla baseia-se na correlação, mas permite uma investigação mais sofisticada da inter-relação entre um conjunto de variáveis (Davis, Bagozzi e Warshaw, 1983). Além disso, permite descobrir até que ponto um conjunto de variáveis é capaz de prever um determinado resultado. Bryman e Cramer (2005) descrevem que uma das explicações mais importantes da relação entre variáveis é a correlação. O grau de correlação entre variáveis indica a força, a importância e a direção (positiva ou negativa) da relação. O estudo apresentado no capítulo 6 centrou-se na avaliação da estrutura de conceção do jogo através do protótipo de jogo móvel desenvolvido utilizando o MIT App Inventor Emulator. Embora o quadro de conceção de jogos proposto tenha sido avaliado através de uma investigação empírica relatada no capítulo 4, teria sido mais benéfico determinar o impacto dos utilizadores no quadro após o seu envolvimento com o protótipo de jogo móvel. A falta de satisfação dos utilizadores causa dificuldades na sua interação com o sistema (Pinelle, Wong e Stach, 2008), o que pode dificultar a sua aprendizagem. Por conseguinte, o estudo envolveu um estudo de usabilidade utilizando a Escala de Usabilidade de Sistemas (SUS), que é uma análise quantitativa baseada num questionário de estilo Likert, como primeiro passo para avaliar a satisfação subjectiva do utilizador com a interface do protótipo de jogo móvel. O SUS é um questionário simples, mas fiável, composto por 10 itens, que permite avaliar a perceção subjectiva de um indivíduo ao interagir com o sistema de software sem ter em conta o sentido pessoal de gosto (Brooke, 1996; Finstad, 2006). Tullis e Stetson (2004) revelaram que o SUS produziu os resultados mais fiáveis em todas as dimensões da amostra, em comparação com outros questionários, como o Questionário de Satisfação da Interface do Utilizador (QUIS) e o Questionário de Usabilidade do Sistema Informático (CSQU) (Finstad, 2006). Os seus resultados concluíram que são necessárias amostras de, pelo menos, 12-14 participantes para obter resultados razoavelmente fiáveis. O SUS utiliza uma escala de Likert de cinco pontos com âncoras para concordo totalmente e discordo totalmente. Por conseguinte, os dados recolhidos utilizando o SUS para avaliar a satisfação subjectiva do utilizador com a interface do protótipo do jogo móvel foram analisados utilizando o SPSS versão 18.

Em seguida, foi utilizado um estudo think-aloud, juntamente com um pré e um pós-teste para avaliar a estrutura de conceção do jogo. Este estudo procurou avaliar a compreensão e a sensibilização dos participantes para os ataques de phishing através do protótipo do jogo para telemóvel. Além disso, salienta os elementos-chave que devem ser abordados na estrutura de conceção do jogo. Por conseguinte, foi concebido um protocolo experimental que incluía instruções de estudo do utilizador para os participantes acompanharem o estudo think-aloud. De acordo com o estudo de Norgaard e Hornbaek (2006), a análise de dados foi efectuada em duas fases. Na primeira fase, o estudo segmentou as gravações aplicando palavras-chave a cada segmento. Em seguida, o estudo procurou analisar e tentar formar uma interpretação coerente dos segmentos que partilhavam palavras-chave como segunda etapa.

3.6 Resumo

Este capítulo metodológico abordou as metodologias e técnicas gerais utilizadas para o trabalho efectuado neste livro. Em primeiro lugar, foi apresentada uma visão geral da questão de investigação. Em seguida, foi discutida a abordagem geral da investigação, juntamente com uma justificação da abordagem de seleção. Em seguida, foi dada uma explicação exaustiva das técnicas e procedimentos de recolha de dados. Por último, foi apresentada uma explicação do processo de análise dos dados e dos testes efectuados para retirar conclusões dos estudos apresentados neste livro.

Capítulo 4

Uma estrutura de conceção de jogos para evitar "ataques de phishing"

4.1 Introdução

A conceção de jogos é uma faca de dois gumes. Quando o seu poder é corretamente aproveitado para servir bons propósitos, tem um enorme potencial para melhorar o desempenho humano. No entanto, quando é explorado para fins ilícitos, pode constituir uma enorme ameaça para os indivíduos e para a sociedade. Por conseguinte, a conceção de jogos educativos não é uma tarefa fácil e não existem soluções para todos os fins (Moreno-Ger, et al., 2008). A noção de que a educação baseada em jogos oferece a oportunidade de integrar a aprendizagem num ambiente natural tem surgido repetidamente na literatura de investigação (Andrews, et al., 2003; Facer, et al., 2004; Gee, 2003; Roschelle e Pea, 2002; Wegerif, 2003; Walls, 2012).

A premissa subjacente a este estudo é desenvolver uma estrutura de conceção de jogos que reforce o comportamento de evitamento dos utilizadores através da motivação para se protegerem contra ataques de phishing. Foi utilizado um modelo teórico derivado da Teoria da Evitação de Ameaças Tecnológicas (TTAT) para desenvolver o quadro de conceção do jogo, que é apresentado na Figura 4.1 (Liang e Xue, 2010). A TTAT descreve o comportamento dos utilizadores individuais de TI para evitar a ameaça de tecnologias de informação maliciosas, como os ataques de phishing (Liang e Xue, 2009). O modelo examina a forma como os indivíduos evitam ameaças maliciosas de TI utilizando uma determinada medida de proteção. A medida de proteção não tem necessariamente de ser uma fonte de TI, como as ferramentas anti-phishing, mas pode ser um comportamento, como a educação anti-phishing (Liang e Xue, 2010).

De acordo com a TTAT (Liang e Xue, 2009), o comportamento do utilizador para evitar ameaças informáticas é determinado pela motivação para evitar ameaças, que, por sua vez, é afetada pela perceção da ameaça. A perceção da ameaça é também influenciada pela interação da perceção da gravidade e da suscetibilidade. A motivação do utilizador para evitar ameaças é também determinada por três construtos, como a eficácia da salvaguarda, o custo da salvaguarda e a auto-eficácia.

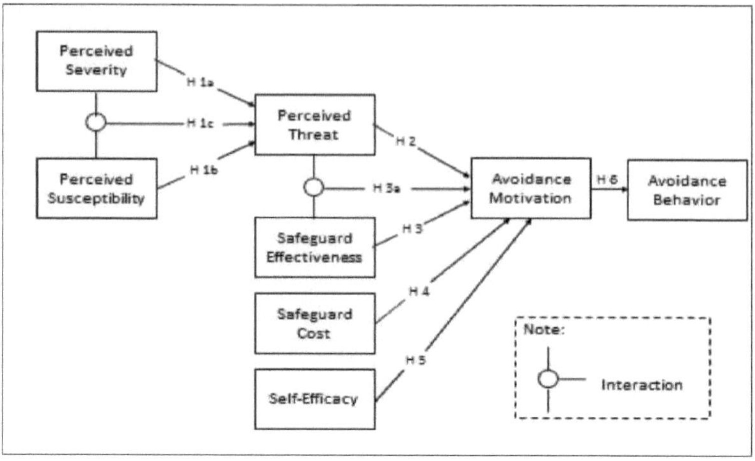

Figura 4.1: Modelo de investigação derivado do TTAT (Liang e Xue, 2010)

A eficácia da proteção é descrita como a avaliação individual de uma medida de proteção relativamente à eficácia com que pode ser aplicada para evitar a ameaça informática maliciosa (Liang e Xue, 2010). Por exemplo, a avaliação individual relativa à eficácia da educação anti-phishing pode ser aplicada para evitar um ataque de phishing. O custo da proteção é um retorno pela eficácia da proteção. Refere-se aos esforços físicos e cognitivos, como o tempo, o dinheiro, o incómodo e a compreensão necessários para utilizar a medida de salvaguarda (Liang e Xue, 2009). A auto-eficácia é definida como a confiança dos indivíduos na adoção das medidas de proteção. Trata-se de um fator determinante importante da motivação para evitar. Estudos anteriores revelaram que os indivíduos estão mais motivados para adotar comportamentos relacionados com a segurança das TI à medida que o nível da sua auto-eficácia aumenta (Kaiser, 1974; Ng, Kankanhalli e Xu, 2009; Woon, Tan e Low, 2005). Além disso, o modelo de investigação postula que a motivação para evitar é influenciada por uma interação entre a perceção da ameaça e a eficácia das salvaguardas.

O TTAT identifica as questões que o quadro de conceção do jogo deve abordar. O quadro de conceção do jogo proposto tenta desenvolver percepções de ameaça de modo a que os indivíduos se sintam mais motivados para evitar ataques de phishing e utilizar medidas de proteção. Um aspeto fundamental é que se apercebem da eficácia das medidas de proteção, reduzem os custos de proteção e aumentam a auto-eficácia.

Sheng, et al. (2010) realizaram um inquérito de role-play com 1001 inquiridos em linha para estudar quem cai em ataques de phishing. O estudo revelou que as mulheres são mais susceptíveis do que os homens ao phishing e que os participantes com idades compreendidas entre os 18 e os 25 anos são mais susceptíveis ao phishing do que os outros grupos etários. Os participantes pertenciam a um grupo diversificado de funcionários e estudantes, incluindo pessoas preocupadas com a segurança informática. O presente estudo visava examinar o comportamento dos participantes para evitar ameaças de phishing através da utilização de educação anti-phishing. Por conseguinte, o inquérito foi administrado apenas aos participantes com idades compreendidas entre os 18 e os 25 anos que ainda não tinham preenchido o questionário anteriormente.

4.2 Finalidades e objectivos

Este estudo de investigação é o primeiro passo no desenvolvimento de uma estrutura de conceção de jogos para melhorar o comportamento de evitamento do utilizador através da motivação para impedir ataques de phishing. O objetivo deste estudo é investigar quais são os elementos-chave que devem ser abordados na estrutura de conceção do jogo para evitar ataques de phishing.

Os objectivos são os seguintes:

- Identificar os elementos-chave que devem ser abordados na estrutura de conceção do jogo para evitar ataques de phishing.
- Avaliar o quadro de conceção do jogo utilizando o ataque de phishing (ameaça informática maliciosa) e a educação anti-phishing baseada em jogos (medida de proteção).
- Formular uma estrutura de conceção de jogos para impedir ataques de phishing.

4.3 Estudo-piloto

Um estudo-piloto é um ensaio efectuado antes da realização do estudo principal (Milne, Orbell e Sheeran, 2002; Compeau e Higgins, 1995; Sonderegger e Sauer, 2010). Ajuda o investigador a determinar se o estudo é ou não adequado em termos de fiabilidade e validade. Se forem encontrados problemas durante o estudo-piloto, são efectuados ajustamentos antes do estudo principal. Foi adoptada uma abordagem de análise quantitativa, baseada num questionário do tipo Likert, para avaliar o quadro de conceção do jogo descrito neste estudo.

4.3.1 Conceção do questionário

O questionário foi construído com base no modelo teórico de Liang e Xue e na literatura de investigação relevante (Liang e Xue, 2009; Liang e Xue, 2010; Rosenstock, 1974; Saleeby, 2000; Smith, Milberg e Burke, 1996; Champion e Scott, 1997; Higgins, 1995; Davis, 1989; Davis, Bagozzi e Warshaw, 1983). A ameaça percebida foi medida com base no significado substantivo (Rosenstock, 1974). Os itens do questionário relacionados com este aspeto avaliaram a perceção dos inquiridos sobre o provável dano, perigo, perigo ou dano que um ataque de phishing impõe. A suscetibilidade percebida foi desenvolvida com base na investigação sobre comportamentos de saúde (Saleeby, 2000) e foi utilizada para avaliar a probabilidade e a possibilidade de ocorrência de um ataque de phishing.

A TTAT especula que o bem-estar dos utilizadores de computadores inclui duas dimensões: o desempenho do computador e a privacidade da informação. No entanto, Liang e Xue (2009) argumentaram que um ataque malicioso de TI pode prejudicar ambas as dimensões. Por conseguinte, a perceção de gravidade dos utilizadores de computadores deve estar relacionada com as duas dimensões. A perceção da gravidade foi medida pelo número de itens baseados na literatura sobre privacidade nos

SI (Smith, Milberg e Burke, 1996) e na investigação realizada por profissionais que relatam o impacto negativo dos ataques de phishing (Brody, Mulig e Kimball, 2007; Dhamija, Tygar e Hearst, 2006; Downs, Holbrook e Cranor, 2006a, 2007b; Grinter, et al., 2006; Jagatic, et al., 2007; Miller e Garfinkel, 2005; Schneier, 2000;). Os itens desenvolvidos na sua investigação baseavam-se nas preocupações dos utilizadores com a perda de informações pessoais e confidenciais e com a degradação do desempenho do computador relacionada com a velocidade de processamento, a ligação à Internet e as aplicações de software.

Os itens relativos à eficácia das salvaguardas foram desenvolvidos com base na investigação relevante em matéria de comportamentos de saúde (Downs, Holbrook e Cranor, 2007; Saleeby, 2000). Por exemplo, vários itens desta subescala foram derivados para o custo da proteção com base nos estudos de Milne, Orbell e Sheeran e Saleeby (Champion e Scott, 1997; Saleeby, 2000). A auto-eficácia foi medida com itens desenvolvidos por Compeau e Higgins (1995), com pequenas alterações para a adaptar ao contexto da educação anti-phishing. O número de itens desenvolvidos para a motivação de evitamento baseou-se nas medidas de intenção comportamental da investigação sobre a adoção de tecnologias (Davis, 1989; Compeau e Higgins, 1995), centrando-se no evitamento de ameaças e não na adoção de TI. Por fim, o evitamento de ameaças foi medido com três itens desenvolvidos pelos próprios.

Por conseguinte, o questionário do estudo-piloto continha quatro itens para a perceção da ameaça, quatro itens para a perceção da gravidade, três itens para a perceção da suscetibilidade, quatro itens para a eficácia da proteção, três itens para o custo da proteção, seis itens para a auto-eficácia, três itens para a motivação para evitar e três itens para o comportamento para evitar. No total, foram avaliados 30 itens utilizando uma escala de Likert de cinco pontos, com 1 = "Discordo totalmente" e 5 = "Concordo totalmente". O Quadro 4.1 apresenta uma amostra do questionário. O conjunto completo do questionário é apresentado no Apêndice 1.

Quadro 4.1: Um conjunto de amostras de questionário

1. Suscetibilidade percebida	**Discordo totalmente** 1	**Não concordo** 2	**Neutro** 3	**De acordo** 4	**Concordo plenamente** 5
É extremamente provável que o meu computador venha a ser infetado por um ataque de phishing no futuro	-	-	-	-	-
As minhas hipóteses de sofrer ataques de phishing são grandes.	-	-	-	-	-
Penso que um ataque de phishing não irá infetar o meu computador no futuro	-	-	-	-	-
2. Gravidade percebida	**Discordo**	**Não**	**Neutro**	**De acordo**	**Concordo**

	totalmente 1	concordo 2	3	4	plenamente 5
Um ataque de phishing roubaria as minhas informações pessoais do meu computador sem o meu conhecimento	-	-	-	-	-
Um ataque de phishing invadiria a minha privacidade		-	-	-	-
Considero que um ataque de phishing não roubaria as minhas informações pessoais do meu computador sem o meu conhecimento	-	-	-	-	-
Considero que um ataque de phishing não invade a minha privacidade		-	-	-	-
3. Ameaça percebida	**Discordo totalmente** 1	**Não concordo** 2	**Neutro** 3	**Concordo** 4	**Concordo plenamente** 5
Os ataques de phishing são uma ameaça para mim					
Um ataque de phishing é um perigo para o meu computador	-	-	-	-	-
É arriscado utilizar o meu computador se este estiver a ser atacado por phishing	-	-	-	-	-
Penso que um ataque de phishing não causará qualquer dano ao meu computador	-	-	-	-	-

4.3.2Participantes

Foi realizado um estudo piloto por questionário com dezasseis estudantes do primeiro ano do Departamento de Sistemas de Informação e Computação da Universidade de Brunel, em Londres. Os participantes foram convidados a participar na sessão prática do laboratório de Dados e Informação, pedindo-lhes ajuda. A Tabela 4.2 apresenta um resumo dos dados demográficos dos participantes no estudo-piloto.

Quadro 4.2: Dados demográficos dos participantes no estudo-piloto

Caraterísticas	Montante

Tamanho da amostra	16
Género Masculino Feminino	 10 6
Faixa etária (18 - 25)	16
Média de horas passadas por semana no Internet 0-5 6-10 11-15 16-20 20+	 0% 19% 12% 19% 50%

4.3.3 Procedimento

O inquérito por questionário do estudo-piloto foi realizado presencialmente. Em primeiro lugar, foi pedido aos participantes que passassem pelo modelo de formulário de consentimento (ver Anexo 1). De seguida, foi perguntado aos participantes se sabiam ou não o que significa o termo "ataque de phishing". Aos que deram uma resposta positiva foi pedido que fizessem uma breve descrição verbal para confirmar a sua compreensão, enquanto aos que deram uma resposta negativa foi lida uma breve definição de ataque de phishing e dada uma breve descrição verbal. Em seguida

Foi pedido aos participantes que preenchessem os itens do questionário, que consistem em oito constructos, como a perceção da gravidade, a perceção da suscetibilidade, a perceção da ameaça, a eficácia da salvaguarda, o custo da salvaguarda, a auto-eficácia, a motivação para evitar e o comportamento para evitar. Os participantes foram informados de que podiam esclarecer quaisquer questões que tivessem dificuldade em compreender. Esta estratégia foi utilizada para determinar a legibilidade e a compreensão dos itens do questionário pelos participantes durante o estudo-piloto. Por conseguinte, os ajustamentos correspondentes foram efectuados antes do estudo principal.

4.3.4 Resultados

O estudo-piloto foi efectuado com recurso ao SPSS, que é um pacote de software estatístico para análise de dados, desenvolvido pela IBM (Davis, Bagozzi e Warshaw, 1983). O alfa de Cronbach, que é conhecido como coeficiente alfa, foi utilizado para medir a consistência interna do questionário (Pallant, 2007). Estudos anteriores indicaram que uma pontuação alfa superior a 7,0 indica que existe um bom nível de consistência interna da escala (Pallant, 2007; Cronbach, 1951; Zaharias e Poylymenakou, 2009). Por conseguinte, o alfa de Cronbach foi calculado para cada constructo do questionário e está resumido na Tabela 4.3.

Tabela 4.3: Pontuações do alfa de Cronbach para os constructos do questionário no estudo piloto

Construções	**Alfa de Cronbach (>0,70)**

Suscetibilidade percebida	0.716
Gravidade percebida	0.869
Ameaça percebida	0.770
Perceção da eficácia das salvaguardas	0.904
Custo percebido da salvaguarda	0.938
Auto-eficácia	0.798
Motivação para evitar	0.751
Comportamento de evitamento	0.880

4.3.5 Resumo

Com base no feedback obtido, a redação de alguns itens de medição de cada construção foi ligeiramente revista. O questionário final continha quatro itens para a perceção da ameaça, quatro itens para a perceção da gravidade, três itens para a perceção da suscetibilidade, quatro itens para a eficácia da proteção, três itens para o custo da proteção, seis itens para a auto-eficácia, três itens para a motivação para evitar e três itens para o comportamento para evitar. Por conseguinte, o estudo principal utilizou um total de 30 itens para medir 8 constructos do modelo de investigação, utilizando uma escala Likert de cinco pontos, com 1= 'Discordo totalmente' e 5= 'Concordo totalmente' (ver Anexo 2).

4.4 Estudo principal

O mesmo questionário utilizado no estudo-piloto foi utilizado no estudo principal. O objetivo do inquérito era identificar os elementos-chave que deveriam ser abordados na estrutura de conceção do jogo. Por conseguinte, os 30 itens foram utilizados para medir os 8 constructos do modelo teórico de Liang e Xue, utilizando uma escala Likert de cinco pontos com 1= "Discordo totalmente" e 5= "Concordo totalmente". Pallant (2007) argumentou que o cálculo da dimensão da amostra é aproximadamente igual à escala de Likert (neste caso 5) para o número de itens (neste caso 30) medidos. Por conseguinte, o inquérito do estudo principal foi realizado com 151 participantes.

4.4.1 Participantes

O questionário foi administrado a 151 participantes, que eram estudantes universitários da Universidade de Brunel e da Universidade de Bedfordshire. As idades dos participantes variavam entre os 18 e os 25 anos, com uma repartição por género de 67% de homens e 33% de mulheres. Tinham uma média de 16 a 20 horas por semana de experiência na Internet (DP=1,19). Cada participante participou no inquérito de forma totalmente voluntária. O quadro 4.4 apresenta um resumo dos dados demográficos dos participantes no estudo principal.

Tabela 4.4: Dados demográficos dos participantes no estudo principal

Caraterísticas	**Montante**
Tamanho da amostra	151
Género	

Masculino Feminino	101 50
Faixa etária (18 - 25)	151
Média de horas passadas por semana no Internet 0-5 6-10 11-15 16-20 20+	 3% 12% 14% 14% 57%

4.4.2 Procedimento

O questionário foi entregue pessoalmente aos participantes pelo investigador (Anexo 2). Em primeiro lugar, a natureza da investigação foi explicada a cada participante individualmente e foi-lhes entregue um formulário de consentimento informado para lerem e assinarem (Anexo 1). Foi-lhes também dito que podiam desistir do estudo em qualquer altura, sem terem de justificar a sua decisão. De seguida, foi perguntado aos participantes se sabiam ou não o que significava o termo "ataque de phishing". Aos que responderam positivamente foi pedido que fizessem uma breve descrição verbal para confirmar a sua compreensão, enquanto aos que responderam negativamente foi lida uma breve definição de ataque de phishing e também uma breve descrição verbal. Em seguida, foi pedido aos participantes que preenchessem o questionário, que media os oito constructos: gravidade percebida, suscetibilidade percebida, ameaça percebida, eficácia da proteção, custo da proteção, auto-eficácia, motivação para evitar e comportamento para evitar. Depois de preencherem o questionário, os participantes foram agradecidos pelo tempo e esforço valiosos que dedicaram à participação no estudo.

4.4.3 Resultados

Tal como no estudo-piloto, foi calculado o alfa de Cronbach para cada constructo, a fim de medir a consistência interna dos itens do questionário. Os resultados desta análise estão resumidos no Quadro 4.5. Estudos anteriores demonstraram que o nível mínimo do alfa de Cronbach é de 0,7 para que um conjunto de itens seja internamente consistente como um grupo (Cronbach, 1951; Pallant, 2007; Zaharias e Poylymenakou, 2009).

Tabela 4.5: Pontuações alfa de Cronbach para os constructos do questionário no estudo principal

Construções	**Alfa de Cronbach (>0,70)**
Suscetibilidade percebida	0.730
Gravidade percebida	0.766
Ameaça percebida	0.701
Perceção da eficácia das salvaguardas	0.803
Custo percebido da salvaguarda	0.805

Auto-eficácia	0.714
Motivação para evitar	0.753
Comportamento de evitamento	0.762

Além disso, a medida do valor Kaiser-Meyer-Olkin (KMO) foi utilizada para avaliar a adequação da amostra e o valor KMO deve ser superior a 0,6 para que se possa efetuar uma análise satisfatória (Cronbach e Meehl, 1955). Para a amostra utilizada neste estudo, o KMO = 0,718.

4.4.4 Ensaio de modelos

O estudo utilizou uma análise de regressão múltipla para testar o modelo teórico de Liang e Xue utilizando os seguintes parâmetros: ataque de phishing e antiphishing

A educação como uma ameaça informática maliciosa e uma medida de proteção, respetivamente. Isto porque se pretende responder à questão de investigação deste estudo, ou seja, quais os elementos-chave que devem ser abordados no quadro de conceção do jogo para reforçar o comportamento de evitamento através da motivação dos utilizadores de computadores para contrariar os ataques de phishing. A análise de regressões múltiplas não é apenas uma técnica estatística, mas também uma família de técnicas que podem ser utilizadas para explorar a relação entre uma variável dependente contínua e um número de variáveis independentes ou preditores (Davis, Bagozzi e Warshaw, 1983). A análise de regressão múltipla baseia-se na correlação, mas permite uma investigação mais sofisticada da inter-relação entre um conjunto de variáveis. Por conseguinte, esta técnica estatística é ideal para investigar quais os elementos que se inter-relacionam para reforçar o comportamento de evitamento através da motivação dos utilizadores de computadores para contrariar os ataques de phishing no contexto da conceção de jogos. Além disso, ajuda a identificar os melhores elementos de previsão do modelo teórico que reforçam o comportamento de evitamento através da motivação no contexto da conceção do jogo. Os resultados do teste do modelo são apresentados na Figura 4.2.

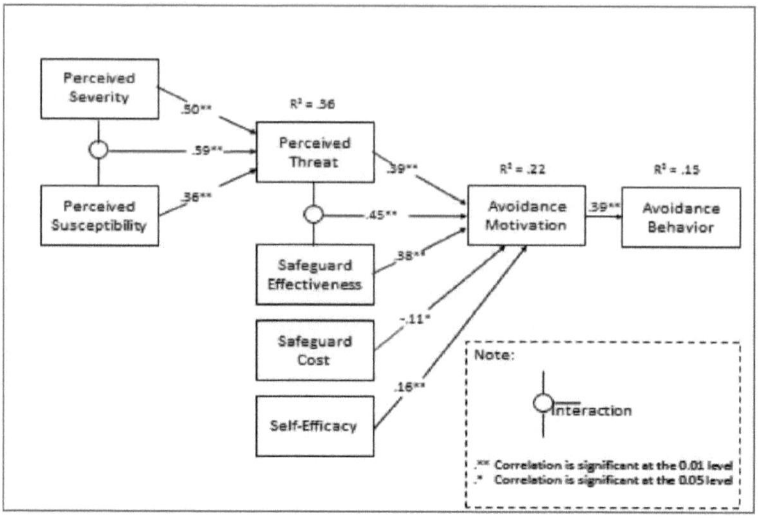

Figura 4.2: Resultados do teste do modelo

O modelo calculou o valor **R quadrado** para a ameaça percebida, a motivação para evitar e o comportamento de evitamento, que foi definido como a quantidade de variação na variável dependente que é explicada pelas suas variáveis independentes no modelo (Davis, Bagozzi e Warshaw, 1983). Nos resultados do modelo deste estudo, 36% da variação é explicada pela perceção da ameaça, 22% da variação da motivação para evitar e 15% da variação do comportamento de evitar. A análise da correlação de Pearson foi então utilizada para descrever a força e a direção da relação linear entre dois construtos. Os resultados indicam que a perceção da ameaça é significativamente determinada pela perceção da gravidade (r = .499**, e Sig. = .000) e pela perceção da suscetibilidade (r = .357**, e Sig. = .000). A motivação para evitar é significativamente determinada pela perceção da ameaça (r = .386**, e Sig. = .000). De acordo com a investigação de Liang e Xue e de Baron e Kenny, estes resultados mostram que as influências da suscetibilidade e da gravidade percebidas na motivação para evitar são totalmente mediadas pela ameaça percebida.

Como mostra a Figura 4.2, a motivação para evitar é também significativamente determinada pela eficácia da proteção (r = .381**, e Sig. = .000), pela auto-eficácia (r = .162*, Sig. = .047) e pelo custo da proteção (r = -.112*, Sig. = .037). Por último, a motivação para evitar é significativamente influenciada pelo comportamento de evitar (r = 0,390**, e Sig. = 0,000).

Para avaliar os efeitos de interação da suscetibilidade e gravidade percebidas e da ameaça percebida e eficácia da salvaguarda, foi utilizada a abordagem do indicador de produto de Chin, Marcolin e Newsted (2003). As variáveis de interação foram criadas através da multiplicação cruzada dos itens da suscetibilidade e gravidade percebidas e da ameaça percebida e eficácia da salvaguarda (Liang e Xue, 2010). Como mostra a Figura 4.2, a interação entre a perceção da gravidade e a suscetibilidade foi estatisticamente significativa na perceção da ameaça (r = 0,588**, e Sig. = 0,000). Por último, a interação entre a perceção de ameaça e a eficácia das salvaguardas foi estatisticamente significativa para a motivação para evitar (r = .452**, e Sig. = .000).

Em resumo, os resultados do teste do modelo apoiaram todas as hipóteses. Além disso, a idade, o sexo e a experiência na Internet foram incluídos como variáveis de controlo da motivação e do comportamento de evitamento no teste do modelo. No entanto, nenhuma destas variáveis de controlo teve um efeito estatisticamente significativo na motivação ou no comportamento de evitamento. Esta conclusão é semelhante à do estudo empírico de Liang e Xue (2010).

4.4.5 Quadro de conceção de jogos

Este estudo investigou empiricamente quais os elementos-chave que devem ser abordados na estrutura de conceção do jogo para que os utilizadores de computador evitem ataques de phishing através da motivação. Os elementos de um modelo teórico derivado da TTAT foram utilizados para abordar a estrutura de conceção do jogo. A Figura 4.2 mostra os resultados do teste do modelo. O modelo é responsável por 36% da variação da ameaça percebida, 22% da variação da motivação para evitar e 15% da variação do comportamento para evitar. A perceção da ameaça é significativamente determinada pela perceção da gravidade (r = .499**, e Sig. = .000), pela perceção da suscetibilidade (r = .357**, e Sig. = .000) e pela sua interação (r = .588**, e Sig. = .000). Por conseguinte, a perceção da gravidade e da suscetibilidade são elementos abordados no quadro de conceção do jogo para que os utilizadores de computadores possam impedir ataques de phishing. Como mostra a Figura 4.2, a motivação para evitar é significativamente determinada pela perceção de ameaça (r = .386**, e Sig. = .000), eficácia da proteção (r = .381**, e Sig. = .000), e custo da proteção (r = -.112*, Sig. = .037), e auto-eficácia (r = .162*, Sig. = .047). No entanto, é interessante notar que o custo da salvaguarda afecta negativamente a motivação para evitar, embora seja significativamente determinado pela motivação para evitar. Isto deve-se ao facto de se esperar que a motivação do utilizador para evitar a ameaça informática seja reduzida pelo custo potencial da utilização da medida de salvaguarda (Liang e Xue, 2010). Por conseguinte, a perceção da ameaça, a eficácia da salvaguarda, o custo da salvaguarda e os elementos de auto-eficácia devem ser abordados no quadro de conceção do jogo. Por último, verificou-se que a motivação para evitar influencia significativamente o comportamento de evitamento (r = .390**, e Sig. = .000).

Em suma, os resultados deste estudo permitiram determinar quais os elementos que devem ser abordados na estrutura de conceção do jogo para que os utilizadores de computadores evitem ataques de phishing através da motivação. Por conseguinte, os elementos ameaça percebida, eficácia da salvaguarda, custo da salvaguarda, auto-eficácia, ameaça percebida e suscetibilidade percebida foram abordados na estrutura de conceção do jogo. A estrutura de conceção do jogo é apresentada na Figura 4.3.

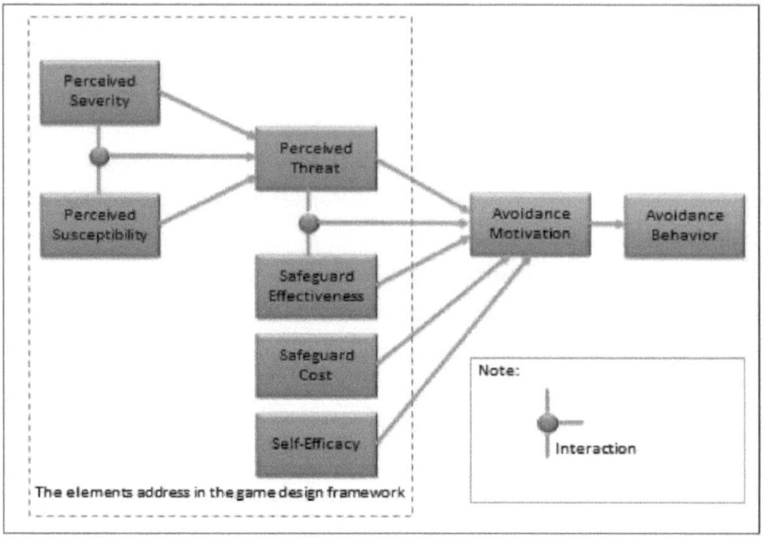

Figura 4.3: Estrutura de conceção de jogos (Arachchilage e Love, 2013)

4.4.6 Discussão

Este estudo investigou empiricamente um quadro de conceção de jogos para os utilizadores de computadores para impedir ataques de phishing. Por conseguinte, o ataque de phishing e a educação anti-phishing foram considerados como uma ameaça maliciosa de TI e uma medida de proteção, respetivamente, a fim de testar um modelo teórico derivado da TTAT (Liang e Xue, 2010). O estudo prestou especial atenção à perceção da ameaça porque esta desempenha um papel vital na influência do comportamento de evitamento dos utilizadores de computadores. Os resultados da análise de dados mostraram, na Figura 4.2, que o modelo é capaz de explicar uma quantidade considerável de variação na motivação dos utilizadores para evitar ameaças informáticas (22%) e no comportamento de evitamento efetivo (15%). Por conseguinte, este estudo transmite uma mensagem simples, mas poderosa, para motivar os utilizadores de computadores a evitar ameaças informáticas maliciosas.

No entanto, é interessante notar que a quantidade de variação no comportamento de evitamento dos utilizadores é bastante baixa, pelo que é significativa (Pallant, 2007). Há uma explicação possível para este resultado. Quando os utilizadores decidem que a ameaça informática pode ser evitada através da utilização da medida de salvaguarda, podem adotar uma abordagem de gestão centrada no problema. No entanto, quando a ameaça informática não pode ser completamente evitada, podem adotar uma abordagem de confronto centrada nas emoções (Liang e Xue, 2010; Liang e Xue, 2009; Rhoa e Yub, 2011). Lazarus e Folkman (1984) afirmam que podem ser realizados dois tipos de coping para lidar com a ameaça: focado no problema e focado na emoção. O coping centrado no problema refere-se a comportamentos adaptativos que adoptam uma abordagem de resolução de problemas. Lida diretamente com a ameaça informática maliciosa, tomando medidas de proteção, como a atualização regular da palavra-passe, a desativação de cookies e a instalação e configuração de TI de proteção. Quando as pessoas encaram o problema como um desafio, parecem adotar um comportamento de coping orientado para o problema e tratam-no como algo que pode ser controlado. Em contraste, quando o problema é identificado como uma ameaça e uma perda, as pessoas tendem a encará-lo como algo que não pode ser resolvido por elas e, por isso, adoptam um comportamento de coping emocional. Beaudry e Pinsonneaut (2001) afirmaram que, se os utilizadores se aperceberem da ameaça maliciosa das TI, adoptam um coping centrado no problema ou, se acreditarem que a ameaça não é evitável, evitarão inativamente a ameaça, adoptando um coping centrado na emoção. Por conseguinte, pode argumentar-se, no presente estudo, que o comportamento de coping centrado na emoção dos utilizadores teria causado o comportamento de evitamento da ameaça de phishing, o que explica a variação do comportamento de evitamento.

Os utilizadores de computadores têm de ser convencidos e sentir que essas ameaças informáticas maliciosas existem no ciberespaço e são evitáveis. O estudo encontrou algumas provas nos resultados da análise dos dados de que o modelo é capaz de explicar uma quantidade respeitável de variação na perceção das ameaças (36%). Este valor é ligeiramente superior ao do estudo empírico de Liang e Xue (2010), que é de 33%. Por conseguinte, o elemento de ameaça percebida é significativamente importante para ser abordado no quadro de conceção do jogo para os utilizadores de computadores, a fim de melhorar o comportamento de evitamento através da motivação para impedir ataques de phishing. Além disso, o estudo demonstra que a perceção da ameaça exige que os utilizadores estejam conscientes da probabilidade e da gravidade de serem atacados por uma ameaça informática maliciosa. Se os utilizadores tiverem uma perceção real da ameaça, estarão mais motivados para a evitar. A medida de salvaguarda foi avaliada em três aspectos: tendo em conta a eficácia da salvaguarda, o custo relacionado com a medida de salvaguarda e a confiança dos utilizadores na utilização da salvaguarda. Se o nível de eficácia da medida de salvaguarda for elevado, os utilizadores estarão mais motivados para evitar ameaças. Por isso, o elemento da eficácia da salvaguarda é importante no quadro de conceção do jogo para que os utilizadores de computadores evitem as ameaças de phishing. A elevada confiança dos utilizadores na adoção das medidas de salvaguarda influencia a sua motivação para evitar ameaças. Por conseguinte, a auto-eficácia também deve ser incluída no quadro de conceção do jogo para evitar ameaças através da motivação.

Quando o custo da salvaguarda é elevado, os utilizadores estão menos motivados para evitar ameaças. Liang e Xue (2009 e 2010) descrevem que quando o tempo, o dinheiro, a inconveniência e a compreensão necessários para utilizar a medida de salvaguarda são elevados, os utilizadores estão menos motivados para evitar ameaças. Os resultados do presente estudo também demonstraram que o custo da salvaguarda afecta negativamente a motivação para evitar ameaças. Por conseguinte, o custo da proteção deve ser incluído no quadro de conceção do jogo, como contrapartida da eficácia da proteção. Os resultados do teste do modelo de Liang e Xue (2010) não apoiaram a interação entre a gravidade percebida e a suscetibilidade na ameaça percebida. Surpreendentemente, este estudo revelou que a perceção de ameaça é significativamente determinada pela interação entre a perceção de gravidade e a suscetibilidade (r = .588**, e Sig. = .000).

Além disso, este estudo sublinha que a motivação para evitar é significativamente determinada pela interação entre a perceção de ameaça e a medida de salvaguarda (r

.452**, e Sig. = .000). Este resultado contradiz as conclusões de Liang e Xue (2010) relativamente à interação entre a perceção de ameaça e a eficácia da salvaguarda na motivação para evitar. No entanto, sugerem que a interação entre a ameaça percebida e a eficácia da salvaguarda pode ser vista de duas perspectivas. Em primeiro lugar, quando o nível de ameaça é elevado, a perceção de ameaça pode ser vista como moderando negativamente a relação entre a eficácia da salvaguarda e a motivação para evitar. Em segundo lugar, quando o nível de eficácia das salvaguardas é elevado, pode considerar-se que modera negativamente a relação entre a perceção de ameaça e a motivação para evitar. No entanto, este estudo fornece provas para abordar o efeito de interação da ameaça percebida e da eficácia da salvaguarda no quadro de conceção do jogo.

4.5 Resumo

Este estudo procurou desenvolver uma estrutura de conceção de jogos que reforce o comportamento de evitamento dos utilizadores de computadores através da motivação para se prevenirem contra ataques de phishing. O estudo investigou empiricamente quais os elementos que devem ser abordados na estrutura de conceção do jogo para que os utilizadores de computador evitem ataques de phishing. Foi utilizado um modelo teórico derivado da TTAT para desenvolver a estrutura de conceção do jogo. Para testar o modelo, o ataque de phishing e a educação anti-phishing foram considerados como uma ameaça maliciosa de TI e uma medida de proteção, respetivamente.

Por último, os resultados do presente estudo permitiram definir quais são os elementos-chave que devem ser abordados na estrutura de conceção do jogo para que os utilizadores de computadores evitem ataques de phishing. Por conseguinte, os elementos ameaça percebida, eficácia da salvaguarda, custo da salvaguarda, auto-eficácia, gravidade percebida e suscetibilidade percebida devem ser incorporados na estrutura de conceção do jogo para que os utilizadores de computador evitem ataques de phishing através da motivação.

O próximo estudo, no Capítulo 5, tentará conceber e avaliar um protótipo de jogo móvel utilizando o MIT App Inventor Emulator como uma ferramenta para educar os utilizadores de computadores contra os perigos dos ataques de phishing. O estudo utilizará a estrutura de conceção de jogos desenvolvida com base nos resultados do estudo apresentado neste capítulo.

Capítulo 5

Conceber um jogo móvel para utilizadores de computador para impedir "ataques de phishing"

5.1 Introdução

O presente estudo centra-se na conceção de um jogo móvel como ferramenta para educar os utilizadores de computadores, sensibilizando-os para os ataques de phishing. O phishing é um roubo de identidade em linha, que tem por objetivo roubar às vítimas informações sensíveis como o nome de utilizador, a palavra-passe e os dados bancários em linha. Para o evitar, é necessário considerar a educação sobre phishing (Downs, Holbrook e Cranor, 2007; Kumaraguru, et al., 2007 e Sheng, et al., 2007). Os jogos móveis podem facilitar a integração da aprendizagem num ambiente natural. Por conseguinte, este estudo tenta introduzir um protótipo de conceção de jogo móvel baseado numa história, que simplifica e exagera a vida real. O estudo derivou uma estrutura de conceção de jogos, que foi introduzida no Capítulo 4 (Figura 4.2). Este quadro descreve como os utilizadores evitam ameaças informáticas maliciosas utilizando uma determinada medida de proteção. Além disso, os resultados do estudo ajudam a definir quais são os elementos que devem ser abordados no quadro de conceção do jogo para que os utilizadores de computadores possam evitar ataques de phishing. Por conseguinte, os resultados do estudo sugerem que a perceção da ameaça, a eficácia da salvaguarda, o custo da salvaguarda, a auto-eficácia, a perceção da gravidade e a perceção da suscetibilidade são elementos que devem ser abordados no quadro de conceção do jogo para que os utilizadores de computadores evitem ameaças de phishing através da motivação.

O presente estudo procura conceber e desenvolver um protótipo de jogo móvel utilizando o emulador MIT App Inventor como ferramenta educativa para proteger os utilizadores de computadores contra ataques de phishing. O emulador MIT App Inventor é uma linguagem de programação visual de "blocos" que foi inicialmente desenvolvida pela Google e depois transferida para o centro do MIT para a aprendizagem móvel para posterior investigação e desenvolvimento (Wolber, 2011). Para realizar este estudo, os elementos da estrutura de conceção de jogos foram abordados no contexto do protótipo de conceção de jogos móveis. Além disso, os princípios de conceção de jogos móveis foram utilizados como diretrizes para a estruturação e apresentação da informação no contexto da conceção do jogo. A conceção geral do jogo para telemóvel visava reforçar o comportamento de evitamento dos utilizadores de computadores através da motivação para se protegerem contra ameaças de phishing. O protótipo da aplicação do jogo foi desenvolvido no emulador App Inventor do MIT, que suporta a plataforma móvel Android. Por fim, para testar a aplicação através dos utilizadores, o protótipo de aplicação de jogo móvel foi implementado num smartphone HTC One X com ecrã tátil. O estudo considera que a formação de utilizadores de computadores para se protegerem contra ataques de phishing através de um protótipo de jogo móvel seria uma ajuda para tornar o ciberespaço um ambiente seguro.

5.2 Finalidades e objectivos

O objetivo deste estudo de investigação é conceber um protótipo de jogo móvel como ferramenta educativa para ensinar os utilizadores de computadores a protegerem-se contra ataques de phishing. Por conseguinte, coloca as seguintes questões: A primeira questão é como é que o programador do sistema identifica as questões que o jogo deve abordar? Uma vez identificadas as questões mais importantes, o programador depara-se com a segunda questão: que princípios devem ser utilizados para estruturar esta informação? Os elementos da estrutura de conceção de jogos proposta no Capítulo 4 (Figura 4.2) foram utilizados para abordar essas questões de conceção de jogos móveis e os princípios de conceção de jogos móveis foram utilizados como diretrizes para estruturar e apresentar a informação no contexto da conceção de jogos. Em seguida, foi concebido um protótipo de jogo para a plataforma móvel Android utilizando o MIT App Inventor Emulator.

Os objectivos são os seguintes:

- Identificar os elementos que devem ser abordados no protótipo de conceção do jogo móvel para que os utilizadores de computador se previnam de ataques de phishing.
- Conceber um storyboard para o jogo baseado numa história que simplifica e exagera a vida real.
- Conceber e desenvolver o protótipo do jogo móvel utilizando o MIT App Inventor Emulator para que os utilizadores de computador possam impedir ataques de phishing.

5.3 Questões de conceção de jogos

O principal objetivo da conceção do jogo proposto é educar os utilizadores de computadores para evitarem ataques de phishing. Para responder a esta questão, serão utilizadas questões retiradas do quadro teórico de conceção de jogos de prevenção de ameaças para explorar os princípios necessários para estruturar a conceção do jogo no contexto da utilização do computador. O quadro teórico de conceção de jogos apresentado no Capítulo 4 (Figura 4.2) descreve o comportamento dos utilizadores individuais de TI para evitar a ameaça de tecnologias da informação maliciosas, como os ataques de phishing. O quadro examinou a forma como os indivíduos evitam as ameaças informáticas utilizando uma determinada medida de proteção. A medida de proteção não tem necessariamente de ser uma fonte informática, como as ferramentas antiphishing, mas pode ser um comportamento (Liang e Xue, 2010).

De acordo com o quadro de conceção do jogo apresentado no Capítulo 4 (Figura 4.2), o comportamento dos utilizadores para evitar as ameaças informáticas é determinado pela motivação para as evitar, que, por sua vez, é afetada pela perceção da ameaça. A perceção da ameaça é influenciada pela perceção da gravidade e da suscetibilidade, bem como pela sua interação. A motivação do utilizador para evitar a ameaça é também determinada por três construtos, como a eficácia da salvaguarda, o custo da salvaguarda e a auto-eficácia. Além disso, o quadro de conceção do jogo postula que a perceção da ameaça é influenciada por uma interação entre a perceção da gravidade e da suscetibilidade. Além disso, a motivação para evitar é influenciada pelo efeito de interação entre a perceção da ameaça e a eficácia da salvaguarda.

Embora o quadro proposto para a conceção do jogo forme as questões que a conceção do jogo deve abordar, deve também indicar como estruturar esta informação e apresentá-la num contexto de jogo. Por conseguinte, a conceção do jogo para telemóvel tenta desenvolver percepções de ameaça, tornando os indivíduos mais motivados para evitar ataques de phishing e utilizar medidas de proteção.

5.4 O que ensinar?

Os possíveis ataques de phishing podem ser identificados de várias formas, como a observação cuidadosa do endereço do sítio Web, o chamado Localizador Universal de Recursos (URL), os sinais e o conteúdo da página Web, os ícones de bloqueio e os jargões da página Web, o contexto da mensagem de correio eletrónico e as mensagens de aviso gerais apresentadas no sítio Web (Downs, Holbrook e Cranor, 2007; Wu, Miller e Garfinkel, 2005). Estudos anteriores identificaram que as técnicas anti-phishing existentes baseadas em URL não são suficientemente robustas para a deteção de phishing (Garera, et al., 2007; Iacovos e Sasse, 2012; Sheng, et al., 2007). Garera, et al. (2007) argumentam veementemente que é frequentemente possível diferenciar sítios Web de phishing de sítios Web legítimos olhando cuidadosamente para o URL sem ter qualquer conhecimento do conteúdo do sítio Web correspondente ou de sinais e símbolos como os sinais "VeriSign" e os ícones "Padlock". Por conseguinte, esta investigação defende que ensinar as pessoas a não caírem no phishing através de URLs é ainda uma tarefa incipiente, mas uma educação antiphishing bem concebida com base em URLs pode contribuir para impedir que os utilizadores caiam no phishing.

O objetivo da conceção do jogo móvel anti-phishing, referido neste livro, é ensinar o utilizador a identificar os endereços de sítios Web (URL) de phishing. Por conseguinte, a conceção do jogo deve sensibilizar o utilizador para a identificação das caraterísticas dos endereços dos sítios Web. Por exemplo, os sítios Web legítimos normalmente não têm números no início dos seus URLs, como http://81.153.192.106/www.hsbc.co.uk.

5.5 Descrição do jogo

A conceção do jogo móvel proposto é descrita em duas partes: a história e o mecanismo e a tecnologia utilizados para desenvolver o jogo.

5.5.1 História e mecanismo

As histórias engraçadas são um excelente tónico para manter a atração dos utilizadores no eLearning (Taran, 2005). As técnicas de narração de histórias são utilizadas para captar a atenção, o que também exagera o aspeto interessante da realidade. As histórias podem basear-se em experiências pessoais ou contos famosos ou podem também ter como objetivo construir um enredo que associe unidades de conteúdo, inspire ou reforce.

O jogo baseia-se no cenário de uma personagem de um pequeno peixe e do "seu" professor que vivem num grande lago. Quanto mais adequada, realista e pertinente for a história, maiores serão as hipóteses de atrair os utilizadores. A personagem principal do jogo é o peixe pequeno, que quer comer minhocas para se tornar um peixe grande. O jogador do jogo assume o papel de peixe pequeno. No entanto, deve ter cuidado com os phishers, que tentam enganá-lo com minhocas falsas. Isto representa os ataques de phishing, desenvolvendo a perceção da ameaça. Cada worm está associado a um endereço de sítio Web, o chamado Unified Resource Locator (URL), que aparece como uma caixa de diálogo. A tarefa do peixe pequeno é comer todos os worms verdadeiros que associam endereços de sítios Web legítimos e rejeitar os worms falsos que se associam a endereços de sítios Web falsos antes do tempo acabar. Este jogo tenta desenvolver a gravidade e a suscetibilidade da ameaça de phishing na conceção do jogo.

A outra personagem é o professor do peixe pequeno, que é um peixe maduro e experiente no lago. Se o verme associado ao URL for suspeito e difícil de identificar, o peixe pequeno pode dirigir-se ao "seu" professor e pedir ajuda. O professor pode ajudá-lo, dando-lhe algumas dicas sobre como identificar os maus worms. Por exemplo, "os endereços de sítios Web associados a números na frente são geralmente burlas" ou "um nome de empresa seguido de um hífen num URL é geralmente uma burla". Sempre que o peixe pequeno pede ajuda ao professor, a pontuação do tempo restante será reduzida num determinado valor (neste caso, em 100 segundos) como recompensa pela medida de proteção. Isto tenta abordar a eficácia da proteção e o custo necessário para pagar a proteção na conceção do jogo.

O protótipo do jogo consiste num total de 10 URLs para apresentar aleatoriamente os worms, incluindo cinco worms bons (associados a URLs legítimos) e cinco worms falsos (associados a URLs de phishing). Se o utilizador identificar corretamente todos os vermes bons e evitar todos os vermes falsos ao olhar para os URL, ganhará 10 pontos (neste caso, cada tentativa pode dar 1 ponto). Se o utilizador identificar falsamente os vermes bons ou os vermes falsos, cada tentativa perde uma vida do total de vidas restantes para completar o jogo (Figura 5.4). Se o utilizador pedir ajuda ao peixe grande (neste caso, o professor do peixe pequeno), cada tentativa perde 100 segundos do tempo total restante para completar o jogo, que é de 600 segundos (Figura 5.5). As consequências das acções do jogador são apresentadas na Tabela 5.1

Tabela 5.1: Esquema de pontuação e consequências da ação do jogador

	Bom verme (associado ao URL legítimo)	**Verme mau (associado ao URL de phishing)**
O jogador come	Correto, ganha 10 pontos (cada tentativa = 1 ponto)	Falso negativo, (cada tentativa perde uma vida em 5 vidas)
Rejeição do jogador	Falso positivo, (cada tentativa perde uma vida em 5 vidas)	Correto, ganha 10 pontos (cada tentativa = 1 ponto)
Pedir ajuda	Cada tentativa perde 100 dos 600 segundos	Cada tentativa perde 100 dos 600 segundos

O jogo foi concebido para gerar aleatoriamente worms associados a URLs. Ao utilizador é apresentado um worm de cada vez associado a um URL diferente. O URL pode ser de phishing ou legítimo. Quando o utilizador passa do início para o fim do jogo, a complexidade dos URLs aumenta drasticamente. Isto ajuda o utilizador a adquirir o conhecimento concetual da identificação de URLs. Por conseguinte, a auto-eficácia na prevenção de ataques de phishing será abordada na conceção do jogo.

A conceção do jogo baseia-se numa história e é apresentada ao jogador através de objectos digitais. Ao criar objectos digitais atraentes na conceção do jogo, o jogador não só mergulha num ambiente físico aumentado, como também num ambiente social aumentado. A conceção geral do jogo tenta reforçar o comportamento de evitamento dos utilizadores individuais através da motivação para se protegerem contra ataques de phishing.

5.5.2 Tecnologia

A técnica do storyboard presta atenção às pessoas que irão utilizar a solução e ao valor que esta trará. As histórias são ricas, as descrições completas de cenários, pessoas, actividades, objectivos, motivações e valores são apresentadas de forma coerente e causalmente bem ligada para formar uma representação pictórica (Gruen, 2000). O processo de criação de uma história através de um storyboard garante os factores necessários para criar uma solução eficaz. Por conseguinte, o design do jogo foi inicialmente esboçado num storyboard utilizando caneta de tinta, notas post-it e papéis com base na história acima referida e, em seguida, implementado utilizando o emulador MIT App Inventor.

O conteúdo do jogo, incluindo URLs e dicas de formação, foi codificado utilizando o emulador MIT App Inventor. O emulador proporcionou uma grande flexibilidade e facilitou a atualização rápida do conteúdo no desenvolvimento do protótipo do jogo para telemóvel. Esta é uma das principais razões para utilizar o emulador MIT App Inventor para desenvolver um protótipo de baixa fidelidade. A investigação atual empregou a abordagem da classificação de URL utilizada nos estudos de Sheng, et al. (2007) e Dhamija, Tygar e Hearst (2006). Assim, o jogo foi concebido com um total de 10 URLs a apresentar aleatoriamente, incluindo cinco bons e cinco maus worms. A lista de URLs é apresentada na Tabela 5.2.

Foram integrados no jogo objectos digitais atractivos, como sons e gráficos, para melhor envolver o utilizador no ambiente de jogo. Por exemplo, um efeito sonoro para dar um feedback ao jogador com base na sua seleção de minhocas boas ou más. Além disso, um leve som de água a borbulhar foi reproduzido em segundo plano ao longo do jogo para fazer o jogador sentir que vive no lago.

Tabela 5.2: Lista de URLs apresentados no jogo

Foco no jogo	**Real ou Phishing**	**Exemplos**	**"Dicas/mensagens de treino" dos peixes grandes**
URL adequado	***Real***	*http://www. nationwide.co. uk/default.htm*	"URLs com domínio bem conhecido e escritos corretamente são legítimos"
Endereço IP URL	***Phishing***	*http://147.46.236.55/PayPal/login.html*	"Não confie em URLs com todos os números à frente"
Menina soletrada URL	***Phishing***	*www.paypa1. com*	"Não confie em URLs com sites conhecidos com erros ortográficos"

URL adequado	*Real*	*www.smile. co. uk/*	"URLs com domínio bem conhecido e escritos corretamente são legítimos"
Subdomínio URL	***Phishing***	*www. argos. co. uk.myshop.com*	"Não confie em URLs com nomes de anfitrião grandes que contenham uma parte do endereço Web conhecido"
Domínios semelhantes e enganadores	***Phishing***	*http://www.msn-verify. com/*	"O nome da empresa seguido de um hífen significa normalmente que se trata de um sítio Web fraudulento"
URL adequado	***Real***	*http://www.halifax.co. uk/about online/home.asp*	"URLs com domínio bem conhecido e escritos corretamente são legítimos"
Domínios semelhantes e enganadores	***Phishing***	*www. ebay-security. com*	"As empresas não utilizam palavras-chave relacionadas com a segurança nos seus domínios"
Menina soletrada URL	***Phishing***	*www.online.ll0ydstsb.co.uk*	"Não confie em URLs com sites conhecidos com erros ortográficos"
URL adequado	***Real***	*https://ibank. barclays.co. uk/*	"URL com 'https://' é normalmente um sítio Web legítimo"

5.6 Aprendizagem baseada em jogos

O sistema educativo baseado em jogos no ambiente de aprendizagem é uma tendência cada vez mais relevante (Kumaraguru, et al., 2007). Embora os factores motivacionais e imersivos da aprendizagem baseada em jogos tenham sido investigados na literatura, continua a haver uma falta de conceção e desenvolvimento sistemáticos por detrás dos jogos educativos (Moreno-Ger, et al., 2008). Esta conceção e desenvolvimento deficientes causam pouco sucesso na aprendizagem baseada em jogos (Kumaraguru, et al., 2007; Sheng, et al., 2007). O objetivo da conceção do jogo para telemóvel, referido neste estudo, é ensinar os utilizadores de computadores a impedir ataques de phishing. Por conseguinte, o estudo tenta conceber um protótipo de jogo móvel baseado nos princípios da ciência da aprendizagem, juntamente com os princípios de conceção de jogos móveis, para garantir que os utilizadores aprendem a evitar URLs de phishing.

5.6.1 Aprender princípios científicos

O presente estudo utilizou vários princípios das ciências da aprendizagem na conceção do jogo. A literatura sobre a ciência da aprendizagem afirma que a aprendizagem eficaz tem lugar se a metodologia de ensino for orientada para objectivos, contextual, interactiva e desafiante (Quinn, 2005). Os alunos têm objectivos específicos a atingir com a aprendizagem orientada para os objectivos. Estão a ser desafiados e treinados durante o processo de atingir o objetivo. A aprendizagem é mais eficaz se os materiais relacionados forem apresentados de forma atractiva num contexto com o qual os alunos se possam relacionar. Existe um grande número de estudos publicados que descrevem a eficácia dos jogos para o ensino interativo de conhecimentos conceptuais e processuais (Gee, 2003). Por exemplo, um URL é composto por uma parte de protocolo e uma parte de nome de domínio. Por conseguinte, verificar um URL atribuído a um worm, que continha um endereço IP, é provavelmente um URL de phishing.

Em particular na educação baseada em jogos, a ciência da aprendizagem estabeleceu um ambiente interativo que aumenta a motivação do utilizador quando adere aos princípios de conceção no contexto dos jogos educativos (Gee, 2003; Quinn, 2005; Repenning e Lewis, 2005). Por conseguinte, este estudo de investigação utilizou três princípios das ciências da aprendizagem para conceber um protótipo de jogo móvel: reflexão, agente baseado em histórias e conhecimento concetual-procedimental (Sheng, et al., 2007).

O princípio da reflexão é um processo em que os alunos são levados a parar e a pensar sobre o que estão a aprender. Por outras palavras, o conteúdo do ensino ao longo do jogo deve refletir-se nos alunos. Os jogos educativos oferecem uma oportunidade para os alunos reflectirem sobre os novos conhecimentos adquiridos (Donovan, Bransford e Pellegrino, 1999). Este princípio é apresentado no contexto da conceção do jogo, fornecendo um feedback áudio em tempo real sobre cada minhoca com base na decisão do utilizador. Isto ajuda o utilizador a parar e pensar durante algum tempo e depois refletir sobre os conhecimentos adquiridos com cada worm associado a URLs reais ou de phishing.

O princípio do ambiente de agentes baseado em histórias ajuda a orientar os alunos ao longo do processo de aprendizagem utilizando agentes ou personagens. Estas personagens podem ser objectos verbais ou visuais, tais como personagens de desenhos animados ou da vida real. O princípio do ambiente de agente baseado em histórias descreve como a utilização de agentes baseados em histórias melhora o processo de aprendizagem (Repenning e Lewis, 2005; Sheng, et al., 2007). O presente estudo utilizou uma série de agentes, como o peixe pequeno e o "seu" professor. Além disso, a história começa com um cenário de uma personagem de um peixe pequeno e do "seu" professor que vivem num grande lago. As pessoas aprendem com as histórias, porque são fáceis de recordar e porque organizam os acontecimentos num quadro significativo. A técnica de contar histórias tende a estimular o processo cognitivo do aprendente (Klein, 1999; Mayer, 2001). Investigações anteriores revelaram que as condições de agentes baseados em histórias têm uma melhor aprendizagem do que as condições de agentes não baseados em histórias (Maldonado, et al., 2005; Moreno, et al., 2001).

O princípio do conhecimento concetual-procedimental influencia-se mutuamente e constrói um processo iterativo (Johnson e Koedinger, 2002). O presente estudo utilizou o princípio do conhecimento concetual-procedimental, apresentando sempre um worm gerado aleatoriamente associado a um URL. O URL pode ser falso ou real. Quando o utilizador passa do nível de principiante para o final do jogo, a complexidade dos diferentes URLs aumenta drasticamente. Isto ajuda a desenvolver o conhecimento processual de URLs na conceção do jogo. Um URL tem um formato que consiste numa parte de protocolo e numa parte de nome de domínio. Quando o utilizador avança no jogo, os URLs atribuídos a cada worm são verificados. Neste processo, o utilizador aprende os diferentes padrões de URLs. Além disso, a conceção do jogo tenta ensinar ao utilizador dicas de procedimento específicas, como "Não confiar em URLs com todos os números à frente" ou "Não confiar em URLs com sites conhecidos mal escritos". Por conseguinte, esta tentativa visa abordar o conhecimento concetual-procedimental dos URL no contexto da conceção de jogos.

5.6.2 Conceção de jogos para telemóveis

O cenário acima referido, baseado no quadro teórico investigado empiricamente no Capítulo 4, deve ser combinado com um conjunto de diretrizes que se centram na conceção de um jogo móvel educativo (Amory e Seagram, 2003; Prensky, 2001). Este conjunto de orientações é conhecido como princípios de conceção de jogos, que descrevem a forma como o utilizador interage com o jogo móvel. Prensky (2001) propôs que um jogo móvel pode ser descrito em termos de seis elementos estruturais. Esses elementos foram utilizados na conceção do jogo como diretrizes para a estruturação e apresentação da informação.

1. **Regras:** as regras organizam o jogo. A história desenvolvida na conceção do jogo móvel com base no quadro de conceção do jogo descreve as regras.

2. **Metas e objectivos:** as metas e os objectivos são o esforço do jogador para os atingir. O jogador tem um objetivo para resolver a tarefa. Este objetivo foi concebido no jogo para telemóvel para o completar do princípio ao fim, comendo vermes reais associados a URLs legítimos e evitando vermes falsos associados a URLs falsos.

3. **Resultados e feedback:** os resultados e o feedback medem o progresso em relação aos objectivos. O utilizador obtém feedback em tempo real sobre o estado atual do jogo. Por exemplo, quando o jogador toca num verme verdadeiro, que está associado a um URL legítimo, é reproduzido um feedback áudio em tempo real "uau, muito bem". Do mesmo modo, quando o jogador toca num verme falso, que está associado a um URL fraudulento, também é apresentado um feedback áudio em tempo real "oh, tente outra vez".

4. **O conflito, a competição, o desafio e a oposição levam à excitação dos jogadores:** Estes aspectos são abordados na conceção do jogo para telemóvel como a oportunidade de ganhar pontos contra as vidas dadas do jogador.

5. **Interação:** A interação é o aspeto social da conceção do jogo. Isto é conseguido através de um feedback em tempo real, da fantasia e de recompensas ou da obtenção de pontos na conceção do jogo. Ao criar objectos digitais atractivos, como um peixe grande (neste caso, o professor), minhocas e um lago na conceção do jogo, o jogador não só mergulha num ambiente físico aumentado, como também num ambiente social aumentado.

6. **Representação ou história:** Exagera o aspeto interessante da realidade. A representação é abordada na conceção do jogo através do cenário ou da história desenvolvida utilizando objectos

digitais como o peixe pequeno (jogador do jogo), o "seu" professor e as minhocas.

Além disso, o trabalho não se centra apenas na conceção de um jogo para telemóvel (Korhonen e Koivisto, 2006), mas também na usabilidade da aplicação do jogo (Gong e Tarasewich, 2004). A usabilidade da conceção do jogo tenta frequentemente recriar um ambiente de jogo típico para emular a forma como um jogador jogaria normalmente o jogo no mundo real, permitindo-lhe atingir o objetivo. Por exemplo, o jogador deve aperceber-se de que algo muda no jogo, como a diminuição do período de tempo para concluir o jogo, ou mover os objectos digitais do jogo utilizando as teclas do teclado, o stick tátil ou o dedo sem qualquer dificuldade.

O cenário do jogo e os princípios de conceção (um conjunto de diretrizes) foram combinados para se centrarem na conceção de um jogo educativo para telemóvel destinado a utilizadores de computadores para impedir ataques de phishing. Por conseguinte, o presente estudo tenta conceber um storyboard com base no cenário do jogo e nos princípios de conceção como passo inicial para o jogo.

5.7 Conceção do guião

Um storyboard é uma breve representação gráfica de uma narrativa, que pode ser utilizada para uma variedade de tarefas (Truong, Hayes e Abowd, 2006). O exercício de criação de storyboards tem uma longa história com comunidades específicas, como as que desenvolvem filmes, segmentos de programas de televisão e animações de desenhos animados (Gruen, 2000). O storyboard é uma técnica comum na Interação Humano-Computador (IHC) para demonstrar as interfaces do sistema e os contextos de utilização (Truong, Hayes e Abowd, 2006). Uma das melhores formas de visualizar o jogo é fazer um "storyboard" para criar uma sequência de desenhos que mostre diferentes cenas e objectivos (Gruen, 2000). Os esboços do storyboard são utilizados neste estudo para fazer um brainstorming e para registar o fluxo geral do jogo num papel. As histórias são ricas; as descrições completas de cenários, pessoas, motivações, actividades, objectivos e valores são apresentadas de forma coerente e com uma ligação causal.

medida que a computação interactiva se desloca do ambiente de trabalho para os dispositivos móveis, os storyboards devem demonstrar não só os pormenores relacionados com o contexto específico da conceção da interface, mas também os conceitos mais elevados que envolvem a motivação e a emoção do utilizador durante a utilização do sistema (Truong, Hayes e Abowd, 2006). Isto porque a falta de motivação do utilizador pode causar menos satisfação na utilização do sistema. Esta situação leva a que o utilizador se sinta relutante em utilizar o sistema, o que também faz com que o sistema não produza o nível de resultados esperado. Os storyboards podem ilustrar um cenário visual do funcionamento de uma funcionalidade de aplicação na conceção de novas tecnologias. O designer cria um cenário de conceção da informação que especifica a representação dos objectos e acções de uma tarefa que podem ajudar o utilizador final a perceber, interpretar e dar sentido às funcionalidades propostas. O cenário de conceção da interação especifica a forma como o utilizador irá interagir com o sistema para realizar novas actividades. Por conseguinte, no presente estudo, o processo de criação de uma história pode influenciar a manutenção da atenção do jogador nos factores necessários para criar uma solução eficaz.

Os métodos de conceção baseados em histórias podem ser benéficos de duas formas específicas (Rosson e Carroll, 2001). Em primeiro lugar, as descrições dos casos de utilização são importantes para compreender a forma como a tecnologia modifica as actividades dos utilizadores. Em segundo lugar, a história pode ser criada antes de o sistema ser construído e de os seus impactos serem calculados. Assim, foi demonstrado que os designers utilizam frequentemente storyboards para visualizar a representação da informação.

Há uma série de investigações que utilizaram ferramentas de storyboarding como Silk (Landay e Myers, 1996), DENIM (Lin, et al., 2000) e DEMAIS (Bailey, Konstan e Carlis, 2001) para criar cenários de interação que transmitem o modo como o utilizador final interage com o sistema previsto. No entanto, os designers fazem brainstorming individual das suas alternativas de conceção, capturando as suas ideias em esboços rápidos, ainda utilizando caneta ou lápis e papel (Truong, Hayes e Abowd, 2006). Porque esta é a forma mais fácil e rápida de visualizar a ideia, em vez de utilizar ferramentas de desenho como o Microsoft

PowerPoint e Microsoft Paint, ou ferramentas gráficas muito mais avançadas, como o Adobe Photoshop e o Adobe Illustrator. Para além disso, os protótipos em papel são protótipos de baixa fidelidade, mais licenciados para sugerir alterações. Um protótipo pode ser de alta fidelidade ou de baixa fidelidade. Existem algumas vantagens importantes no desenvolvimento de protótipos de alta fidelidade e de baixa fidelidade. O protótipo de alta fidelidade tem um aspeto e uma sensação mais reais para o utilizador. Consequentemente, os utilizadores podem ter mais relutância em criticar a interface. Por conseguinte, um protótipo em papel rápido e sujo é mais poderoso para conceber storyboards (Sefelin, Tscheligi e Giller, 2003). A lista de requisitos para o esboço da conceção do jogo é apresentada na Tabela 5.3. Por fim, o esboço do storyboard foi feito com caneta de tinta, post-it e papel, com base nos princípios de conceção da história e do jogo acima referidos, e é apresentado na Figura 5.1 (Truong, Hayes e Abowd, 2006).

Tabela 5.3: Uma lista de requisitos para o esboço de conceção do jogo

Os elementos da estrutura de conceção do jogo	**Resultados do inquérito por questionário**	**Esboço de conceção do jogo**
1. Suscetibilidade percebida A suscetibilidade percebida é descrita como a probabilidade subjectiva de um indivíduo de que um ataque malicioso às TI o afecte negativamente (Liang e Xue, 2009; 2010; Workman, et al., 2008; Ng, et al., 2009).	A suscetibilidade percebida influencia significativamente a ameaça percebida (r = .357**, e Sig. = .000).	Cada minhoca apresentada no jogo está associada a um endereço de sítio Web (URL) que aparece como uma caixa de diálogo. A tarefa do peixe pequeno (o jogador do jogo) é comer todos os vermes verdadeiros que associam endereços de sítios Web legítimos e rejeitar os vermes falsos que se associam a endereços de sítios Web falsos antes do fim do tempo.

		Este jogo tenta desenvolver a suscetibilidade da ameaça de phishing na conceção do jogo.
2. Gravidade percebida A gravidade percebida é descrita como a medida em que um indivíduo percebe que as consequências negativas causadas por um ataque malicioso de TI serão graves (Liang e Xue, 2009; 2010); Woon, et al., 2005; Workman, et al., 2008).	A perceção da gravidade influencia significativamente a perceção da ameaça (r = .499**, e Sig. = .000)	Se o peixe pequeno (o jogador do jogo) identificar erradamente minhocas boas ou falsas, cada tentativa perde uma vida do total de vidas restantes para completar o jogo. Desta forma, tenta-se desenvolver a gravidade da ameaça de phishing na conceção do jogo.
3. Ameaça percebida A ameaça percebida é descrita como a medida em que um indivíduo percepciona a ameaça maliciosa de TI como perigosa ou prejudicial (Liang e Xue, 2009; 2010).	A ameaça percebida (valor do quadrado R = 22%) é significativamente determinada pela gravidade percebida (r = .499**, e Sig. = .000), suscetibilidade percebida (r = .357**, e Sig. = .000) e o seu efeito de interação (r = .588**, e Sig. = .000). A ameaça percebida influencia significativamente a motivação para evitar (r = .386**, e Sig. = .000).	A personagem principal do jogo é o peixe pequeno (o jogador), que quer comer minhocas para se tornar um peixe grande. No entanto, deve ter cuidado com os phishers, que tentam enganá-lo com minhocas falsas atribuídas com URLs de phishing. Isto representa os ataques de phishing através do desenvolvimento da perceção da ameaça na conceção do jogo.
4. Perceção da eficácia das salvaguardas A eficácia da proteção é descrita como a avaliação individual de uma medida de proteção relativamente à eficácia com que pode ser aplicada para evitar a ameaça informática maliciosa (Liang e Xue, 2009; 2010; Anderson e Agarwal, 2006; Ng, et al., 2009; Woon, et al., 2005).	A perceção da eficácia das salvaguardas influencia significativamente a motivação para evitar (r = .381**, e Sig. = .000).	A outra personagem é o professor do peixe pequeno, que é um peixe maduro e experiente na lagoa. Se o verme associado ao URL for suspeito e difícil de identificar, o peixe pequeno (o jogador do jogo) pode dirigir-se ao "seu" professor e pedir ajuda. O professor pode ajudá-lo dando algumas dicas sobre como identificar os maus worms. Isto tenta abordar a eficácia da proteção na conceção do

		jogo.
5. **Custo percebido das salvaguardas** O custo da salvaguarda é um retorno pela eficácia da salvaguarda. Refere-se aos esforços físicos e cognitivos, tais como tempo, dinheiro, incómodo e compreensão, necessários para utilizar a medida de salvaguarda (Liang e Xue, 2009); 2010; Woon, et al., 2005).	A perceção do custo da proteção influencia significativamente, mas de forma negativa, a motivação para evitar (r = -.112*, Sig. = .037).	Sempre que o peixe pequeno (o jogador do jogo) pedir ajuda ao professor, a pontuação do tempo restante será reduzida num determinado valor (neste caso, em 100 segundos) como recompensa pela medida de proteção. Isto tenta resolver a questão dos custos necessários para pagar a proteção na conceção do jogo.
6. **Auto-eficácia** A auto-eficácia é descrita como a confiança dos indivíduos na adoção da medida de salvaguarda (Liang e Xue, 2009; 2010; Kaiser, 1974; Ng, Kankanhalli e Xu, 2009; Woon, Tan e Low, 2005; Ng, et al., 2009; 2005; Workman, et al., 2008).	A auto-eficácia influencia significativamente a motivação para evitar (r = .162*, Sig. = .047).	O jogo foi concebido para gerar aleatoriamente vermes associados a URLs. Ao peixe pequeno (o jogador do jogo) é apresentado um worm de cada vez associado a um URL diferente. O URL pode ser de phishing ou legítimo. Quando o utilizador passa do início para o fim do jogo, a complexidade dos URLs aumenta drasticamente. Isto ajuda o utilizador a adquirir o conhecimento concetual da identificação de URLs. Por conseguinte, a auto-eficácia na prevenção de ataques de phishing será abordada na conceção do jogo.

Anti_Phishing
Net
Mobile Game
Storyboarding!
URL {Displaying UR
worm
Score:2 Lives:5 Timeleft: 564
Displaying a URL associated with each worm. Worms are rando
-ly generated.
URL: www.smile.co.uk
worm
Score:3 Lives:5 Timeleft: 500
Tap on the worm if associated URL is legitimate
URL: www.papa1.com
worm
AVOID
Score:4 Lives:5 Timeleft: 450
Tap on "AVOID" butto
if associated URL is phishing

Figura 5.1: O Storyboard da conceção do jogo móvel anti-phishing (continuação)

5.8 Protótipo de jogo para telemóvel

Este estudo de investigação implementou um protótipo de jogo para telemóvel destinado a utilizadores de computadores para impedir ataques de phishing com base na conceção do storyboard acima referido. Para explorar a viabilidade da utilização de um jogo para evitar ataques de phishing, foi desenvolvido um modelo de protótipo funcional para um telemóvel utilizando o MIT App Inventor Emulator (Fig. 2).

O Google App Inventor é uma aplicação originalmente introduzida pela Google e atualmente mantida pelo MIT (Massachusetts Institute of Technology), que é também uma ferramenta de programação visual de alto nível (Wolber, 2011). Utiliza uma linguagem visual de "blocos" para criar aplicações móveis, que é fácil e consome menos tempo a desenvolver protótipos em comparação com outras linguagens de programação tradicionais (MIT App Inventor, 2012). Por conseguinte, este estudo utilizou o MIT App Inventor Emulator como linguagem de programação de blocos visuais para criar um modelo de protótipo de jogo móvel, que é apresentado nas Figuras 5.2, 5.3, 5.4 e 5.5.

A vantagem de criar uma maquete viável permite aos conceptores transmitir visualmente a interação prevista para uma classe específica de aplicações (Truong, Hayes e Abowd, 2006). Por exemplo, uma maquete de um jogo móvel pode funcionar como versões protótipo de baixa fidelidade da aplicação, que os conceptores podem utilizar para estudar a usabilidade da aplicação global.

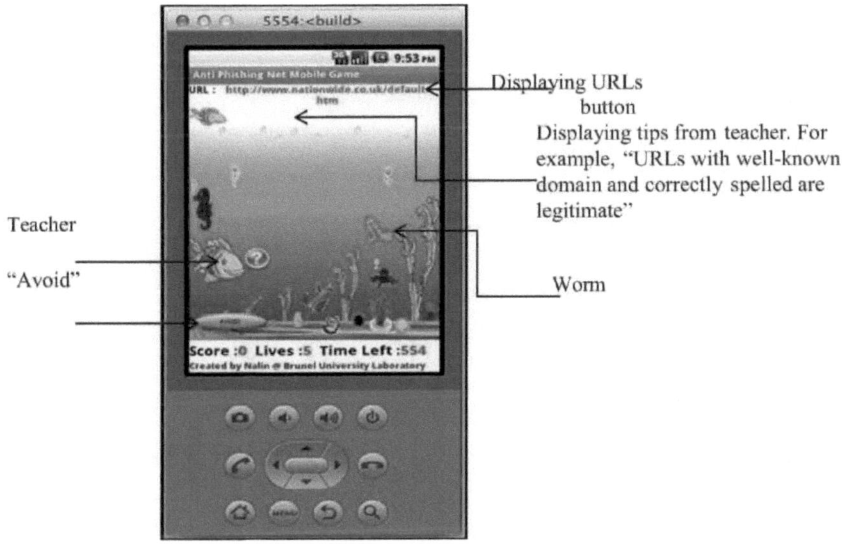

Figura 5.2: Menu principal do protótipo de jogo apresentado no MIT App Inventor Emulator. (Apêndice 3)

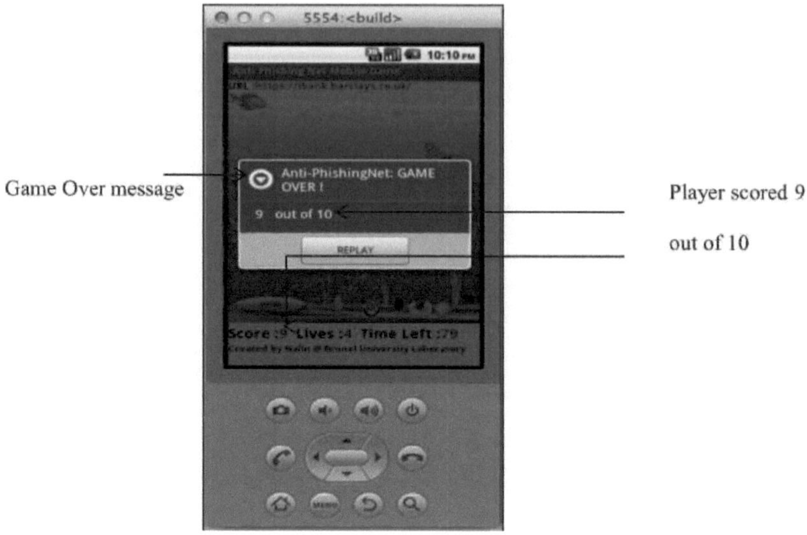

Figura 5.3 Mensagem de Game Over no emulador do MIT App Inventor. (Apêndice 3)

Figura 5.4: Mensagem "Out of Lives" no emulador do MIT App Inventor. (Apêndice 3)

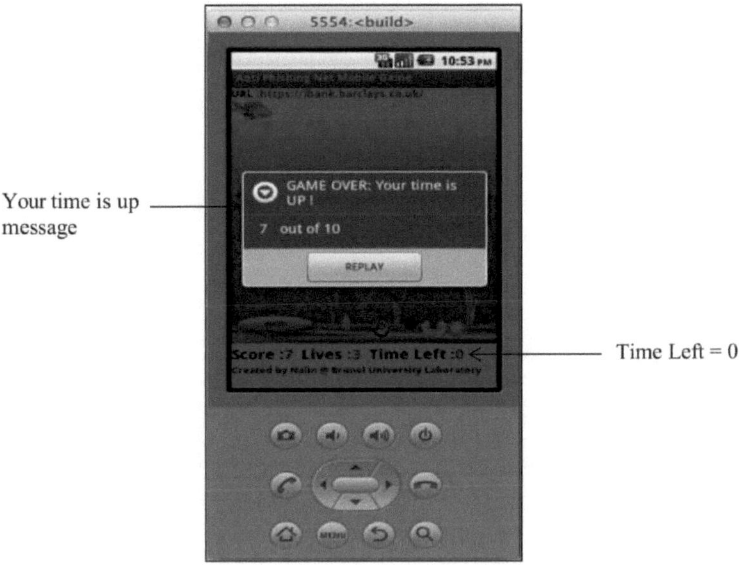

Figura 5.5: Mensagem "Your time is up" no emulador do MIT App Inventor (Apêndice 3)

O jogador recebe instruções antes de iniciar o jogo. De seguida, aparece o menu principal da maquete do jogo móvel, juntamente com efeitos sonoros de fundo subaquático (Figura 5.2). Um leve som de água a borbulhar é reproduzido em segundo plano ao longo do jogo para que o utilizador sinta que está no lago. É apresentado um URL com cada minhoca e as minhocas são geradas aleatoriamente.

Se o worm associado ao URL for legítimo, espera-se que o utilizador toque no worm para aumentar a pontuação. No entanto, se o utilizador não conseguir identificar o URL legítimo, então as restantes vidas serão reduzidas em um ponto. Por outro lado, se o worm associado ao URL for de phishing, espera-se que o utilizador toque no botão "EVITAR" para rejeitar o URL de modo a aumentar a pontuação. Se o utilizador não o fizer, as restantes vidas serão reduzidas em um ponto. Se o verme associado ao URL for suspeito e difícil de identificar, o utilizador pode tocar no peixe grande (neste caso, o peixe professor) para pedir ajuda. Por exemplo, "os endereços de sítios Web associados a números na frente são geralmente burlas. Sempre que o utilizador tocar no peixe grande a pedir ajuda, o tempo restante é reduzido em 100 pontos (neste caso, 100 segundos).

Finalmente, o utilizador ganhará 10 pontos se todos os URLs fornecidos tiverem sido corretamente identificados em 5 vidas e 600 segundos para completar o jogo.

5.9 Resumo

O presente estudo de investigação centra-se na conceção de um jogo para telemóvel como uma ferramenta para educar os utilizadores de computadores, sensibilizando-os para os ataques de phishing. O estudo aborda duas questões: A primeira questão é como é que o programador de sistemas identifica as questões que o jogo precisa de abordar? Em seguida, são confrontados com a segunda questão: que princípios os devem guiar para estruturar esta informação? O estudo utilizou um quadro teórico de conceção de jogos introduzido no Capítulo 4 (Figura 4.2) para abordar estas questões de conceção de jogos e os princípios de conceção de jogos móveis, juntamente com os princípios da ciência da aprendizagem, foram utilizados como um conjunto de diretrizes para estruturar e apresentar a informação no contexto da conceção de jogos. O objetivo do protótipo de conceção do jogo móvel anti-phishing era ensinar o utilizador a identificar endereços de sítios Web (URL) de phishing, que é uma das muitas formas de identificar um ataque de phishing. A conceção geral do jogo visava reforçar o comportamento de evitamento através da motivação para proteger os utilizadores de computadores contra ataques de phishing. Este estudo considera que a educação dos utilizadores de computadores contra ameaças maliciosas de TI contribuiria consideravelmente para tornar o ciberespaço um ambiente seguro.

Como referido anteriormente, este capítulo tentou conceber e desenvolver um protótipo de jogo para telemóvel destinado a utilizadores de computador para impedir ataques de phishing. O próximo capítulo abordará a forma como o quadro teórico de conceção de jogos introduzido no Capítulo 4 (Figura 4.2) foi avaliado através do protótipo de jogo móvel desenvolvido.

Capítulo 6

Avaliação da estrutura de conceção de jogos utilizando um protótipo de jogo para telemóvel

6.1 Introdução

Este estudo centra-se na avaliação da estrutura de conceção de jogos introduzida no Capítulo 4 através do protótipo de jogo para telemóvel desenvolvido com o MIT App Inventor Emulator. Apesar de a estrutura de conceção do jogo ter sido introduzida através de uma investigação empírica, teria sido mais útil determinar o impacto dos utilizadores na estrutura depois de jogarem o protótipo do jogo para telemóvel. Sefelin, Tscheligi e Giller (2003) referiram, com base numa investigação empírica, que os protótipos de baixa fidelidade ajudam os utilizadores a compreender e a criticar o sistema global e também a dar sugestões para o melhorar. Do ponto de vista do utilizador, seria muito mais fácil obter o seu feedback fiável e preciso sobre a estrutura de conceção do jogo após o envolvimento com o protótipo do jogo. Isto deve-se ao facto de poderem ver como o protótipo de jogo móvel funciona e compreender as suas implicações práticas. Por conseguinte, a aplicação do protótipo de jogo móvel foi implementada num smartphone HTC One X com ecrã tátil para realizar a presente experiência com os utilizadores.

Nos últimos anos, tem havido uma quantidade crescente de literatura sobre a usabilidade e a experiência do utilizador no contexto dos jogos (Bernhaupt, et al., 2008; Nacke, 2009). Embora tenha sido sugerida uma variedade de definições do termo usabilidade, a norma de usabilidade ISO 9241-11 define usabilidade como "a medida em que um produto pode ser utilizado por utilizadores específicos para atingir objectivos específicos com eficácia, eficiência e satisfação num contexto de utilização específico" (ISONORM 9241 Parte 1-17, 2008; Korhonen, Elina e Koivisto, 2006; Nacke, 2009). A eficácia é a capacidade de os utilizadores concluírem tarefas utilizando o sistema e a qualidade do resultado dessas tarefas. A eficiência é o nível de recursos consumidos para efetuar essas tarefas. A satisfação é a reação subjectiva do utilizador à realização de tarefas na utilização do sistema. De um modo geral, é extremamente difícil definir a usabilidade de um sistema sem especificar exatamente quem são os utilizadores finais previstos do sistema, quais são as tarefas a realizar e quais são as caraterísticas dos ambientes físico, social e organizacional em que o sistema será utilizado (Brooke, 1996).

A procura potencial de jogos móveis está a atrair o interesse de muitos sectores e indústrias diferentes, incluindo a indústria da educação através da educação baseada em jogos. A educação baseada em jogos proporciona alegria e divertimento quando proporciona desafios suficientes para o jogador (Korhonen, Elina e Koivisto, 2006). No entanto, os jogos móveis ainda enfrentam alguns obstáculos, como a memória limitada, a potência limitada do processador e o tamanho limitado do ecrã (Hashim, Ahmad e Rohiza, 2010; Tolentino, et al., 2011). Além disso, os jogos educativos para telemóvel estão ainda na sua infância devido à falta de potencial educativo e de entretenimento; são também frequentemente qualificados como aborrecidos e sem desafios (Van Eck, 2006).

Para além das questões relacionadas com a diversão e os desafios, a usabilidade das interfaces dos jogos móveis é outra questão que afecta a satisfação do utilizador (Tolentino, et al., 2011). Por exemplo, a falta de satisfação do usuário pode ser causada pela dificuldade de compreensão dos comandos, pouca intuitividade, tempo de resposta inadequado, quantidade excessiva ou insuficiente de informações e navegações falhas pela interface do jogo móvel (Pinelle, Wong e Stach, 2008). Tolentino, et al. (2011) afirmaram que existe uma correlação positiva entre a experiência no jogo e a satisfação do utilizador. Korhonen, Elina e Koivisto (2006) afirmaram que uma boa experiência de jogo tem elevados requisitos de design da interface do utilizador. Além disso, afirmam que a interface do utilizador deve ser concebida para ser conveniente, fiável e utilizável, de modo a que o jogador possa desfrutar do jogo e divertir-se em vez de se debater com a interface.

Além disso, vale a pena referir que a própria interface de conceção do jogo tem a responsabilidade de atrair os jogadores e de os manter no jogo sem os frustrar e os levar a deixar de o jogar. As instituições de ensino superior afirmam constantemente que uma educação baseada em jogos mal concebida pode causar a falta de satisfação dos alunos, o que constitui um obstáculo a uma educação eficaz (Munoz-Organero, et al., 2010; Irvine e Thompson, 2003).

As dificuldades de interação com a interface do jogo móvel criam obstáculos à progressão e à navegação do jogador no jogo. Quando o jogador não consegue avançar no jogo contra os desafios propostos, é mais provável que não consiga absorver a informação para aprender. Por conseguinte, a aprendizagem através do jogo não se realiza. Korhonen, Elina e Koivisto (2006) afirmaram que a usabilidade geral dos jogos móveis é um fator significativamente importante para medir a forma como o jogador interage com o jogo. Se os jogadores não estiverem interessados na interface do utilizador, não vão querer esforçar-se por a utilizar. Por outras palavras, a interface do utilizador do jogo para telemóvel deve facilitar a continuação do jogo sem que o jogador tenha de lhe prestar uma atenção específica. Por conseguinte, identificar o aspeto geral da usabilidade do protótipo de aplicação de jogo móvel desenvolvido no Capítulo 5 é um objetivo importante. Este objetivo centra-se no sucesso do jogador ao lidar com a interface. Foi utilizado um conjunto de itens de um questionário para avaliar os aspectos gerais da usabilidade da interface no protótipo de jogo móvel.

O estudo relatado no Capítulo 4 investigou empiricamente, como primeira tentativa, quais os elementos-chave que devem ser abordados na estrutura de conceção do jogo para que os utilizadores de computador evitem ataques de phishing através da motivação. Este estudo de investigação é a segunda tentativa de avaliar empiricamente o quadro de conceção de jogos apresentado no Capítulo 4 (Arachchilage, Love e Beznosov, 2016). O quadro de conceção do jogo descreve os elementos que influenciam a melhoria do comportamento de evitamento do utilizador através da motivação para impedir ataques de phishing.

6.2 Finalidades e objectivos

O objetivo deste estudo de investigação é avaliar a estrutura de conceção do jogo introduzida no Capítulo 4 através do protótipo do jogo para telemóvel. O presente estudo também responde à questão: é possível conceber um jogo para telemóvel que proteja os utilizadores contra ataques de phishing? Os objectivos são os seguintes:

- Identificar os elementos que devem ser abordados na estrutura de conceção do jogo para evitar ataques de phishing.

- Explorar quais os elementos que têm impacto na estrutura de conceção do jogo após o envolvimento do utilizador com o protótipo do jogo para telemóvel.
- Formular uma estrutura de conceção de jogos para impedir ataques de phishing.

6.3 Estudo-piloto

O presente estudo-piloto utilizou um estudo de usabilidade do protótipo do jogo como primeiro passo para avaliar a satisfação subjectiva da interface do protótipo do jogo móvel. Isto baseia-se na noção de que a aprendizagem baseada em jogos para telemóveis tem lugar se os participantes estiverem satisfeitos com o protótipo do jogo em geral. Seguiu-se uma experiência de reflexão em voz alta como segunda etapa da investigação, juntamente com um pré e um pós-teste para avaliar o quadro de conceção do jogo introduzido no Capítulo 4 através do protótipo de jogo móvel.

O teste do pensamento em voz alta é um método de teste de protótipos muito utilizado na área da interação homem-computador (N0rgaard e Hornaek, 2006). Estudos anteriores referem que é um instrumento muito utilizado para estudar processos cognitivos, como a resolução de problemas, a interação homem-computador, a leitura e a escrita (Rooden, 1998). Os participantes num estudo de think-aloud são convidados a realizar uma tarefa ou uma série de tarefas, enquanto verbalizam os seus pensamentos. O experimentador regista todas as verbalizações e escreve-as num relatório verbal. Por fim, os dados registados e escritos são analisados de acordo com a(s) questão(ões) de investigação. O atual estudo-piloto utilizou uma abordagem de análise de dados quantitativa para avaliar a usabilidade do protótipo do jogo, ao passo que a abordagem de análise de dados qualitativa é utilizada para o estudo do think-aloud. O principal objetivo de um estudo de reflexão em voz alta, juntamente com um pré e pós-teste, é avaliar a estrutura de conceção do jogo após o estudo de usabilidade do protótipo do jogo para telemóvel.

O estudo-piloto foi realizado juntamente com um pré-teste e um pós-teste antes da realização do estudo principal. Este estudo foi lançado para avaliar o quadro de conceção do jogo introduzido no Capítulo 4 através do protótipo do jogo móvel implementado num smartphone HTC One X com ecrã tátil. Se fossem encontrados problemas durante o estudo-piloto, os ajustamentos correspondentes eram efectuados no estudo principal.

6.3.1 Técnicas de recolha de dados

O estudo-piloto utilizou abordagens de recolha de dados qualitativas e quantitativas. Foi utilizada uma técnica de recolha de dados quantitativa para recolher dados sobre a usabilidade do protótipo do jogo para telemóvel. Assim, foi utilizado um conjunto de itens de um questionário para avaliar os aspectos gerais da usabilidade da interface do protótipo do jogo para telemóvel. Além disso, foi utilizado um estudo think-aloud para recolher dados sobre o impacto do utilizador no quadro de conceção do jogo introduzido no Capítulo 4 através do protótipo de jogo para telemóvel. Foi utilizada uma abordagem de análise de dados qualitativa para avaliar a estrutura de conceção do jogo. Por conseguinte, foi concebido um protocolo experimental para realizar o estudo think-aloud juntamente com o pré e o pós-teste.

6.3.2 Conceção do questionário

Foram concebidos e publicados na literatura vários questionários para medir a usabilidade geral dos sistemas interactivos, incluindo o Questionnaire for User Interaction Satisfaction (QUIS) (Chin, Diehl e Norman, 1988), a System Usability Scale (SUS) (Brooke, 1996), o Computer System Usability Questionnaire (CSQU) (Lewis, 1995) e o Microsoft Production Reaction Cards (Benedek e Miner, 2002). Na indústria, alguns laboratórios de usabilidade têm utilizado o seu próprio questionário para avaliar as reacções subjectivas dos participantes num teste de usabilidade (Tullis e Stetson, 2004). O presente estudo de investigação utilizou uma ferramenta denominada SUS, que é utilizada para medir a satisfação subjectiva dos utilizadores relativamente à usabilidade da interface de jogos móveis.

John Brooke (1996) desenvolveu inicialmente o SUS quando estava a trabalhar na Digital Equipment Corporation. O SUS é um questionário comummente conhecido, distribuído livremente, simples e fiável, composto por 10 itens que visam avaliar a perceção subjectiva do indivíduo que interage com o software sem ter em conta o gosto pessoal (Brooke, 1996; Finstad, 2006). Tullis e Stetson (2004), bem como Finstad (2006), revelaram que o SUS fornece avaliações superiores em comparação com outros questionários, como o QUIS e o CSQU. Os seus resultados concluíram que, para as condições do estudo, são necessárias amostras de pelo menos 12-14 participantes para obter resultados razoavelmente fiáveis. O SUS utiliza uma escala de Likert de cinco pontos com âncoras para concordo totalmente e discordo totalmente. No entanto, Finstad (2006) revelou que uma quantidade significativa de falantes não nativos de inglês não conseguiu compreender a palavra "cumbersome" no item 8 do SUS, ou seja, "I found the system to be very cumbersome to use" (Finstad, 2006; Lewis e Sauro, 2009). Uma vez que o presente estudo de usabilidade representa participantes de um contexto multinacional, a palavra "incómodo" foi substituída por "estranho", tal como Finstad (2006) afirmou no seu estudo. Por último, foi reproduzido um conjunto de itens do questionário do SUS de Brooke para medir a satisfação subjectiva dos utilizadores em relação à interface do protótipo de jogo móvel, como mostra a Tabela 6.1.

Tabela 6.1: Um conjunto de itens do questionário do SUS

Não	Declaração	Fortemente Não concordo 1	Não concordo 2	Neutro 3	De acordo 4	Fortemente Concordar 5
1	Penso que gostaria de utilizar este jogo para telemóvel com frequência	☐	☐	☐	☐	☐
2	Achei o jogo para telemóvel desnecessariamente complexo	☐	☐	☐	☐	☐
3	Achei que o jogo para telemóvel era fácil	☐	☐	☐	☐	☐

	de utilizar					
4	Penso que necessitaria do apoio de uma pessoa técnica para poder utilizar este jogo para telemóvel	☐	☐	☐	☐	☐
5	Achei que as várias funções deste jogo para telemóvel estavam bem integradas	☐	☐	☐	☐	☐
6	Achei que havia demasiadas inconsistências neste jogo para telemóvel	☐	☐	☐	☐	☐
7	Imagino que a maioria das pessoas aprenderia a utilizar este jogo para telemóvel muito rapidamente	☐	☐	☐	☐	☐
8	Achei o jogo para telemóvel muito difícil de utilizar	☐	☐	☐	☐	☐
9	Senti-me muito confiante ao utilizar o jogo para telemóvel	☐	☐	☐	☐	☐
10	Precisei de aprender muitas coisas antes de poder começar a jogar este jogo para telemóvel	☐	☐	☐	☐	☐

6.3.3 Conceção do protocolo experimental

Foi concebido um protocolo experimental para efetuar um estudo de pensamento em voz alta, juntamente com um pré-teste e um pós-teste para avaliar a estrutura de conceção do jogo. O protocolo experimental incluía instruções para o utilizador que ajudavam os participantes a realizar o estudo think-aloud, que é apresentado na Figura 6.1.

Protocolo experimental: Instruções para o estudo do utilizador Think-aloud

Esta experiência - "Estudo do utilizador" - contribui para avaliar uma estrutura de conceção de jogos para os utilizadores de computadores pessoais para impedir ataques de phishing. Há algumas instruções que deve seguir na ordem indicada abaixo.

Sessão 1: Teste de phishing (Pré-teste)

- **Descrição da tarefa:** São-lhe dados 10 sites suspeitos de "phishing" e é-lhe pedido que identifique os sites legítimos dos sites de phishing. O phishing é um roubo de identidade em linha, que visa roubar informações sensíveis das vítimas, como o nome de utilizador, a palavra-passe e os dados bancários em linha. Por exemplo, o atacante cria um sítio Web fraudulento com o aspeto e a aparência de um sítio Web legítimo. Os utilizadores são convidados para os sítios fraudulentos através do envio de e-mails e roubam o seu dinheiro. O teste baseia-se no PC, sendo a pontuação global apresentada no final do teste.

- **Tarefa:** Para fazer o teste, digite o link abaixo no endereço da web (URL) do seu navegador e siga as instruções fornecidas. http://people.brunel.ac.uk/~cspgnag/index.php

Sessão 2: Jogar o jogo móvel

- **Descrição da tarefa:** O protótipo do jogo móvel foi concebido e implementado para ensinar os utilizadores de computadores domésticos a prevenirem-se contra ataques de phishing.
- **Tarefa:** São-lhe dados quinze minutos para completar a atividade de treino do jogo móvel. O experimentador ajudá-lo-á a jogar o jogo, que funciona no telemóvel Samsung Galaxy Mini. Ao fazê-lo, é-lhe pedido que expresse as suas opiniões e comentários sobre o jogo móvel no contexto específico do conhecimento, compreensão e sensibilização para os ataques de phishing. Após a atividade de treino do jogo móvel, é-lhe pedido que preencha um inquérito para avaliar a sua satisfação subjectiva com a interface do protótipo do jogo móvel.

Sessão 3: Teste de phishing (Pós-teste)

- **Descrição da tarefa:** São-lhe dados mais 10 sites suspeitos de "phishing" e é-lhe pedido que identifique os sites legítimos dos sites de phishing. O teste é feito no PC e a pontuação global é apresentada no final do teste.
- **Tarefa:** Para fazer o teste, escreva a ligação abaixo no endereço Web (URL) do seu navegador e siga as instruções que lhe são dadas.

http://people.brunel.ac.uk/~cspgnag/index1.php

Figura 6.1: Protocolo experimental: Instruções do estudo do utilizador do Think-aloud

6.3.4 Participantes

O estudo-piloto do questionário foi realizado com oito participantes em pessoa para observar um vasto leque de questões relacionadas com a medição da satisfação subjectiva do utilizador relativamente à interface do protótipo do jogo móvel. Os resultados indicaram uma pontuação de usabilidade significativamente mais elevada; por conseguinte, foi formado um hipo-livro inicial que foi posteriormente utilizado para informar o estudo principal de reflexão em voz alta. Por outro lado, é necessário algum trabalho para aperfeiçoar e redesenhar o protótipo do jogo móvel até que os resultados indiquem pontuações de usabilidade razoavelmente mais elevadas.

O estudo de usabilidade acima mencionado foi seguido de um estudo de think-aloud com os mesmos participantes. Foi efectuado um estudo-piloto em voz alta, juntamente com um pré-teste e um pós-teste, com oito participantes, em pessoa, para observar a sua compreensão, conhecimento e sensibilização para os ataques de phishing através de um protótipo de jogo para telemóvel, de modo a formar um hipo-livro inicial que, posteriormente, foi utilizado para informar o estudo principal.

Virzi (1992) revelou que 90 por cento dos problemas através do teste do protótipo foram identificados num estudo com menos de dez participantes. No entanto, o especialista em usabilidade Jakob Nielsen (2000) incentivou os investigadores a utilizarem apenas cinco participantes num teste de protótipo durante o estudo-piloto. Argumentou que a utilização de mais de dez participantes pode ter um rácio muito baixo de problemas descobertos em relação aos recursos consumidos.

O estudo de Sheng, et al. (2010) mostrou que os participantes com idades compreendidas entre os 18 e os 25 anos são mais susceptíveis a ataques de phishing do que outros grupos etários. Por conseguinte, foram recrutados estudantes universitários com idades compreendidas entre os 18 e os 25 anos do departamento de Informática e Tecnologia da Universidade de Bedfordshire, no Reino Unido, que são utilizadores de computadores, enquanto assistiam às suas sessões de laboratório prático de Programação Aplicada. Para efeitos deste estudo, cada participante foi levado para uma sala vazia depois de terminar a sua sessão de laboratório prático. Antes de lançar o estudo-piloto, foi pedida autorização ao diretor de campo e ao chefe de departamento. O resumo dos dados demográficos do estudo-piloto é apresentado na Tabela 6.2.

Quadro 6.2: Dados demográficos dos participantes no estudo-piloto

Caraterísticas	**Montante**
Tamanho da amostra	8
Género	
Masculino	6
Feminino	2
Idade (18 - 25)	8
Experiência na utilização de dispositivos móveis	
Telemóvel	2
Telemóvel	6
Média de horas por semana na Internet	
0-5	0
6-10	2
11-15	3
16-20	0
20+	3

6.3.5 Procedimento

Os pré e pós-testes foram efectuados num Apple MacBook, onde os participantes receberão a sua pontuação no final de cada teste. Antes de mais, foi explicada a cada participante a natureza do estudo experimental think-aloud e foi-lhe pedido que assinasse um formulário de consentimento (ver Anexo 1). Também foram informados de que a experiência consistia em testar a sua compreensão do conhecimento das ameaças de phishing através do protótipo do jogo para telemóvel. De seguida, foi perguntado aos participantes se sabiam o que significa o termo *"ataque de phishing"*. Aos que responderam positivamente, foi pedido que fizessem uma breve descrição verbal para confirmar a sua compreensão, ao passo que aos que responderam negativamente foi lida uma breve definição de ataque de phishing e feita uma breve descrição verbal. Para dar início à experiência, foi pedido aos participantes que seguissem as instruções do estudo do utilizador em voz alta apresentadas no protocolo experimental (Figura 6.1). Também foram informados de que podiam esclarecer qualquer questão relacionada com a experiência. No pré-teste, foram apresentados aos participantes dez sítios Web e foi-lhes pedido que diferenciassem os sítios de phishing dos legítimos. Depois de avaliarem os 10 sítios Web, os participantes dispuseram de quinze minutos para completar uma atividade de formação baseada num jogo móvel num smartphone HTC One X com ecrã tátil. Inicialmente, o jogo foi concebido com 10 URLs suspeitos em que a responsabilidade do participante é identificar URLs legítimos de URLs de phishing. Brooks (1996) afirmou que o SUS é geralmente utilizado depois de o inquirido ter tido a oportunidade de utilizar o sistema que está a ser avaliado, mas antes de qualquer debriefing ou discussão. Assim, após 15 minutos de atividade com o jogo móvel, foi pedido aos participantes que preenchessem um inquérito (itens do questionário SUS na Tabela 6.1), que foi utilizado para medir a satisfação subjectiva dos participantes com a interface do protótipo do jogo móvel. O inquérito foi seguido de um pós-teste em que foram mostrados aos participantes mais dez sítios Web para avaliarem. A pontuação foi registada durante os pré e pós-testes para observar como a compreensão e a sensibilização dos participantes para a ameaça de phishing se desenvolveram através da aprendizagem baseada no jogo móvel. Mais de metade dos sítios Web eram sítios de phishing baseados em marcas populares, enquanto os restantes eram sítios Web legítimos de marcas populares. Para efeitos deste teste, os sítios Web de phishing recentemente atacados foram capturados no PhishTank.com (PhishTank, 2011) de 1 a 28 de novembro de 2011. Todos os URLs de sítios de phishing foram selecionados no prazo de 7 horas após terem sido comunicados. Durante a atividade de formação baseada no jogo móvel e no pós-teste, foi utilizado um estudo de reflexão em voz alta em que os participantes falaram sobre as suas opiniões e experiência de sensibilização e compreensão da ameaça de phishing através do protótipo do jogo móvel.

6.3.6 Resultados

O objetivo inicial deste estudo era avaliar a usabilidade geral de um protótipo de jogo para telemóvel. Por conseguinte, o estudo de usabilidade utilizou o SPSS, que é um pacote de software estatístico para a análise de dados.

O alfa de Cronbach foi utilizado para medir a consistência interna da relação estreita entre um conjunto de itens como um grupo (Pallant, 2007). Estudos anteriores revelaram que um alfa superior a 0,70 é adequado ao número de itens da escala (Cronbach, 1951; Pallant, 2007; Zaharias e Poylymenakou, 2009). Por conseguinte, foi calculado o alfa de Cronbach (alfa de Cronbach = 0,878) para um conjunto de itens do questionário SUS, a fim de medir a consistência interna entre eles.

Na experiência atual, os participantes falaram sobre a sua experiência e opiniões sobre o protótipo de jogo móvel para impedir ameaças de phishing. Os resultados foram encorajadores; no entanto, destacaram algumas áreas em que o protótipo do jogo móvel precisava de ser melhorado.

Este estudo de investigação revelou que o jogo para telemóvel foi algo eficaz para ensinar os participantes a olharem para o URL na barra de endereço do seu browser quando avaliam se um sítio Web é legítimo ou não. Os participantes obtiveram 49% no pré-teste e 78% no pós-teste de identificação de sítios Web de phishing ou legítimos depois de jogarem o jogo para telemóvel. Verifica-se uma melhoria considerável dos resultados dos participantes de 29% no pós-teste durante o estudo piloto. Por conseguinte, os resultados do estudo fornecem provas de que o protótipo do jogo para telemóvel pode ensinar os utilizadores de computadores pessoais a impedir ataques de phishing. Todos os participantes responderam que as suas decisões se basearam na observação da barra de endereço quando avaliaram o segundo conjunto de sítios Web no pós-teste. Além disso, afirmaram que fizeram muito poucas tentativas de olhar para a barra de endereço quando avaliaram os primeiros dez sítios Web no pré-teste. Muitos participantes utilizaram estratégias incorrectas para determinar a legitimidade do sítio Web. Por exemplo, uma das estratégias mais comuns consistiu em verificar se o sítio Web foi ou não concebido de forma profissional. No entanto, esta pode não ser uma estratégia útil, uma vez que muitos sítios Web de phishing são réplicas exactas de sítios Web legítimos. O atacante pode facilmente imitar qualquer sítio Web profissional a partir do código fonte da página específica fornecida pelo navegador. Além disso, salientaram que o jogo móvel foi algo eficaz no ensino de diferentes padrões de URLs para diferenciar os URLs de phishing dos legítimos.

Os resultados do estudo mostraram que os participantes aprenderam a maioria dos conceitos relacionados com o URL que tentaram ensinar utilizando o protótipo do jogo para telemóvel. Por exemplo, a maioria dos participantes pareceu compreender que os URL que começam com números são normalmente um sinal de burla. No entanto, o estudo concluiu que alguns participantes aplicaram incorretamente as lições aprendidas com o jogo para telemóvel. Por exemplo, alguns participantes aplicaram incorretamente a regra sobre URLs que têm todos os números à frente são normalmente fraudes através de *www2.fdic.gov* como um sítio Web de phishing porque o URL continha o número 2 após o "*www*". Isto deve-se ao facto de o protótipo do jogo móvel não incluir o URL que continha os números a seguir ao *www*, como *www2* ou *www4*. No entanto, os participantes foram testados quanto à sua capacidade de identificar o tipo de URL acima referido no pós-teste. Por conseguinte, o URL '*www2.fdic.gov*' foi incluído no protótipo do jogo para telemóvel antes do lançamento do estudo principal.

6.3.7 Resumo

O presente estudo piloto procurou avaliar a satisfação subjectiva dos participantes relativamente à interface do protótipo de jogo móvel. Para o efeito, o estudo utilizou o SUS desenvolvido por John Brook com 10 itens, utilizando uma escala de Likert de cinco pontos, em que 1= "Discordo totalmente" e 5= "Concordo totalmente". O estudo recrutou oito participantes, com idades compreendidas entre os 18 e os 25 anos, do departamento de Informática e Tecnologia da Universidade de Bedfordshire, no Reino Unido. Os participantes preencheram o questionário após 15 minutos de utilização do protótipo de jogo móvel instalado num smartphone HTC One X com ecrã tátil. Com base no feedback do estudo de inquérito, foi calculado o alfa de Cronbach para medir a consistência interna de um conjunto de itens do questionário SUS. Este valor (alfa de Cronbach = 0,878) foi significativamente superior ao nível mínimo recomendado por Nunnally para o alfa de Cronbach, que é de 0,70 (Zaharias e Poylymenakou, 2009). Por conseguinte, o inquérito de usabilidade atual foi seguido de um estudo de reflexão em voz alta, uma vez que os participantes estavam satisfeitos com o protótipo do jogo para telemóvel.

O estudo-piloto think-aloud, juntamente com um pré e pós-teste, foi utilizado para avaliar o quadro de conceção do jogo apresentado no Capítulo 4. Foi realizado um teste-piloto do protótipo do jogo móvel através de um estudo de utilizadores; os mesmos oito participantes utilizados no estudo de usabilidade foram testados quanto à sua capacidade de identificar sítios Web de phishing a partir de um conjunto de sítios Web legítimos e de phishing antes (pré-teste) e depois (pós-teste) de jogarem o jogo móvel. Além disso, falaram sobre a sua experiência e opiniões sobre o protótipo do jogo móvel para impedir ameaças de phishing. Os resultados do estudo-piloto foram encorajadores e o estudo concluiu que o protótipo do jogo para telemóvel podia ensinar os utilizadores de computadores pessoais a impedir ataques de phishing. No entanto, o estudo destacou algumas áreas em que o protótipo do jogo móvel precisava de ser melhorado. Essas questões foram abordadas no protótipo do jogo móvel antes de realizar o estudo principal.

6.4 Estudo principal

O mesmo estudo de usabilidade e a mesma experiência de think-aloud utilizados no estudo-piloto foram empregues no estudo principal. Por conseguinte, o estudo principal utilizou um conjunto de itens do questionário SUS desenvolvido no estudo-piloto (Tabela 6.1). Foi utilizada uma abordagem de análise de dados quantitativos através de um inquérito para avaliar a satisfação subjectiva da interface do protótipo do jogo móvel através dos participantes. Em seguida, o inquérito foi seguido de um estudo de think-aloud, juntamente com pré e pós-testes, tal como utilizado no estudo-piloto.

A experiência think-aloud foi utilizada para avaliar a estrutura de conceção do jogo apresentada no Capítulo 4. O estudo think-aloud tentou investigar o impacto do utilizador nos elementos da estrutura de conceção do jogo móvel proposto para sensibilizar para o phishing após o seu envolvimento com o protótipo do jogo móvel. Por conseguinte, o estudo utilizou o protocolo experimental desenvolvido no estudo-piloto (Figura 6.1). O investigador registou todas as verbalizações feitas durante o estudo de pensamento em voz alta. Foi então utilizada uma abordagem de análise de dados qualitativa para avaliar a estrutura de conceção do jogo através do protótipo do jogo para telemóvel.

6.4.1 Participantes

O estudo think-aloud, juntamente com um pré-teste e um pós-teste, foi realizado com 20 participantes para observar a sua compreensão, conhecimento e sensibilização para os ataques de phishing através do protótipo do jogo para telemóvel. Os participantes foram recrutados na Universidade de Brunel, Londres, Reino Unido, e são utilizadores de computadores. Foram convidados a participar através do envio de mensagens de correio eletrónico e da publicação de uma mensagem no Facebook a pedir a sua ajuda. Foram convidados para o laboratório de informática do edifício St. John's, na Universidade de Brunel. John's building, na Universidade de Brunel. Antes de realizar o estudo think-aloud, foi pedida autorização ao comité de ética da Universidade de Brunel, bem como aos próprios participantes.

A idade dos participantes variava entre os 18 e os 25 anos, com uma repartição por género de 65% de homens e 35% de mulheres. A maioria tem mais de 20 horas por semana de experiência na Internet. Todos eles tiveram a experiência de fazer compras pela Internet pelo menos uma vez. Além disso, todos tinham experiência na utilização de um telemóvel inteligente há mais de um ano. Cada participante participou no estudo de reflexão em voz alta de forma totalmente voluntária. O quadro 6.3 apresenta um resumo dos dados demográficos do estudo principal.

Quadro 6.3: Dados demográficos dos participantes no estudo principal

Caraterísticas	**Montante**
Tamanho da amostra	20
Género	
Masculino	13
Feminino	7
Idade (18 - 25)	20
Educação	
Menos de um diploma do ensino secundário	0
Diploma do ensino secundário	4
Licenciatura	16
Diploma de pós-graduação	0
Média de horas por semana na Internet	
0-5	0
6-10	0
11-15	0
16-20	0
20+	20

6.4.2 Procedimento

A recolha de dados foi efectuada utilizando o estudo think-aloud juntamente com um pré e um pós-teste. O estudo do pensamento em voz alta foi realizado pessoalmente com cada participante durante aproximadamente uma hora. Antes de mais, foi explicada a cada participante a natureza do estudo experimental think-aloud e foi-lhe pedido que assinasse um formulário de consentimento (ver Anexo 1). Foram informados de que a experiência de pensamento em voz alta consistia em testar a compreensão dos participantes sobre o conhecimento das ameaças de phishing através do protótipo do jogo para telemóvel. Também lhes foi dito que podiam desistir do estudo experimental em qualquer altura e sem terem de justificar a sua desistência. Para dar início à experiência, foi pedido aos participantes que seguissem as instruções do estudo do utilizador em voz alta fornecidas no protocolo experimental que é apresentado na Figura 6.1. Os pré e pós-testes foram efectuados num computador Apple MacBook Pro, onde os participantes recebem a sua pontuação no final de cada teste.

No pré-teste, foram apresentados aos participantes os mesmos dez sítios Web que foram apresentados aos participantes no estudo-piloto e foi-lhes pedido que identificassem os sítios Web de phishing dos sítios Web legítimos. A lista dos dez endereços de sítios Web utilizados no pré-teste é apresentada na Tabela 6.4. Depois de avaliarem os primeiros 10 sítios Web, os participantes dispuseram de quinze minutos para realizar uma atividade de formação baseada num jogo móvel num smartphone HTC One X com ecrã tátil. Após 15 minutos de utilização do protótipo do jogo móvel, foi pedido aos participantes que preenchessem um inquérito. Os itens do questionário SUS do inquérito utilizado para medir a satisfação subjectiva dos utilizadores em relação à interface do protótipo de jogo móvel são apresentados na Tabela 6.1. Depois, no pós-teste, foram mostrados aos participantes os mesmos dez sítios Web que foram mostrados aos participantes no estudo piloto. A lista dos dez endereços de sítios Web utilizados no pós-teste é apresentada na Tabela 6.5. A pontuação foi registada durante os pré e pós-testes, para observar a compreensão e a sensibilização dos participantes para a ameaça de phishing através do protótipo de jogo para telemóvel fornecido. Mais de metade dos sítios Web eram sítios de phishing baseados em marcas populares, enquanto os restantes eram sítios Web legítimos de marcas populares. Para efeitos desta experiência, os sítios Web de phishing recentemente atacados foram retirados do PhishTank.com (PhishTank, 2011) de 1 a 28 de novembro de 2011. Todos os URLs de sítios Web de phishing foram capturados no prazo de sete horas após terem sido denunciados. Os participantes falaram sobre as suas opiniões e experiência de sensibilização para as ameaças de phishing através do protótipo de jogo para telemóvel durante o estudo. Além disso, falaram sobre as suas opiniões em termos de motivação, comportamento, perceção da ameaça, gravidade e suscetibilidade da ameaça, custo, conhecimento e eficácia do protótipo de jogo móvel para se protegerem de ameaças de phishing.

Table 6.4: Lista dos dez endereços de sítios Web utilizados no pré-teste

Real or Phishing	Website Name	Website address
Phishing	Santander	http://mkelektro.ru/modules/mod_latestnews/EMPRESARIAL/portal
Phishing	PayPal	http://paypal.com.cgi-bin.webscr.cmd.login.submit.dispatch.6564543543543353393539...
Real	HSBC	https://www.hsbc.co.uk/1/2/[illegible]
Phishing	Halifax	http://www.cigkofteciasikabuzerusta.com//plugins/content/reflection/login.jsp.htm
Real	eBay	https://signin.ebay.co.uk/ws/eBayISAPI.dll?SignIn&co_partnerId=2&pUserId=&siteid=
Phishing	Western Union	http://cables-unlimited-inc.com/uni0n-eur0pe/westernunion/wubmi0n.htm
Phishing	eBay	http://singincyebym.h19.ru/1.html
Real	Nationwide	https://onlinebanking.nationwide.co.uk/AccessManagement/Logi
Phishing	Money:hq	http://money-hq.co.uk/survey/webscr.php?cmd=_login-run&dispatch=5885d80a13c0db1f1!
Phishing	HSBC	www.apk.ru.ua/[illegible]

Table 6.5: Lista dos dez endereços de sítios Web utilizados no pós-teste

Real or Phishing	Website Name	Website address
Phishing	PayPal	http://sakma.ru/[illegible]www.paypal.com/
Phishing	HABBO	http://bobbahotel.co.uk/index
Real	FDIC	http://www2.fdic.gov/IDASP/main_bankfind.asp
Phishing	Littlewoods	http://www.donomiq.com/catalogue/projlibres/mini/www.littlewoods.co.uk/online-littev
Real	Lloyds TSB	http://www.lloydstsb.com/personal.asp
Phishing	Facebook	http://fqcebook.webcindario.com/
Phishing	Santander	www.unbu.nfo/[illegible]
Real	UPS	https://www.ups.com/myups/login?loc=&returnto=https%3A%2
Phishing	eBay	http://translation.infoseek.ne.jp/web.html
Phishing	AOL	http://andedmello.co.uk/slowlaunch/images/aol/update.php

6.4.3 Instrumentos de recolha de dados

A recolha de dados foi feita através de observações, notas de campo, gravação áudio e preenchimento de um inquérito de 20 sessões de think-aloud, ou seja, o período de tempo desde a chegada do participante ao teste e até à saída do participante. Cada participante passou aproximadamente uma hora na experiência.

A recolha de dados do estudo principal foi efectuada em duas fases. Em primeiro lugar, os dados foram recolhidos pedindo aos participantes que preenchessem o inquérito (Tabela 6.1) após 15 minutos de utilização do protótipo de jogo móvel. Esta técnica foi utilizada para avaliar a satisfação subjectiva dos utilizadores relativamente à interface do protótipo de jogo móvel. Foi utilizada uma abordagem de análise de dados quantitativa para analisar os dados recolhidos no inquérito. Em segundo lugar, os dados recolhidos através do método think-aloud e a pontuação dos participantes nos pré e pós-testes. Foi utilizada uma abordagem de análise de dados qualitativa para analisar os dados recolhidos do estudo think-aloud.

6.4.4 Análise de resultados

As conclusões deste estudo de investigação visam determinar se o comportamento de evitamento dos participantes aumenta ou não através da motivação para se protegerem de ataques de phishing através do protótipo de jogo para telemóvel. Os resultados do estudo de reflexão em voz alta discutiram o impacto do protótipo de jogo móvel nos elementos da estrutura de conceção do jogo introduzidos no Capítulo 4, tais como a perceção da ameaça, a eficácia da salvaguarda, o custo da salvaguarda, a auto-eficácia, a perceção da gravidade e a perceção da suscetibilidade. Além disso, foram utilizados pré e pós-testes para determinar se a educação anti-phishing ocorre ou não após a atividade de jogo. Além disso, os resultados do estudo contribuíram para a literatura existente no que diz respeito à ideia de que a abordagem educativa baseada em jogos móveis para prevenir ameaças maliciosas de TI (como ataques de phishing) é eficaz.

6.4.5 Resultados do estudo do SUS

O objetivo deste estudo foi avaliar a usabilidade geral do protótipo do jogo móvel. Por conseguinte, o estudo de usabilidade utilizou o SPSS, um pacote de software estatístico para análise de dados, desenvolvido pela IBM (Finstad, 2006).

O estudo de inquérito do SUS apresentou o conjunto inicial de itens a 20 utilizadores regulares de computadores para obter feedback através de um inquérito por questionário após 15 minutos de utilização do protótipo do jogo móvel. Com base no feedback do estudo de inquérito, foi inicialmente calculado o alfa de Cronbach para medir a consistência interna de um conjunto de itens como um grupo (alfa de Cronbach = 0,901). Nunnally sugeriu que o nível mínimo do alfa de Cronbach é de 0,70. Por conseguinte, o estudo continuou a avaliar a satisfação subjectiva do utilizador relativamente à interface do protótipo de jogo móvel.

O presente estudo de usabilidade, que tinha como objetivo avaliar o protótipo do jogo móvel, utilizou a abordagem de pontuação SUS introduzida por Brooke (1996). O SUS produz um único número que representa uma medida composta da usabilidade geral da aplicação do protótipo de jogo móvel. Para obter a pontuação SUS do protótipo de jogo móvel, inicialmente foi calculada a soma das contribuições de pontuação de cada item. A contribuição da pontuação de cada item varia de 0 a 4. Para os itens 1, 3, 5, 7 e 9, a contribuição da pontuação é a posição na escala menos 1. Para os itens 2, 4, 6, 8 e 10, a contribuição da pontuação é 5 menos a posição na escala. Finalmente, multiplica-se a soma das pontuações por 2,5 para obter o valor global da usabilidade do protótipo de jogo móvel. As pontuações do SUS variam de 0 a 100. Por conseguinte, para realizar este estudo, a satisfação do utilizador com a aplicação do protótipo de jogo móvel implementada num smartphone com ecrã tátil HTC One X foi medida utilizando o SUS. As pontuações estão resumidas na Tabela 6.6.

Em geral, a satisfação subjectiva dos participantes relativamente ao protótipo de aplicação de jogos para telemóvel foi significativamente elevada, com 84% (83,62 em 100) (Brooke, 1996). Os participantes também referiram que consideraram a aplicação do protótipo de jogo móvel muito fácil de utilizar e sentiram que podiam aprender a utilizá-la muito rapidamente. Isto deve-se principalmente ao facto de o jogador ter de seguir três funcionalidades, que são fáceis de lembrar quando se interage com o jogo para telemóvel. Primeiro, tocar no worm para o fazer comer se o worm estiver associado a um endereço de sítio Web legítimo. Em segundo lugar, tocar no botão "evitar" se o verme estivesse associado a um endereço de sítio Web falso. Terceiro, toque no ícone da imagem do "peixe grande" (o professor do peixe pequeno) para pedir ajuda se o verme associado ao endereço do sítio Web for suspeito e difícil de identificar. Por conseguinte, o número mínimo de funcionalidades que podiam ser facilmente recordadas para completar o jogo ajudou a aumentar a satisfação subjectiva dos participantes relativamente à usabilidade da interface do jogo móvel. Além disso, os participantes demonstraram ter mais confiança depois de utilizarem o protótipo do jogo móvel. Os participantes também foram capazes de aprender o jogo rapidamente e afirmaram estar bastante interessados em utilizar o jogo móvel com frequência.

Tabela 6.6: Resumo da escala de usabilidade do sistema da aplicação do protótipo de jogo móvel

Não	Declaração	Média Pontuação	Padrão Desvio
1	Penso que gostaria de utilizar este jogo para telemóvel com frequência	3.95	0.759
2	Achei o jogo para telemóvel desnecessariamente complexo	1.50	0.607
3	Achei que o jogo para telemóvel era fácil de utilizar	4.55	0.510
4	Penso que necessitaria do apoio de uma pessoa técnica para poder utilizar este jogo para telemóvel	1.70	0.865
5	Achei que as várias funções deste jogo para telemóvel estavam bem integradas	4.20	0.696
6	Achei que havia demasiadas inconsistências neste jogo para telemóvel	1.65	0.671
7	Imagino que a maioria das pessoas aprenderia a utilizar o jogo para telemóvel muito rapidamente	4.45	0.686
8	Achei o jogo para telemóvel muito difícil de utilizar	1.60	0.503
9	Senti-me muito confiante ao utilizar o jogo para telemóvel	4.35	0.587
10	Precisei de aprender muitas coisas antes de poder começar a jogar este jogo para telemóvel	1.60	0.754
	Pontuação média de satisfação global (de 0 a 100)	**83.62**	

Pontuação total = 33,45

Pontuação do SUS = 33,45*2,5 = 83,62

Em resumo, a análise dos resultados do inquérito mostrou que a satisfação subjectiva dos participantes com o protótipo de jogo para telemóvel era significativamente elevada. Por conseguinte, e uma vez que os participantes demonstraram um maior grau de satisfação ao utilizarem o protótipo de jogo para telemóvel, o estudo prosseguiu com uma análise dos resultados do think-aloud. Os resultados do estudo think-aloud mostraram o impacto do protótipo de jogo móvel nos elementos do quadro de conceção de jogos introduzido no Capítulo 4. Além disso, os pré e pós-testes demonstraram se a educação anti-phishing foi ou não realizada através do protótipo de jogo para telemóvel.

6.4.6 Resultados do estudo Think-aloud

A análise dos dados do estudo think-aloud foi efectuada em duas fases, baseadas no estudo de Norgaard e Hornbaek (2006). Em primeiro lugar, o estudo segmentou as gravações através da aplicação de palavras-chave a cada segmento. O objetivo de realizar um estudo think-aloud era avaliar a estrutura de conceção do jogo através do protótipo do jogo para telemóvel. As palavras-chave foram retiradas dos elementos da estrutura de conceção do jogo apresentada no Capítulo 4 (Fig. 4.3). Por conseguinte, as gravações áudio foram segmentadas principalmente em oito palavras-chave: comportamento de evitamento, motivação de evitamento, ameaça percebida, eficácia da salvaguarda, custo da salvaguarda, gravidade percebida, suscetibilidade percebida e auto-eficácia. Em segundo lugar, o estudo procurou analisar e tentar formar uma interpretação coerente dos segmentos que partilhavam palavras-chave. Por conseguinte, os resultados do estudo foram organizados em oito áreas. O Quadro 6.7 resume estas áreas e as principais conclusões de cada uma delas.

Quadro 6.7: Síntese dos resultados

N refere-se ao número de sessões em que foi efectuada uma constatação (de um total de 14 sessões)

Área de atenção	*Principais conclusões*	*N*	*Exemplo de citações*
Evitar comportamento	Jogo no telemóvel para evitar ataques de phishing OU A atualização de conhecimentos através do jogo móvel é muito útil para evitar ataques de phishing	20	O jogo foi útil e gostei de o jogar para evitar o phishing". "Gosto de jogar o jogo para aprender sobre phishing em vez de ler livros, artigos ou documentos" "É possível ver que o meu comportamento de evitamento aumentou se olharmos para os resultados do pré e do pós-teste"
Motivação para evitar	I'm interesse em jogar o jogo móvel para evitar ataques de phishing OU Considero que obter formação	20	"Uau! Este jogo é útil e uma ideia fantástica" "Este jogo é muito interessante, acho que vou gostar de o jogar vezes sem conta" "Uau, este jogo é ótimo! Posso descarregá-lo da Internet?" "Sim, este jogo é importante, porque

	baseada em jogos móveis para evitar ataques de phishing é algo útil		no final do dia é o nosso dinheiro, não o queremos perder" "Gosto de jogar um pouco mais" "Recomendaria este jogo à minha família, colegas e amigos"
			"Sim, este é um jogo simples que qualquer pessoa pode jogar". "Serei o primeiro a comprar este jogo, digam-me quando estiver tudo pronto"
Percebida ameaça	Os ataques de phishing representam uma ameaça para o meu computador OU Um ataque de phishing é um perigo para o meu computador	20	"Sim, considero que o phishing é uma ameaça enorme, porque, no fim de contas, os atacantes roubam o nosso dinheiro" "Sinto que a ameaça de phishing é prejudicial para o meu computador" "Sim, sinto que a ameaça de phishing é perigosa para o meu computador"
Gravidade percebida	Um ataque de phishing roubaria as minhas informações pessoais do meu computador sem o meu conhecimento OU Um ataque de phishing invadiria a minha privacidade	20	"Os ataques de phishing roubam os meus dados bancários" "Os ataques de phishing roubam o meu nome de utilizador, palavras-passe e dados de cartões de crédito ou débito" "Os atacantes de phishing podem utilizar os meus dados pessoais para cometer crimes"
Perceção de suscetibilidade	É extremamente provável que o meu computador venha a ser infetado por um ataque de phishing no futuro OU As minhas hipóteses de sofrer ataques de phishing são grandes.	20	"Sim, agora sinto que o meu computador também pode ser infetado por um ataque de phishing no futuro" "É muito fácil cair num caso de phishing" "Hmm, há uma grande probabilidade de o meu computador também ser infetado por um ataque de phishing"
Eficácia das salvaguardas	A educação baseada em jogos móveis seria útil para detetar ataques de phishing OU A formação baseada em jogos móveis aumentou os meus conhecimentos sobre ataques	20	"Sim, o jogo ajuda-me realmente a identificar os bons e os maus sítios Web" "Este jogo para telemóvel é útil e fantástico para a aprendizagem" "Este jogo para telemóvel ensina a evitar a ameaça de phishing"

	de phishing		"Na verdade, gostei da forma como o jogo ensina" "Sim, aprendi muito sobre a deteção de ataques de phishing através do jogo" "Acho que não seria capaz de obter tantos conhecimentos lendo um livro ou um artigo sobre phishing"
Custo da proteção	Demorará menos tempo a adquirir conhecimentos sobre phishing através do jogo para telemóvel. A educação antiphishing através do jogo para telemóvel, se for descarregado da Internet, será menos dispendiosa	18	"O jogo é simples" "O jogo não demora muito tempo a ser jogado" "Gosto de descarregar o jogo gratuitamente" "Não me importo de pagar por este jogo"
Auto-eficácia	Adquiri conhecimentos sobre ataques de phishing através do jogo para telemóvel OU Sinto que estou a adquirir conhecimentos sobre anti-phishing	20	"Sim, este jogo melhorou os meus conhecimentos sobre phishing" "No passado, eu não verificava os URLs, mas agora sei que é muito importante" "Sim, este jogo ensinou-me a identificar URLs de phishing"
	através do jogo para telemóvel ajudou-me realmente a detetar ataques de phishing		"Não sabia que o significado de 'https://' é uma versão segura de http antes de jogar o jogo." "Sim, penso que o jogo foi muito bom para ensinar diferentes padrões de URLs" "Não sabia que, olhando para o URL, podia decidir a legitimidade do sítio Web antes de jogar o jogo" "Agora sei como identificar a diferença entre o bom e o mau sítio Web"

6.4.7 Resumo dos resultados

O presente estudo avaliou empiricamente a estrutura de conceção de jogos introduzida no Capítulo 4 (Figura 4.3) através do protótipo de jogo móvel desenvolvido com o MIT App Inventor Emulator. Por conseguinte, foi realizado um estudo de think-aloud juntamente com o pré e o pós-teste para avaliar a estrutura. O estudo contou com 20 participantes, tendo cada um deles participado numa sessão de aproximadamente uma hora. No pré-teste, os participantes obtiveram uma pontuação de 55% e, após a atividade de jogo no pós-teste, a sua pontuação foi de 84%. Verifica-se uma melhoria significativa de 29% do comportamento de prevenção de phishing dos participantes em comparação com o pré-teste.

Trata-se de uma melhoria significativa do comportamento global de prevenção de phishing dos participantes através do jogo para telemóvel. 18 participantes obtiveram uma pontuação superior a 80%, enquanto cinco participantes obtiveram nota máxima (100%) no pós-teste. No entanto, todos os participantes obtiveram uma pontuação superior a 50% no pós-teste. Por conseguinte, os resultados do estudo concluíram que o protótipo do jogo para telemóvel é algo eficaz para ensinar os participantes a olharem para os URLs na barra de endereços do seu browser quando avaliam a legitimidade do sítio Web.

Além disso, todos os participantes falaram das suas opiniões sobre a sensibilização para as ameaças de phishing depois de utilizarem o jogo para telemóvel no estudo think-aloud. Todos eles consideraram que o jogo para telemóvel foi algo eficaz para melhorar o seu comportamento de evitamento através da motivação para se protegerem contra ataques de phishing. Além disso, falaram da sua opinião sobre o impacto do protótipo do jogo móvel nos elementos da estrutura de conceção do jogo apresentados no Capítulo 4. Os elementos do quadro de conceção do jogo são a perceção da ameaça, a eficácia da salvaguarda, o custo da salvaguarda, a auto-eficácia, a perceção da gravidade e a perceção da suscetibilidade. O estudo revelou que a ameaça percebida, a eficácia da salvaguarda, a suscetibilidade percebida, a gravidade percebida e a auto-eficácia tiveram um impacto positivo, enquanto o custo da salvaguarda teve um impacto negativo no comportamento de evitamento através da motivação para se protegerem contra as ameaças de phishing. Por conseguinte, os resultados do presente estudo demonstraram a necessidade de abordar os elementos supramencionados no quadro de conceção do jogo para os utilizadores de computadores pessoais, a fim de impedir a ameaça de phishing.

6.4.8 Discussão

O estudo principal envolveu 20 utilizadores regulares de computadores com idades compreendidas entre os 18 e os 25 anos, a fim de obter feedback áudio sobre a sensibilização para as ameaças de phishing através do protótipo do jogo móvel. Todos os participantes eram utilizadores de computadores pessoais e tinham alguma experiência de compras na Internet. Também tinham alguma experiência de utilização de um telemóvel inteligente há pelo menos um ano. Os dados foram recolhidos em 20 sessões de estudo em voz alta, juntamente com pré e pós-testes, em que cada participante passou aproximadamente uma hora em cada sessão. Os resultados do estudo revelaram que o protótipo do jogo móvel ensina os utilizadores de computadores pessoais a protegerem-se de ataques de phishing. Os participantes obtiveram 55% no pré-teste e 84% no pós-teste depois de jogarem o jogo móvel no estudo principal. A pontuação global aumentou 29% no pós-teste do estudo principal. Cinco participantes obtiveram nota máxima (100%) durante os pós-testes, enquanto dezoito participantes obtiveram nota superior a 80%. É interessante notar que o comportamento de evitamento dos participantes aumentou no pós-teste, depois de jogarem o jogo. Além disso, doze participantes afirmaram: "*É possível ver que os meus conhecimentos sobre phishing aumentaram se olharmos para as pontuações dos pré e pós-testes*". Estes resultados confirmam as conclusões do modelo teórico de Liang e Xue (2010). O modelo explicou uma quantidade considerável de variação no comportamento de evitamento dos utilizadores (21%). As suas conclusões mostraram que o comportamento de evitamento real é significativo para evitar ataques de spyware utilizando um determinado software anti-spyware como medida de proteção. Além disso, o quadro de conceção do jogo introduzido através de uma investigação empírica no Capítulo 4 mostrou que o comportamento de evitamento dos utilizadores é significativamente importante para combater a ameaça de phishing utilizando um determinado jogo baseado na educação anti-phishing (medida de salvaguarda). A estrutura de conceção do jogo explicou uma quantidade considerável de variação no comportamento de evitamento dos participantes, que é de 15%. Por conseguinte, os resultados do estudo atual descrevem que os participantes tiveram um grande impacto no elemento de comportamento de evitamento da estrutura de conceção do jogo depois de jogarem o protótipo do jogo móvel.

Todos os participantes falaram sobre as suas opiniões e experiência de sensibilização para as ameaças de phishing através do jogo para telemóvel no estudo think-aloud. Todos eles estavam convencidos de que o jogo para telemóvel é algo eficaz para reforçar o comportamento de evitamento através da motivação para os proteger da ameaça de phishing. O seu argumento comum foi que os livros, documentos, artigos e notas de aula ainda são aborrecidos. Esses materiais não são capazes de proporcionar diversão e feedback imediato, ao passo que este tipo de ensino baseado em jogos para telemóvel pode efetivamente proporcionar ambos. Isto tê-los-ia motivado a jogar o jogo para aprenderem sobre as ameaças de phishing. Um participante respondeu que: "*Agora vou ler mais sobre ameaças de phishing*". Esta afirmação descreve o quanto estavam motivados para aprender sobre as ameaças de phishing. Outro participante também afirmou: "*Vou recomendar este jogo à minha família, colegas e amigos*". Isto mostra que estão realmente motivados para partilhar a sua experiência com os outros. Todos os participantes afirmaram que este jogo para telemóvel é muito interessante e que gostariam de o jogar vezes sem conta. Por conseguinte, o presente estudo transmite uma mensagem simples, mas poderosa, de que o protótipo do jogo para telemóvel aumenta a motivação dos utilizadores de computadores pessoais para evitarem ataques de phishing. Este facto corrobora as conclusões do modelo teórico de Liang e Xue (2010). O modelo explicou uma quantidade considerável de variação na motivação dos utilizadores para evitar ataques (56%). As suas conclusões mostraram que o comportamento dos utilizadores para evitar ameaças informáticas é determinado pela motivação para evitar. Além disso, o quadro de conceção do jogo apresentado no Capítulo 4 mostrou que a motivação dos utilizadores para evitar é significativamente importante para combater a ameaça de phishing e que o comportamento de evitamento é determinado pela motivação para evitar. Por conseguinte, os resultados do presente estudo mostraram que o protótipo do jogo para telemóvel tem um impacto significativo no elemento de motivação para evitar a ameaça da estrutura de conceção do jogo.

Todos os vinte participantes disseram que sentiam que essas ameaças de phishing existiam no ciberespaço depois de jogarem o jogo e que acreditavam que um ataque poderia ocorrer a qualquer momento aos seus sistemas informáticos pessoais. A perceção da ameaça aumentou a sua motivação para evitar as ameaças de phishing. Um participante afirmou: "*Sinto que o phishing é uma grande ameaça depois de jogar o jogo, porque no final do dia os atacantes podem roubar as nossas informações sensíveis, como o nome de utilizador, a palavra-passe e os dados do cartão de crédito/débito, se não tivermos conhecimento das ameaças de phishing*". Além disso, o participante mencionou que o risco de ser vítima de phishing é relativamente elevado devido à difusão da tecnologia da Internet. Os participantes classificaram o perigo como muito elevado, no caso de ocorrer um verdadeiro ataque de phishing. Alguns participantes referiram o facto de os atacantes poderem não só divulgar as suas informações sensíveis, mas também utilizá-las para cometer crimes, o que é ainda mais perigoso. Um participante afirmou: "*Penso que os ataques de phishing não só roubam o meu dinheiro, como também podem utilizar as minhas informações pessoais para cometer crimes*". Por conseguinte, parece que a gravidade e a suscetibilidade dos ataques de phishing se desenvolveram através do protótipo do jogo móvel, em que os participantes consideraram o phishing uma ameaça perigosa. Estas conclusões apoiam as conclusões do modelo teórico de Liang e Xue (2010). Estes autores defendem que os utilizadores de computadores têm de ser convencidos e sentir que essas ameaças maliciosas de TI existem no ciberespaço e são evitáveis. O facto de os utilizadores não sentirem a perceção da ameaça leva-os a não agir para a evitar. Os resultados da análise dos dados revelaram que o modelo é capaz de explicar uma quantidade respeitável de variação na perceção da ameaça (33%). No entanto, este valor é ligeiramente inferior à conclusão da estrutura de conceção do jogo apresentada no Capítulo 4, que é de 36%. Os resultados do presente estudo demonstraram a perceção da ameaça de que os utilizadores precisam de estar conscientes da probabilidade e gravidade de serem atacados por uma ameaça de phishing. Um participante afirmou: "*Agora tenho de ter muito cuidado quando faço transacções em linha*". O estudo revelou que os utilizadores têm a perceção de que essa ameaça existe no ciberespaço: também sentem que existe uma probabilidade e que pode ser grave se a ameaça realmente ocorrer. Os resultados demonstraram que o protótipo do jogo móvel teve um impacto significativo nos elementos de gravidade e suscetibilidade da estrutura de conceção do jogo. Por conseguinte, é muito importante abordar o elemento da ameaça percebida no quadro de conceção do jogo para que os utilizadores de computadores reforcem o comportamento de evitamento através da motivação para impedir ataques de phishing

Todos os vinte participantes acreditam que o protótipo de jogo móvel é uma medida de proteção eficaz para impedir a ameaça de phishing. Um participante afirmou: "*Só agora me apercebi da importância de olhar para o URL para identificar os bons e os maus sítios Web. Nunca soube que o atacante pode imitar URLs para lançar um ataque de phishing antes de jogar o jogo*." Todos os participantes mencionaram que o protótipo do jogo para telemóvel é uma abordagem eficaz que os motivou a aprender sobre a ameaça de phishing. Por conseguinte, acreditam que o jogo para telemóvel é uma forma eficaz de educar as pessoas para combater o phishing. Além disso, descreveram que o protótipo de jogo para telemóvel aumentou a sua motivação para evitar identificar os sítios Web bons dos maus, ajudando a evitar a ameaça de phishing. O seu principal argumento foi que a leitura de livros ou artigos para aprender a lidar com a ameaça de phishing não é prática nem interessante, mas sim morosa e aborrecida. Um participante afirmou: "*Ler livros ou artigos demora muito mais tempo e é aborrecido, ao passo que este jogo para telemóvel fornece o mesmo conhecimento de forma eficaz e fácil de aprender, de forma divertida e em menos tempo*". Além disso, os participantes sublinharam que o jogo para telemóvel foi um pouco eficaz em adquirir conhecimentos com diversão. Quando ficavam presos no meio do jogo, podiam sempre pedir ajuda. Um dos aspectos mais importantes foi o facto de os participantes receberem feedback imediato durante o jogo. Um participante afirmou: "*O jogo é muito eficaz para identificar bons URLs dos maus. Se não tiver a certeza da legitimidade do URL, posso sempre perguntar ao peixe 'GRANDE' no jogo.*" A conclusão do presente estudo mostrou que o jogo para telemóvel é uma medida de proteção eficaz para impedir ataques de phishing. Um participante afirmou: "*Gosto de jogar este jogo não porque me divirta, mas porque vou aprender alguma coisa*". Pode argumentar-se que, se o protótipo do jogo para telemóvel for eficaz, então influencia o aumento da motivação dos participantes para evitar ataques de phishing. Por conseguinte, os resultados actuais apoiam os resultados do modelo teórico de Liang e Xue (2010). Estes investigaram empiricamente que a eficácia das salvaguardas pode motivar os utilizadores a evitar ameaças maliciosas de TI. Além disso, o quadro de conceção do jogo apresentado no Capítulo 4 provou empiricamente que o elemento da eficácia da salvaguarda deve ser abordado no quadro de conceção do jogo para que os utilizadores de computadores pessoais evitem a ameaça de phishing. Por conseguinte, o presente estudo forneceu provas de que a motivação para evitar é significativamente determinada pela eficácia das salvaguardas no quadro de conceção do jogo.

Todos os participantes no estudo think-aloud afirmaram que o jogo é simples e não demora muito tempo a jogar. Mencionaram que só gostariam de descarregar o jogo em linha se este estivesse disponível gratuitamente. Um participante afirmou: "*Se o jogo for demasiado caro e demorar muito tempo a jogar, não o compro*". No entanto, alguns participantes mostraram interesse em comprar o jogo móvel em linha. Um participante afirmou: "*Gosto de comprar o jogo online. Fico um pouco mais desconfiado se um jogo útil estiver em linha para ser descarregado gratuitamente. Porque, por vezes, pode ser um ataque de vírus*". O outro participante disse: "*Não hesito em pagar por coisas úteis. Gostei muito do jogo. Por isso, pagaria por ele*". A motivação dos participantes para jogar o jogo é determinada pelo custo que têm de pagar para descarregar o jogo e pelo tempo que demoram a jogar (Liang e Xue, 2010). Quando o jogo está disponível gratuitamente em linha e não demora muito tempo a jogar, os participantes mostraram a sua motivação para jogar o jogo para evitar a ameaça de phishing. Explicou que a motivação para evitar a ameaça é determinada pelo custo da proteção, que descreve o tempo e o dinheiro gastos para jogar o jogo móvel. Por conseguinte, o elemento do custo de salvaguarda deve ser abordado na estrutura de conceção do jogo para os utilizadores de computadores pessoais para evitar a ameaça de phishing. Além disso, os resultados do presente estudo confirmaram as conclusões do quadro de conceção do jogo apresentado no Capítulo 4. Investigou-se empiricamente que o custo de salvaguarda teve um impacto negativo no comportamento de evitamento dos utilizadores através da motivação para se protegerem dos ataques de phishing. Além disso, os resultados actuais apoiaram os resultados do modelo teórico de Liang e Xue (2010). Os seus resultados também revelaram que o custo da salvaguarda teve um impacto negativo na motivação dos utilizadores para evitar ataques de phishing. Por conseguinte, o presente estudo fornece provas para abordar o custo de salvaguarda no quadro de conceção de jogos.

Todos os participantes consideraram que o protótipo do jogo para telemóvel foi algo eficaz para ensinar a identificar bons URLs dos maus. A evidência era óbvia a partir das pontuações dos pré e pós-testes. No pré-teste, os participantes obtiveram 55% dos pontos, enquanto no pós-teste, depois de jogarem o jogo, obtiveram 84%. A pontuação aumentou em 29% no pós-teste. A pontuação dos pós-testes corroborou as opiniões e afirmações observadas no estudo do think-aloud. Por conseguinte, os resultados demonstraram que a aprendizagem teve lugar através do protótipo do jogo para telemóvel, o que se reflectiu na pontuação do pós-teste dos participantes. Alguns participantes responderam que, antes de jogarem o jogo, não sabiam que https:// é a indicação de uma versão segura de "http", que permite transacções em linha seguras, como a transferência de dinheiro através de serviços bancários em linha. Por exemplo, um participante afirmou: "*Aprendi muitas coisas sobre phishing que não sabia há 30 minutos atrás. Por exemplo, não sabia que o 's' de https significa 'segurança'*". Quase todos os participantes responderam que, antes de jogarem o jogo, não conheciam os diferentes padrões de URLs que os atacantes utilizam para induzir as pessoas a cair no phishing. Por exemplo, os URLs que começam com números, como http://147.46.236.55/PayPal/login.html, são normalmente burlas. Além disso, disseram que não sabiam que "www2" ou "www3" é um formato legítimo de URLs. Todos os participantes concluíram dizendo: "*Aprendi muitas coisas novas sobre phishing que não conhecia através do jogo para telemóvel*". Todos os participantes consideraram que o protótipo do jogo para telemóvel foi algo eficaz para ensinar os participantes a identificar os bons URLs dos maus URLs. O estudo argumentou que a aprendizagem efectiva sobre a ameaça de phishing através do jogo para telemóvel motivou os participantes a evitar ataques de phishing. Os resultados do estudo atual apoiaram as conclusões do quadro de conceção de jogos apresentado no Capítulo 4. Investigou-se empiricamente que a auto-eficácia tem um impacto positivo na motivação dos utilizadores para evitar ataques de phishing. Os resultados actuais também corroboraram as conclusões do modelo teórico de Liang e Xue (2010). Os seus resultados também revelaram que a auto-eficácia, que se reflecte nos conhecimentos dos utilizadores sobre ataques de phishing, tem um impacto positivo na motivação dos utilizadores para evitar ataques de phishing. Por conseguinte, os resultados do presente estudo forneceram provas para abordar a auto-eficácia no quadro de conceção do jogo.

Muitos autores argumentaram que a atual formação em matéria de segurança sobre as ameaças de phishing ainda oferece pouca proteção aos utilizadores finais (Herley, 2009; Iacovos e Sasse, 2012; Kumaraguru, et al., 2009; Sheng, et al., 2007). No entanto, uma parte considerável da literatura afirma que uma educação bem concebida para a segurança dos utilizadores finais pode ser uma abordagem recomendada para combater os ataques de phishing (Allen, 2006; Hiner, 2002; Iacovos e Sasse, 2012; Kumaraguru, et al., 2008; Schechter, 2007; Sheng, et al., 2007; Timko, 2008). Sheng, et al. (2007) realizaram um estudo sobre educação anti-phishing, comparando a eficácia de um jogo com materiais de formação em linha existentes e um tutorial que criaram com base no jogo. Verificaram que os participantes que jogaram o jogo tiveram um melhor desempenho na identificação de sítios Web de phishing do que os participantes que completaram os dois outros tipos de formação. Isto está de acordo com o presente estudo, que concluiu que alguns indícios de uma formação baseada em jogos móveis bem concebidos podem proteger os utilizadores de computadores pessoais contra ataques de phishing.

Além disso, este estudo tentou avaliar o quadro de conceção do jogo apresentado no Capítulo 4 (Figura 4.3) através do protótipo do jogo para telemóvel.

No entanto, apenas cinco participantes foram capazes de diferenciar com êxito os sítios Web legítimos dos sítios Web de phishing através da análise dos URL no pós-estudo. O estudo atual identificou possíveis explicações para estes resultados. O jogo móvel funcionou corretamente, mas era ainda um protótipo de baixa fidelidade. Investigações anteriores afirmaram a necessidade de protótipos de alta fidelidade para aplicações de computação ubíqua, como as aplicações móveis, porque as abordagens de baixa fidelidade são insuficientes para captar com precisão a interatividade (Lim, et al., 2006; Liu e Khooshabeh, 2003). Teria sido útil desenvolver um protótipo de jogo móvel de alta fidelidade com alguns gráficos atractivos com objectos visuais e depois testá-lo nos utilizadores. Além disso, o tamanho limitado do ecrã do telemóvel pode ter causado problemas aos participantes, especialmente aos que têm problemas visuais.

Investigações anteriores revelaram que as aplicações móveis ubíquas ainda estão a dar os primeiros passos devido às limitações da potência do processador, da memória e, especificamente, do tamanho do ecrã (Hashim, Ahmad e Rohiza, 2010; Tolentino, et al., 2011). Para além disso, os participantes teriam jogado o jogo durante muito mais tempo do que aquele que lhes foi dado. Um participante afirmou: "*Se eu tivesse jogado o jogo um pouco mais, teria tirado mais notas no pós-teste*". Neste caso, os participantes tiveram tempo suficiente para se familiarizarem com o ambiente de jogo. Além disso, também teria sido útil se a quantidade de URLs incluídos no jogo fosse aumentada. Assim, os participantes teriam tido a oportunidade de testar os seus conhecimentos sobre phishing em vários tipos de URL. Poderiam também ter experimentado diferentes combinações de padrões de URLs que os ajudariam a desenvolver a auto-confiança nos seus conhecimentos sobre a ameaça de phishing.

Em resumo, este estudo concluiu que o protótipo do jogo móvel melhorou o comportamento de evitamento do utilizador, aumentando a motivação para se protegerem de ataques de phishing após o jogo. Além disso, os resultados permitiram avaliar o quadro de conceção do jogo apresentado no Capítulo 4 (Figura 4.3). Assim, o estudo revelou que os elementos ameaça percebida, eficácia da salvaguarda, custo da salvaguarda, auto-eficácia, ameaça percebida e suscetibilidade percebida têm um impacto significativo no comportamento de evitamento através da motivação para impedir os ataques de phishing, tal como abordado no quadro de conceção do jogo.

6.5 Resumo

No Capítulo 4 (Figura 4.3), foi introduzida uma estrutura de conceção de jogos através de uma investigação empírica. Os resultados do estudo mostraram que a estrutura de conceção do jogo melhora o comportamento de evitamento dos utilizadores de computador através da motivação para se prevenirem contra ataques de phishing. O estudo atual começou como uma segunda tentativa de avaliar a estrutura de conceção do jogo através de um protótipo de jogo para telemóvel desenvolvido no Capítulo 5. Apesar de a estrutura de conceção do jogo ter sido avaliada empiricamente no Capítulo 4, teria sido útil sublinhar o impacto dos participantes na estrutura após o seu envolvimento na atividade de jogo. O estudo empregou um estudo de usabilidade utilizando o SUS como primeiro passo para avaliar a satisfação subjectiva da interface do protótipo de jogo móvel. De seguida, foi utilizado um estudo de think-aloud, juntamente com um pré e pós-teste, para avaliar a estrutura de conceção do jogo. Foi concebido um protocolo experimental, que incluía instruções de estudo do utilizador para os participantes realizarem o estudo think-aloud.

Por último, o estudo atual concluiu que os resultados eram encorajadores. No pré-teste, os participantes obtiveram 55% e 84% no pós-teste. As conclusões do estudo mostraram que a aprendizagem teve lugar através do protótipo do jogo para telemóvel. O comportamento de evitamento dos participantes também aumentou em 29%, o que é razoavelmente elevado. Por conseguinte, o protótipo do jogo para telemóvel conseguiu ensinar os participantes a protegerem-se dos ataques de phishing. Além disso, o estudo concluiu que o protótipo de jogo móvel melhorou o comportamento de evitamento dos utilizadores através da motivação para se protegerem de ataques de phishing após o evento de jogo. Por último, o estudo destacou que os elementos ameaça percebida, eficácia da salvaguarda, custo da salvaguarda, auto-eficácia, ameaça percebida e suscetibilidade percebida têm um impacto significativo no comportamento de evitamento através da motivação para impedir ataques de phishing, tal como abordado no quadro de conceção do jogo no Capítulo 4 (Figura 4.3).

O capítulo 7 centrar-se-á numa discussão que investiga a eficácia do protótipo de jogo móvel desenvolvido, em comparação com a aprendizagem tradicional em linha, para impedir as ameaças de phishing. Além disso, serão discutidas as implicações do trabalho de investigação apresentado neste livro.

Capítulo 7

Discussão do protótipo de jogo móvel e do sítio Web educativo público anti-phishing

7.1 Introdução

O estudo relatado no Capítulo 6 mostrou que o protótipo de jogo móvel desenvolvido é algo eficaz para ensinar os utilizadores de computador a identificar URLs de phishing. O protótipo de jogo móvel global foi concebido para melhorar o comportamento de evitamento do utilizador através da motivação para se protegerem contra ataques de phishing. A discussão apresentada neste capítulo examina a eficácia do protótipo de jogo para telemóvel desenvolvido, em comparação com a aprendizagem tradicional em linha, para contrariar as ameaças de phishing. Além disso, discute as implicações do trabalho de investigação apresentado neste livro. Por conseguinte, é realizado um estudo de avaliação para investigar a eficácia do protótipo de jogo para telemóvel desenvolvido, em comparação com a aprendizagem em linha tradicional, para impedir as ameaças de phishing. Para realizar este estudo, foi utilizado um sítio Web desenvolvido pelo Anti-Phishing Work Group (APWG) para efeitos de uma iniciativa pública de educação anti-phishing como fonte de aprendizagem tradicional baseada na Web. Foi realizada uma experiência de think-aloud, juntamente com um pré-teste e um pós-teste, através de um estudo de utilizadores. Foi pedido a um total de 40 participantes que seguissem as instruções do estudo de utilizador think-aloud fornecidas num protocolo experimental. Os participantes foram divididos em dois grupos: 20 participantes de um grupo que jogaram o jogo móvel (tal como o estudo referido no Capítulo 6) e os outros 20 participantes de outro grupo que leram o sítio Web da iniciativa de educação pública do APWG. Por fim, o estudo utilizou o teste t de amostras emparelhadas para comparar as pontuações médias dos pré-testes e pós-testes dos participantes ao analisar os dados recolhidos no estudo do think-aloud. Os resultados do estudo revelaram que os participantes que jogaram o jogo para telemóvel eram mais capazes de identificar sítios Web fraudulentos do que os participantes que leram o sítio Web sem qualquer formação.

7.2 . Protótipo de jogo para telemóvel

O estudo referido no Capítulo 5 desenvolveu um protótipo de jogo para telemóvel como ferramenta educativa para ensinar os utilizadores de computadores a protegerem-se contra ameaças de phishing. O estudo colocou as seguintes questões: A primeira questão é: como é que se identificam as questões que o jogo deve abordar? Uma vez identificadas as questões mais importantes, a segunda questão é saber quais os princípios que devem orientar a estrutura desta informação. Os elementos da estrutura de conceção de jogos apresentada no Capítulo 4 (Figura 4.3) foram utilizados para abordar essas questões de conceção de jogos móveis e os princípios de conceção de jogos móveis foram utilizados como um conjunto de diretrizes para estruturar e apresentar informações no contexto da conceção de jogos móveis. O objetivo do protótipo do jogo móvel anti-phishing era ensinar o utilizador a identificar URLs de phishing. A conceção geral do jogo para telemóvel visava reforçar o comportamento de evitamento através da motivação dos utilizadores de computadores para contrariar as ameaças de phishing.

O estudo referido no Capítulo 6 incluiu um total de 20 participantes, com idades compreendidas entre os 18 e os 25 anos, de um grupo diversificado de funcionários e estudantes da Universidade de Brunel e da Universidade de Bedfordshire, incluindo pessoas preocupadas com a segurança informática. Os pré e pós-testes foram efectuados no Apple MacBook Pro, tendo os participantes recebido a sua pontuação no final de cada teste. Foi pedido a um total de 20 participantes que seguissem as instruções de estudo do utilizador em voz alta fornecidas num protocolo experimental. Também foram informados de que podiam esclarecer qualquer questão relacionada com a experiência. No pré-teste, foram apresentados aos participantes dez sítios Web (apresentados na Tabela 6.4) e foi-lhes pedido que diferenciassem os sítios Web de phishing dos legítimos. Depois de avaliarem os 10 sítios Web, os participantes dispuseram de quinze minutos para completar uma atividade de formação baseada num jogo móvel num smartphone HTC One X com ecrã tátil. Inicialmente, o jogo foi concebido com 10 URLs suspeitos (apresentados na Tabela 5.2) em que a responsabilidade do participante é identificar URLs legítimos de URLs de phishing.

Em seguida, o estudo utilizou a Escala de Usabilidade do Sistema (SUS) para medir a satisfação subjectiva dos utilizadores relativamente à usabilidade da interface do jogo móvel, uma vez que o trabalho relatado no Capítulo 6 desenvolveu o protótipo do jogo móvel. Assim, após 15 minutos de atividade com o jogo móvel, foi pedido a 20 participantes que preenchessem um inquérito, como mostra a Tabela 6.6. Em seguida, todos os 20 participantes seguiram um pós-teste em que lhes foram mostrados mais dez sítios Web para avaliar (apresentados na Tabela 6.5). A pontuação foi registada durante os pré e pós-testes para observar como a compreensão e a sensibilização dos participantes para as ameaças de phishing evoluíram através da atividade de formação baseada no jogo móvel.

Durante a atividade de formação baseada no jogo móvel, foi utilizado um estudo de reflexão em voz alta em que se pedia aos participantes que falassem sobre a forma como identificavam os URL de phishing dos legítimos. Além disso, falaram sobre as suas opiniões e experiência de sensibilização e compreensão das ameaças de phishing através do protótipo de jogo para telemóvel.

7.3 Site educacional público anti-phishing

O Grupo de Trabalho Anti-Phishing (APWG) foi criado em 2003 como uma associação do sector que tem por objetivo reunir a resposta global ao cibercrime (Anti- Phishing Work Group, 2003). A organização proporciona um fórum para que o público, como os responsáveis e os gestores da cibercriminalidade, discutam o phishing e outras questões relacionadas com a cibercriminalidade, considerem potenciais soluções tecnológicas, acedam a recursos logísticos de dados para aplicações de cibersegurança e para a investigação forense da cibercriminalidade, cultivem a comunidade de investigação universitária dedicada à cibercriminalidade e aconselhem o governo, a indústria, as autoridades policiais e as organizações de tratados sobre a natureza da cibercriminalidade.

A secção pública sobre educação em matéria de phishing do sítio Web do Grupo de Trabalho Anti-Phishing foi concebida para saber mais sobre educação em matéria de phishing. Por exemplo, o que é a ameaça de phishing, como pode ser grave, qual é a utilidade de ter uma medida de proteção, onde denunciar uma mensagem de correio eletrónico ou um sítio Web suspeito de phishing e educação sobre phishing para impedir ataques de phishing. Por conseguinte, a secção pública da iniciativa de educação sobre antiphishing do sítio Web do APWG foi utilizada como fonte de aprendizagem tradicional em linha neste estudo de investigação, como se mostra nas Figuras 7.1 e 7.2.

Figura 7.1: Página de boas-vindas do APWG Public Education (APWG, 2003)

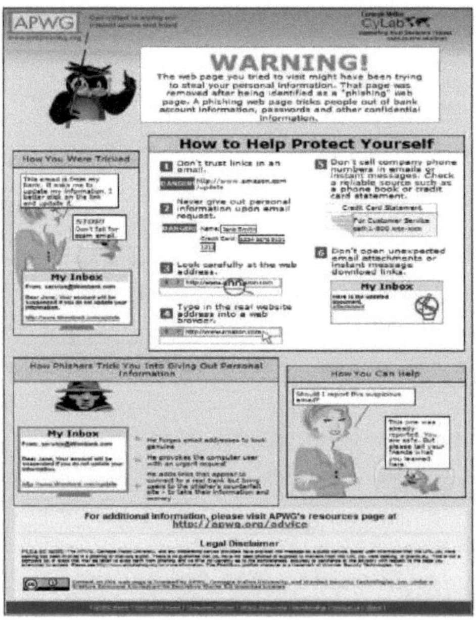

Figura 7.2: Secção do programa de redireccionamento educacional do APWG Public Education

(APWG, 2003)

7.3.1 Participantes

Sheng, et al. (2010) realizaram um inquérito de role-play com 1001 inquiridos em linha para estudar quem cai em ataques de phishing. O seu estudo mostrou que os participantes com idades compreendidas entre os 18 e os 25 anos são mais susceptíveis a ataques de phishing do que outros grupos etários. O estudo atual incluiu 20 participantes de um grupo diversificado de funcionários e estudantes da Universidade de Brunel e da Universidade de Bedfordshire, incluindo pessoas preocupadas com a segurança informática. As idades dos participantes variavam entre os 18 e os 25 anos, com uma repartição por género de 67% de homens e 33% de mulheres. Em média, tinham mais de 20 horas por semana de experiência na Internet. Cada participante participou no estudo de reflexão em voz alta de forma totalmente voluntária. O quadro 7.1 apresenta um resumo dos dados demográficos dos participantes no estudo de reflexão em voz alta.

Tabela 7.1: Dados demográficos dos participantes

Caraterísticas	Montante (protótipo de jogo para telemóvel)	Montante (sítio Web educativo do APWG)
Tamanho da amostra	20	20
Género		
Masculino	13	13
Feminino	7	7
Idade (18 - 25)	20	20
Experiência na utilização de telemóveis		
dispositivo	0	0
Telemóvel Telemóvel inteligente	20	20
Média de horas por semana em		
a Internet		
0-5	0	0
6-10	0	0
11-15	0	0
16-20	0	0
20+	20	20

7.3.2 Procedimento

Os pré e pós-testes foram efectuados com base no Apple MacBook Pro e os participantes receberam a sua pontuação no final de cada teste. Antes de mais, foi explicada a cada participante a natureza do estudo experimental think-aloud e foi-lhe pedido que assinasse um formulário de consentimento. Também foram informados de que a experiência consistia em testar a sua compreensão da sensibilização para as ameaças de phishing utilizando o sítio Web da iniciativa de educação pública do APWG. De seguida, foi perguntado aos participantes se sabiam o que significa o termo "ataque de phishing". Aos que responderam positivamente, foi pedido que fizessem uma breve descrição verbal para confirmar a sua compreensão, enquanto aos que responderam negativamente foi lida uma breve definição de ataque de phishing e feita uma breve descrição verbal. Para dar início à experiência, foi pedido a um total de 20 participantes que seguissem as instruções do estudo do utilizador em voz alta fornecidas num protocolo experimental. Foram também informados de que podiam esclarecer qualquer questão relacionada com a experiência.

No pré-teste, foram apresentados aos participantes dez sítios Web (apresentados na Tabela 6.4) e foi-lhes pedido que diferenciassem os sítios Web de phishing dos legítimos. Depois de avaliarem os primeiros 10 sítios Web, foi pedido aos participantes que percorressem o sítio Web da iniciativa de educação pública do APWG durante 15 minutos. Em seguida, todos os 20 participantes seguiram um pós-teste em que lhes foram mostrados mais dez sítios Web para avaliar (apresentado na Tabela 6.5). A pontuação foi registada durante os pré e pós-testes para observar a evolução da compreensão e da sensibilização dos participantes para as ameaças de phishing através do sítio Web da iniciativa de educação pública do APWG.

Durante as actividades de formação baseadas em jogos móveis e de leitura do sítio Web da iniciativa de educação pública, foi utilizado um estudo de reflexão em voz alta, em que os participantes falaram sobre as suas opiniões e experiência em matéria de sensibilização e compreensão das ameaças de phishing através do protótipo de jogo móvel ou do sítio Web da iniciativa de educação pública do APWG.

7.4 Resultados

Na experiência de reflexão em voz alta, os participantes falaram sobre a sua experiência e opiniões sobre o protótipo de jogo móvel ou o sítio Web da iniciativa de educação pública do APWG para impedir as ameaças de phishing. Os resultados foram encorajadores, mas destacaram algumas áreas em que o sítio Web da iniciativa de educação pública do APWG precisava de ser melhorado.

O estudo referido no Capítulo 6 mediu a satisfação subjectiva dos participantes relativamente ao protótipo do jogo móvel utilizando a abordagem de pontuação SUS introduzida por Brooke (1996). A pontuação foi significativamente elevada, com 84% (83,62 em 100) (Brooke, 1996). Em seguida, o presente estudo de investigação utilizou o teste t de amostras emparelhadas para comparar as pontuações médias dos pré e pós-testes dos participantes (Pallant, 2007). Os participantes que jogaram o jogo para telemóvel obtiveram 55% no pré-teste e 84% no pós-teste de identificação de sítios Web de phishing ou legítimos depois de jogarem o protótipo do jogo para telemóvel (Tabela 7.2 e Tabela 7.3). Houve um aumento estatisticamente significativo no pós-teste dos participantes que jogaram o jogo móvel ((Pré-teste: M= 55,00, SD=17,911 e Pós-teste: M=84,00, SD=13,139), $t(19)= -7,97$, $p<0,005$ (bicaudal))

em comparação com os que leram o sítio Web da iniciativa de educação pública do APWG (Pré-teste: M= 60,00, DP= 17,770 e Pós-teste: M= 62,50, DP=25,930, $t(19)= -0,036$, $p>0,005$ (bicaudal)).

Verificou-se que existe uma melhoria considerável dos resultados dos participantes de 29% no pós-teste após o seu envolvimento com o protótipo do jogo para telemóvel (p<0,005 (bicaudal)). Trata-se de uma melhoria significativa do comportamento global de prevenção de phishing dos participantes através do protótipo de jogo para telemóvel. 18 participantes obtiveram uma pontuação superior a 80%, enquanto cinco participantes obtiveram nota máxima (100%) no pós-teste. No entanto, todos os participantes obtiveram uma pontuação superior a 50% no pós-teste. A pontuação global dos participantes é apresentada na Figura 7.3. Além disso, a pontuação de cada participante durante o seu envolvimento com o protótipo do jogo móvel é apresentada na Figura 7.4.

Tabela 7.2: Estatísticas do teste t para amostras emparelhadas

Estatísticas de amostras emparelhadas					
		Média	N	Desvio Std. Desvio	Erro Std. Média
Par 1	MobilePreTest	55.00	20	17.911	4.005
	MobilePostTest	84.00	20	13.139	2.938
Par 2	WebPreTest	60.00	20	17.770	3.974
	WebPostTest	62.50	20	25.930	5.798

Tabela 7.3: Teste de amostras emparelhadas

Teste de amostras emparelhadas									
		Diferenças emparelhadas					t	df	Sig. (2-tailed)
		Média	Std. Desvio	Erro Std. Média	Intervalo de confiança de 95% da diferença				
					Inferior	Superior			
Par 1	MobilePreT-MobilePostT	-28.500	15.985	3.574	-35.981	-21.019	-7.973	19	.000
Par 2	WebPreT - WebPostT	-2.500	31.267	6.992	-17.133	12.133	-.358	19	.725

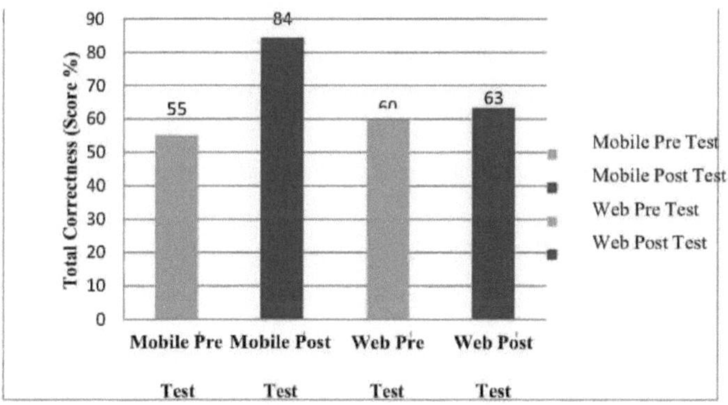

Figure 7.3: **Correção total para os grupos de teste. N=20 em todas as condições. A condição de jogo apresenta a maior melhoria (29%).**

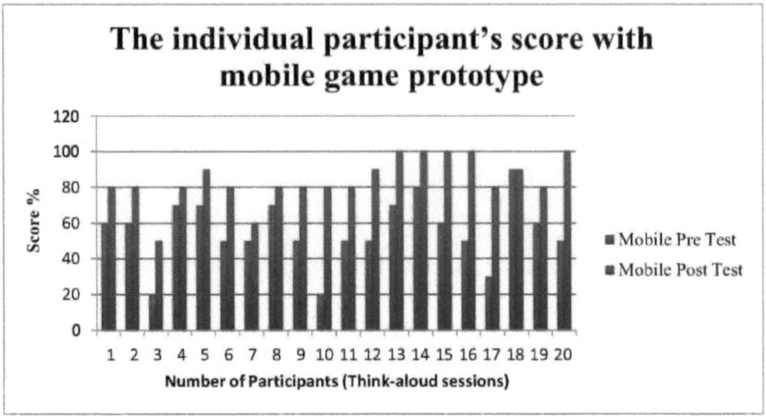

Figure 7.4: **A pontuação individual do participante durante o seu envolvimento com o protótipo do jogo móvel**

Todos os participantes responderam que a sua decisão se baseou na observação da barra de endereço (URL) quando avaliaram o segundo conjunto de dez sítios Web no pós-teste. Além disso, afirmaram que fizeram muito poucas tentativas de olhar para a barra de endereço quando avaliaram os primeiros dez sítios Web no pré-teste. Muitos participantes utilizaram estratégias incorrectas para determinar a legitimidade do sítio Web. Por exemplo, uma das estratégias mais comuns consistiu em verificar se o sítio Web foi ou não concebido de forma profissional. No entanto, esta pode não ser uma estratégia útil, uma vez que muitos sítios Web de phishing são uma réplica exacta de sítios Web legítimos. O atacante pode facilmente imitar qualquer sítio Web profissional a partir do código fonte da página específica fornecida pelo navegador. Além disso, todos os participantes sublinharam que o jogo móvel foi algo eficaz no ensino de diferentes padrões de URLs para diferenciar os URLs de phishing dos legítimos.

Os participantes que leram o sítio Web da iniciativa de educação pública do APWG obtiveram 60% no pré-teste e 63% no pós-teste de identificação de sítios Web de phishing ou legítimos após a leitura do sítio Web da iniciativa de educação pública do APWG (Tabela 7.2). Houve uma ligeira melhoria de 3% nos resultados dos participantes no pós-teste durante o estudo em voz alta. 7 participantes obtiveram resultados abaixo de 50% enquanto

cinco participantes obtiveram resultados acima de 80% no pós-teste. Apenas 12 participantes obtiveram uma pontuação superior a 50 por cento no pós-teste. Nenhum dos participantes obteve nota máxima (100 por cento) no pós-teste. A pontuação geral dos participantes é apresentada na Figura 7.3. Além disso, a pontuação de cada participante durante o seu envolvimento com o sítio Web da iniciativa de educação pública do APWG é apresentada na Figura 7.5. Por conseguinte, pode afirmar-se que os participantes não estavam muito conscientes de como evitar as ameaças de phishing apenas lendo o sítio Web da iniciativa de educação pública do APWG. O atual estudo de investigação identificou possíveis explicações para estes resultados. Todos os participantes que leram o sítio Web durante o estudo em voz alta afirmaram que se aborreciam de ler o sítio Web, uma vez que este contém muito texto. O seu argumento foi que ler um sítio Web para adquirir conhecimentos sobre phishing consome muito tempo, embora seja útil a longo prazo. Apenas alguns participantes responderam que a sua decisão se baseou na observação da barra de endereço quando avaliaram o segundo conjunto de dez sítios Web no pós-teste.

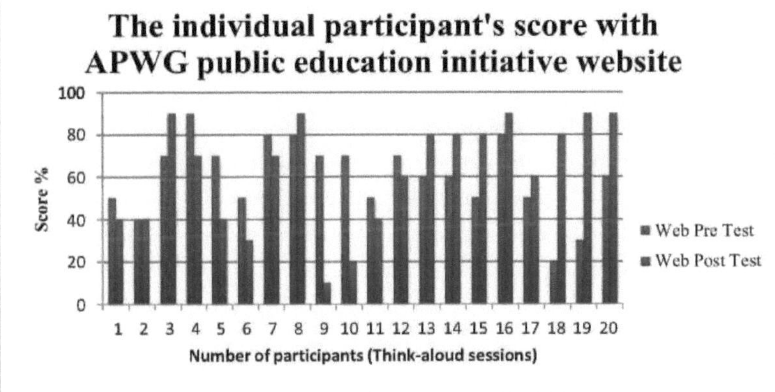

Figure 7.5: A pontuação de cada participante durante o seu envolvimento com o sítio Web da iniciativa de educação pública do APWG

Além disso, descreveram que o sítio Web nos diz para olharmos para o URL; no entanto, não nos diz mais especificamente como identificar bons URLs de maus URLs. Também consideraram que o sítio Web não oferece uma forma de testar os seus conhecimentos. Por exemplo, seria útil dar ao utilizador um teste após a leitura do sítio Web para autoavaliação dos conhecimentos adquiridos contra ataques de phishing. Isto ajuda a obter um feedback imediato sobre o que aprenderam. Além disso, podem ser incorporados tutoriais em vídeo no sítio Web, para que o utilizador possa participar melhor no processo de aprendizagem. Por conseguinte, o presente estudo concluiu que o protótipo de jogo móvel é um pouco mais eficaz do que a aprendizagem tradicional em linha para ensinar os utilizadores de computadores a evitar ataques de phishing.

7.5 Implicações para a investigação

O trabalho de investigação relatado neste livro centra-se na forma como se pode educar os utilizadores de computadores contra as ameaças de phishing, porque os ataques de phishing põem continuamente em risco os utilizadores de computadores inocentes (Iacovos e Sasse, 2012; Kumaraguru e Cranor, 2009; Purkait, 2012). Os peritos em usabilidade afirmam que a educação e a formação dos utilizadores finais não funcionam para combater o phishing (Sheng, et al., 2007; Evers, 2007). Por conseguinte, pode argumentar-se que a educação existente em matéria de segurança contra o phishing, nomeadamente através de formação baseada na Web, formação contextual e materiais de formação incorporados, não foi adequadamente concebida para os utilizadores. No entanto, não existe investigação empírica baseada na teoria que aumente a sensibilização dos utilizadores de computadores para o phishing através do seu comportamento voluntário de prevenção de ameaças informáticas (Iacovos e Sasse, 2012; Purkait, 2012). Os resultados do presente estudo de investigação revelaram que os participantes que jogaram o jogo para telemóvel foram mais capazes de identificar sítios Web fraudulentos do que os participantes que leram o sítio Web da iniciativa de educação pública do APWG sem qualquer formação. Isto deve-se ao facto de o protótipo de jogo para telemóvel desenvolvido se basear na estrutura de conceção de jogos apresentada no Capítulo 4. A estrutura foi formulada através de uma investigação empírica para melhorar o comportamento de prevenção de ameaças de phishing dos utilizadores de computadores através da sua motivação. O estudo incorporou elementos de ameaça percebida, eficácia da salvaguarda, custo da salvaguarda, auto-eficácia, gravidade percebida e suscetibilidade percebida na estrutura de conceção do jogo para que os utilizadores de computador evitem ataques de phishing. Como resultado, o presente estudo concluiu que o jogo para telemóvel é algo eficaz para aumentar a sensibilização do utilizador de computador para o phishing. Por conseguinte, vale a pena compreender como o aspeto humano de evitar ameaças maliciosas de TI pode influenciar a conceção da educação para a segurança. Por exemplo, quando se concebe a educação para a segurança através de materiais de formação baseados na Web. Além disso, pode argumentar-se que este quadro de conceção de jogos proposto não só pode proteger os utilizadores de computador de ataques de phishing, mas também de outros ciberataques, como botnets, zombies, vírus, trojans, spyware, spam, malware, etc.

A investigação relatada neste livro pode informar os programas de educação sobre segurança informática em vários aspectos. Em primeiro lugar, recomenda o valor dos programas de sensibilização, educação e formação em matéria de segurança. Os indivíduos estão mais motivados para evitar ameaças informáticas maliciosas e utilizar medidas de proteção se estes programas educativos de segurança os ajudarem a desenvolver percepções de ameaças, a compreender a eficácia das medidas de proteção, a reduzir os custos de proteção e a aumentar a sua auto-eficácia. Em segundo lugar, esta investigação sugere que os programas de sensibilização e formação em matéria de segurança devem realçar tanto a probabilidade de ameaças informáticas maliciosas como a gravidade das perdas causadas por essas ameaças. O quadro de conceção de jogos introduzido no Capítulo 4 sugere que o comportamento de adaptação centrado nas emoções é um possível culpado que confunde os sistemas de motivação dos utilizadores com níveis de ameaça elevados. Por conseguinte, as iniciativas de educação para a segurança pública devem chamar a atenção para as possíveis abordagens de adaptação centradas nas emoções e ajudar os utilizadores de computadores a compreender como se envolvem involuntariamente em comportamentos de adaptação centrados nas emoções. Além disso, os indivíduos devem receber formação sobre como pôr termo ao comportamento de adaptação centrado nas emoções quando estão a lidar com ameaças informáticas maliciosas. Essa formação e esse ensino ajudariam os utilizadores de computadores a privilegiar a abordagem centrada no problema, reduzindo assim os efeitos negativos de uma perceção elevada da ameaça.

A maioria das organizações realiza programas de educação, formação e sensibilização em matéria de segurança para regular o comportamento dos empregados para evitarem ameaças informáticas maliciosas e aderirem às melhores práticas de segurança contra ameaças informáticas maliciosas (Gordon, et al., 2006). No entanto, os utilizadores em casa, num ambiente não profissional, estão livres dessas regras e agem por conta própria, sendo facilmente vítimas de ameaças informáticas maliciosas. Além disso, as organizações podem ser constituídas por um ambiente de segurança informática centralizado ou descentralizado (Warkentin e Johnston, 2006). No ambiente de segurança informática organizacional centralizado, a segurança é gerida a nível da empresa e os empregados não têm qualquer opção de exclusão. As organizações com um ambiente de segurança informática centralizado podem dispor de infra-estruturas informáticas suficientes e de políticas e procedimentos de segurança informática rigorosos, desenvolvidos por profissionais especializados em segurança. Em contrapartida, no ambiente organizacional descentralizado de segurança informática, os trabalhadores participam em acções de proteção voluntárias, como a configuração e ativação da sua firewall/proxy pessoal e a atualização do seu próprio software antivírus e/ou anti-phishing. No ambiente descentralizado de segurança informática, é muito provável que estes trabalhadores adoptem comportamentos informáticos pouco seguros e se tornem o elo mais fraco do sistema de segurança da organização. Por conseguinte, a educação, a formação e a sensibilização para a segurança são necessárias para ajudar estes utilizadores a combater as ameaças informáticas maliciosas. O protótipo de jogo móvel apresentado no Capítulo 5 é uma ferramenta educativa destinada a ensinar os utilizadores de computadores a protegerem-se contra ataques de phishing. Isto porque os jogos móveis podem facilitar a integração da aprendizagem num ambiente natural. Por conseguinte, uma abordagem de aprendizagem baseada em jogos pode contribuir para a eficácia de tais programas de segurança informática.

Algumas organizações, como os bancos, fornecem ajuda e orientação no seu sítio Web oficial para proteger os seus clientes contra as burlas de phishing. Além disso, fornecem software antivírus gratuito, como o Kaspersky Internet Security, aos seus clientes. No entanto, os estudos referidos nos capítulos 6 e 7 revelaram que a leitura de artigos, livros, notas de aula ou páginas Web para adquirir conhecimentos sobre a luta contra o phishing ainda é uma atividade pouco estimulante. Por outro lado, é questionável o número de utilizadores de computadores que são suficientemente competentes para instalar, configurar e utilizar corretamente o software anti-vírus no seu sistema informático pessoal. A maioria deles acredita que a simples instalação de uma aplicação antivírus protege totalmente o seu sistema informático contra ciberataques. Infelizmente, isso não é verdade. No entanto, organizações como os bancos devem estar conscientes de que o elemento humano é o elo mais fraco na utilização dos computadores pessoais e precisam de os educar melhor para combater as ameaças informáticas maliciosas. Isto pode ser conseguido permitindo que os seus clientes descarreguem gratuitamente jogos educativos sobre segurança (por exemplo, o protótipo de jogo desenvolvido no Capítulo 5) para os seus computadores e dispositivos móveis.

7.6 Resumo

O presente estudo procurou avaliar a eficácia de um jogo para telemóvel, em comparação com um sítio Web tradicional, para proteger os utilizadores de computadores contra ataques de phishing. Por conseguinte, foi desenvolvido um protótipo de jogo móvel com base no quadro de conceção de jogos apresentado no Capítulo 4 (Figura 4.3), que visava reforçar o comportamento de evitamento através da motivação para proteger os utilizadores de computadores contra ameaças de phishing. O sítio Web da iniciativa de educação pública do APWG foi utilizado como fonte de aprendizagem tradicional baseada na Web. A experiência foi realizada através de um estudo do utilizador. Foi utilizado um estudo de reflexão em voz alta, juntamente com um pré-teste e um pós-teste com um total de 40 participantes, tendo sido pedido a 20 participantes que jogassem o protótipo do jogo móvel (como referido no Capítulo 6)e os outros 20 participantes foram convidados a ler o sítio Web. Os resultados do estudo revelaram que os participantes que jogaram o jogo para telemóvel foram mais capazes de identificar sítios Web fraudulentos do que os participantes que leram o sítio Web. Por conseguinte, o estudo considera que ensinar os utilizadores de computadores a prevenir-se contra ameaças de phishing utilizando um jogo para telemóvel contribuiria para tornar o ciberespaço um ambiente seguro.

No entanto, apenas cinco participantes que jogaram o jogo foram capazes de diferenciar com êxito os sítios Web legítimos dos sítios Web de phishing através da análise dos URL no estudo posterior. O estudo atual identificou possíveis explicações para estes resultados. O jogo para telemóvel funcionou corretamente, mas era ainda um protótipo. É útil desenvolver um jogo para telemóvel adequado em vez de um protótipo com alguns gráficos atractivos com objectos visuais, incluindo URL mais complexos, e depois testar numa amostra de tamanho diferente para confirmar estes resultados. Além disso, o tamanho limitado do ecrã do telemóvel pode ter causado problemas aos participantes, especialmente aos que têm problemas visuais. Além disso, pode argumentar-se que, se os participantes pudessem jogar o jogo durante mais tempo, teriam obtido mais resultados no pós-teste. A investigação futura pode ser realizada com uma amostra maior, permitindo que os participantes joguem o jogo durante muito mais tempo, utilizando um jogo móvel de alta fidelidade em vez de um protótipo.

O Capítulo 8 centrar-se-á numa discussão baseada nos resultados dos Capítulos 4, 5, 6 e 7, com destaque para a literatura relevante. Destacará algumas limitações e áreas de melhoria. Para além disso, abrirá mais ramos para investigação futura com base nestes estudos.

Capítulo 8

Discussão e conclusão

8.1 Introdução

Este livro aborda as questões de sensibilização para a segurança no que respeita à utilização do computador, com especial atenção para as ameaças de phishing. O phishing é um tipo de ataque semântico que é particularmente perigoso na utilização do computador (Downs, Holbrook e Cranor, 2007; Schneier, 2000). É bem conhecido como um roubo de identidade em linha que tenta roubar informações sensíveis, como o nome de utilizador, a palavra-passe e os dados bancários em linha das suas vítimas. O atacante geralmente sintetiza o elemento de engenharia social e o elemento técnico para lançar um ataque (Jagatic, et al., 2007). Pode ser fácil impedir o elemento técnico através do desenvolvimento das ferramentas de software necessárias, como o software anti-phishing. No entanto, é difícil impedir o elemento de engenharia social porque a maioria dos utilizadores de computadores tende a divulgar as suas informações sensíveis através de sítios Web de redes sociais. Isto pode ser feito através de serviços da Internet como o Facebook, o Twitter, o Hi5, o Orkut, o Skype e até de sítios de redes sociais mais profissionais como o LinkedIn. Além disso, os utilizadores podem ter uma falta de sensibilização para a segurança e ter dificuldade em tomar decisões de confiança sensíveis durante actividades em linha, como pagamentos de contas em linha ou transacções bancárias. Estas são uma das principais razões pelas quais os utilizadores de computadores são susceptíveis a ataques de phishing (Kumaraguru, et al., 2007). Por conseguinte, o contributo dos utilizadores de computadores é vital para tornar o ciberespaço um lugar mais seguro para todos.

O objetivo deste livro era investigar a forma de sensibilizar os utilizadores de computadores para se protegerem dos ataques de phishing. A motivação subjacente a esta investigação foi o facto de os ataques de phishing se tornarem mais sofisticados de dia para dia, à medida que os atacantes aprendem novas técnicas e alteram as suas estratégias em conformidade. Em consequência, pessoas inocentes divulgam as suas informações confidenciais, como nomes de utilizador, palavras-passe e informações sobre cartões de crédito ou de débito, a piratas informáticos através da Internet. Tal como referido pelo Anti-Phishing Working Group (APWG) em 2011, considera-se que aproximadamente um em cada 300 e-mails que circulam na Web contém elementos que apontam para o phishing (APWG, 2012). Além disso, afirmaram que, em comparação com o número total de ataques de phishing registados em 2010, os números de phishing aumentaram significativamente em 2011. A BBC também tem relatado constantemente o aumento de esquemas de phishing ao longo dos anos. Um dos esquemas mais recentes visava os utilizadores do LinkedIn através de esquemas de correio eletrónico, depois de hackers terem divulgado mais de seis milhões de palavras-passe de utilizadores online (BBC News, 2012).

Os capítulos anteriores deste livro discutiram o domínio de investigação subjacente, salientaram a importância da educação anti-phishing para impedir as ameaças de phishing e investigaram formas de melhorar a situação. O capítulo final deste livro discutirá e resumirá os resultados da investigação e comunicará as limitações, que ainda deixam margem para melhorias e mais exploração.

8.2 Resumo das conclusões dos estudos

Dois estudos e uma conceção teórica foram incorporados no trabalho de investigação relatado neste livro, tal como apresentado a seguir.

8.2.1 Desenvolvimento de uma estrutura de conceção de jogos para impedir ataques de phishing

O trabalho de investigação apresentado no Capítulo 4 investigou empiricamente os elementos-chave que devem ser abordados no quadro de conceção do jogo para que os utilizadores de computador possam frustrar ataques de phishing. Os elementos de um modelo teórico derivado da TTAT foram utilizados na estrutura de conceção do jogo. As principais conclusões deste estudo revelaram que os elementos ameaça percebida, eficácia da salvaguarda, custo da salvaguarda, auto-eficácia, gravidade percebida e suscetibilidade percebida devem ser incorporados na estrutura de conceção do jogo para que os utilizadores de computador evitem ataques de phishing através da motivação.

O estudo preocupou-se especialmente com a perceção das ameaças porque esta desempenha um papel importante na influência do comportamento de evitamento do utilizador de computador. Os resultados da análise dos dados no Capítulo 4 mostraram que o modelo explicava que a motivação dos utilizadores para evitar as ameaças informáticas influencia o seu comportamento real de evitamento. Por conseguinte, transmitiu uma mensagem poderosa para motivar os utilizadores de computadores a evitar ameaças informáticas maliciosas. Liang e Xue (2010) chegaram a uma conclusão semelhante. Além disso, quando os utilizadores decidem que a ameaça informática pode ser evitada através da utilização de uma determinada medida de proteção, podem adotar uma abordagem de gestão centrada no problema. No entanto, quando a ameaça informática não pode ser completamente evitada, podem adotar uma abordagem centrada nas emoções (Liang e Xue, 2010; Rhoa e Yub, 2011). Beaudry e Pinsonneaut (2001) chegaram a uma conclusão semelhante. Afirmaram que, se os utilizadores se aperceberem da ameaça maliciosa das TI, adoptam uma abordagem de gestão centrada no problema; se acreditarem que a ameaça não é evitável, evitarão inativamente a ameaça adoptando uma abordagem de gestão centrada na emoção.

O estudo revelou que o elemento de ameaça percebida é significativamente importante para ser abordado no quadro de conceção do jogo para que os utilizadores de computador aumentem o comportamento de evitamento através da motivação para impedir ataques de phishing. Isto porque os utilizadores de computadores precisam de ser convencidos e sentir que essas ameaças maliciosas de TI existem no ciberespaço e são evitáveis. O facto de os utilizadores não perceberem a ameaça provoca um comportamento passivo e inativo. Além disso, o estudo descreveu a perceção da ameaça, segundo a qual os utilizadores precisam de estar conscientes da probabilidade e da gravidade de serem atacados por uma ameaça informática maliciosa. O estudo descreveu que os utilizadores sentem que essa ameaça existe no ciberespaço; reconhecem a sua probabilidade e também a gravidade se a ameaça específica ocorrer efetivamente. Se os utilizadores tiverem a perceção da ameaça, estarão mais motivados para a evitar. Por conseguinte, o estudo concluiu que os elementos de suscetibilidade e gravidade percebidos devem ser abordados no quadro de conceção do jogo para que os utilizadores de computador percebam verdadeiramente a ameaça.

O estudo concluiu que o elemento de eficácia da salvaguarda deve ser abordado no quadro de conceção do jogo para que os utilizadores de computadores possam impedir as ameaças de phishing. A medida de salvaguarda foi avaliada em três aspectos: tendo em conta a eficácia da salvaguarda, os custos relacionados com a medida de salvaguarda e a confiança dos utilizadores na utilização da salvaguarda para evitar ameaças informáticas maliciosas. Quando o nível de eficácia da medida de salvaguarda é elevado, os utilizadores estão mais motivados para evitar ameaças. Além disso, a elevada confiança dos utilizadores na adoção da medida de salvaguarda influenciou o aumento da motivação para evitar ameaças. Por conseguinte, o estudo revelou que a auto-eficácia também deve ser abordada no quadro de conceção do jogo para evitar ameaças através da motivação.

O presente estudo revelou que os custos de salvaguarda afectam negativamente a motivação para evitar ameaças. Quando o custo de salvaguarda é elevado, os utilizadores estão menos motivados para evitar ameaças. Liang e Xue (2010) chegaram a uma conclusão semelhante; descreveram que quando o tempo, o dinheiro, o incómodo e a compreensão necessários para utilizar a medida de salvaguarda são elevados, os utilizadores estão menos motivados para evitar ameaças (Liang e Xue, 2009a; 2010b). Por conseguinte, os custos da proteção devem ser considerados no quadro de conceção do jogo como uma contrapartida da eficácia da proteção. No entanto, o estudo de Liang e Xue (2010) não apoiou a interação entre a gravidade percebida e a suscetibilidade na ameaça percebida. Inesperadamente, este estudo concluiu que a perceção de ameaça é significativamente determinada pela interação entre a perceção de gravidade e a suscetibilidade.

Além disso, o presente estudo forneceu provas para abordar o efeito de interação da perceção de ameaça e da eficácia da salvaguarda no quadro de conceção do jogo. O estudo revelou que a motivação para evitar é significativamente determinada pela interação da perceção de ameaça e da eficácia da salvaguarda. Isto forneceu resultados contraditórios com as conclusões de Liang e Xue (2010). No entanto, eles elaboraram que a interação entre a perceção de ameaça e a eficácia da salvaguarda pode ser vista de duas perspectivas. Em primeiro lugar, quando o nível de ameaça é elevado, a perceção de ameaça pode ser vista como moderando negativamente a relação entre a eficácia da salvaguarda e a motivação para evitar. Em segundo lugar, quando o nível de eficácia das salvaguardas é elevado, pode considerar-se que modera negativamente a relação entre a perceção da ameaça e a motivação para evitar.

8.2.2 Desenvolvimento de um jogo móvel para utilizadores de computadores para impedir ataques de phishing

O objetivo deste estudo teórico, apresentado no Capítulo 5, centrou-se na conceção de um jogo para telemóvel como ferramenta para educar os utilizadores de computadores, sensibilizando-os para os ataques de phishing. Abordou duas questões: primeiro, que elementos-chave devem ser abordados no jogo para telemóvel? Em segundo lugar, que princípio deve ser utilizado para abordar estes elementos? Os elementos derivados do quadro de conceção de jogos apresentado no Capítulo 4 foram utilizados para abordar o contexto do jogo móvel. Os princípios de conceção de jogos móveis foram utilizados como um conjunto de diretrizes para estruturar e apresentar esses elementos no contexto da conceção de jogos móveis. O principal objetivo do protótipo de conceção do jogo móvel anti-phishing era ensinar os utilizadores a identificar endereços de sítios Web (URL) de phishing, que é uma das muitas formas de identificar um ataque de phishing. A conceção geral do jogo visava reforçar o comportamento de evitamento através da motivação para proteger os utilizadores de computadores contra ataques de phishing.

Este estudo tentou desenvolver um protótipo de jogo para telemóvel com base no desenho, utilizando o MIT App Inventor. Por fim, o protótipo de jogo móvel desenvolvido foi implementado num smartphone HTC One X com ecrã tátil.

8.2.3 Avaliação do quadro de conceção de jogos através do jogo para telemóvel

O estudo de investigação final relatado no Capítulo 6 centrou-se na avaliação da estrutura de conceção do jogo (apresentada no Capítulo 4) através do protótipo de jogo móvel desenvolvido utilizando o MIT App Inventor Emulator (apresentado no Capítulo 5). O objetivo deste estudo era determinar o impacto dos utilizadores na estrutura depois de jogarem o protótipo do jogo móvel, o que ajudará a enfatizar a estrutura de conceção do jogo para evitar ataques de phishing. Além disso, foram utilizados pré e pós-testes neste estudo para determinar se a sensibilização dos utilizadores para o phishing foi ou não melhorada através do protótipo de jogo para telemóvel. Por último, este resultado permitiu determinar se o comportamento de evitamento dos utilizadores aumenta ou não através da motivação para se protegerem de ataques de phishing através do protótipo de jogo para telemóvel.

Todos os participantes no estudo eram utilizadores de computadores pessoais e tinham alguma experiência de compras pela Internet. Também tinham alguma experiência de utilização de um telemóvel inteligente há pelo menos um ano. Os resultados do estudo revelaram que o protótipo do jogo para telemóvel melhorou a sensibilização para o phishing. Os participantes obtiveram 55% no pré-teste e 84% no pós-teste, depois de jogarem o jogo para telemóvel. A pontuação global aumentou 29% no pós-teste, o que é considerado como uma melhoria significativa da sensibilização dos participantes para o phishing. Estes resultados ilustram que o protótipo do jogo móvel pode melhorar o comportamento de evitamento dos participantes através da motivação para se protegerem de ataques de phishing. Além disso, todos os participantes consideram que o protótipo de jogo para telemóvel é um pouco eficaz para melhorar o seu comportamento de evitamento através da motivação para impedir ataques de phishing. Por conseguinte, o estudo concluiu que o jogo teve um impacto significativo no comportamento de evitamento através da motivação para evitar ataques de phishing, tal como abordado no quadro de conceção do jogo no Capítulo 4. Estes resultados confirmam as conclusões do modelo teórico de Liang e Xue (2010). Estes argumentaram e revelaram empiricamente que os utilizadores com uma motivação de evitamento mais forte têm maior probabilidade de se envolverem no comportamento de evitamento de utilizar a salvaguarda.

Todos os participantes afirmaram que tinham a perceção de que essa ameaça poderia existir no ciberespaço e que a perceção da ameaça aumentava a sua motivação para a evitar durante o jogo. Acreditavam que o risco de serem vítimas de phishing era relativamente elevado devido à difusão da tecnologia da Internet. No entanto, se o ataque efetivo ocorresse, acreditavam que o perigo causado pelo ataque seria elevado. Por conseguinte, o jogo tentou desenvolver tanto a gravidade como a suscetibilidade dos ataques de phishing, em que os participantes consideravam o phishing como uma ameaça que punha em risco a utilização do computador. Estes resultados concluíram que o jogo teve um impacto significativo nos elementos de gravidade e suscetibilidade, tal como abordado no quadro de conceção do jogo no Capítulo 4. Uma conclusão semelhante pode ser encontrada no modelo teórico de Liang e Xue (2010). Concluíram que os utilizadores de computadores têm de ser convencidos e sentir que essas ameaças informáticas maliciosas existem no ciberespaço e são evitáveis. Se os utilizadores não sentirem a perceção da ameaça, não agirão para a evitar.

O estudo concluiu que o protótipo de jogo móvel é uma abordagem eficaz que motivou os participantes a aprender a evitar o phishing. O seu principal argumento foi que a leitura de livros ou artigos para aprender sobre as ameaças de phishing não é prática nem interessante, mas consome muito tempo e é aborrecida. No entanto, a noção de um jogo que ensina as pessoas sobre phishing é bastante interessante. Além disso, permite adquirir conhecimentos de forma divertida. O presente estudo concluiu que o protótipo do jogo móvel é utilizável. Por conseguinte, pode argumentar-se que, se o jogo não fosse utilizável nem eficaz, a pontuação global do pós-teste não aumentaria numa percentagem de 29. Por conseguinte, o estudo concluiu que o jogo é uma medida de proteção eficaz que motivou os participantes a evitar a ameaça de phishing, tal como abordado no quadro de conceção do jogo no Capítulo 4. Uma conclusão semelhante pode ser encontrada em estudos anteriores (Anderson e Agarwal, 2006; Ng, Kankanhalli e Xu, 2009; Woon, Tan e Low, 2005; Liang e Xue, 2010).

Todos os participantes mostraram interesse em jogar o jogo se este for simples e não demorar muito tempo a jogar. Além disso, a maioria deles gostaria de descarregar o jogo gratuitamente. O estudo concluiu que a motivação dos participantes para jogar o jogo é determinada pelo custo que têm de pagar pelo descarregamento e pelo tempo que demoram a jogar. Por conseguinte, o estudo concluiu que o custo do jogo influencia a motivação dos participantes para evitar a ameaça de phishing, tal como abordado no quadro de conceção do jogo no Capítulo 4. Uma conclusão semelhante pode ser encontrada no modelo teórico de Liang e Xue (2010), onde afirmam que o custo da proteção tem um impacto negativo na motivação dos utilizadores para evitar ataques de phishing.

Todos os participantes consideraram que o protótipo do jogo para telemóvel é algo eficaz para os ensinar a identificar os bons URL dos maus. O estudo argumentou que a aprendizagem efectiva dos participantes através do jogo melhoraria o seu comportamento para evitar ameaças de phishing. Por outro lado, este facto foi comprovado pelo aumento da pontuação global dos participantes em 29% no pós-teste. Por conseguinte, o estudo concluiu que o jogo desenvolveu a auto-eficácia dos participantes, que está relacionada com o conhecimento para combater a ameaça de phishing. Este resultado corrobora a conclusão do modelo teórico de Liang e Xue (2010), que afirma que a auto-eficácia, que se reflecte no conhecimento dos utilizadores sobre ataques de phishing, tem um impacto positivo na motivação dos utilizadores para evitar ataques de phishing.

Em resumo, este estudo concluiu que o jogo para telemóvel é algo eficaz para melhorar o comportamento de prevenção de phishing do utilizador após a sua participação no jogo para telemóvel. Além disso, os resultados do estudo permitiram avaliar a estrutura de conceção do jogo através do protótipo do jogo para telemóvel. Por conseguinte, o estudo salientou que os elementos ameaça percebida, eficácia da salvaguarda, custo da salvaguarda, auto-eficácia, ameaça percebida e suscetibilidade percebida têm um impacto significativo no comportamento de evitamento através da motivação para frustrar ataques de phishing, tal como abordado na estrutura de conceção do jogo.

8.3 Originalidade da investigação

Existem estudos na literatura que investigam a forma de educar as pessoas para se protegerem de ataques informáticos maliciosos, como as ameaças de phishing. Este livro contribuiu para o desenvolvimento de uma estrutura de conceção de jogos para os utilizadores de computadores se protegerem de ataques de phishing. Por conseguinte, a originalidade do primeiro estudo, no Capítulo 4, é a ideia de introduzir uma estrutura de conceção de jogos para evitar ataques de phishing através de uma investigação empírica. Os elementos de um modelo teórico derivado da TTAT foram utilizados para abordar a estrutura de conceção do jogo. A literatura não refere um estudo que tenha dado ao investigador a oportunidade de introduzir uma estrutura de conceção de jogos para evitar ataques de phishing com base na TTAT.

Do mesmo modo, o trabalho abordado no Capítulo 5 deste livro centra-se na conceção de um jogo para telemóvel destinado a utilizadores de computadores para impedir ataques de phishing. Os elementos derivados da estrutura de conceção de jogos introduzida no Capítulo 4 foram utilizados para abordar o jogo móvel, utilizando os princípios de conceção de jogos móveis como um conjunto de diretrizes para estruturar e apresentar esses elementos no contexto da conceção de jogos móveis. Por conseguinte, a conceção deste jogo para telemóvel é original e não foi publicada em nenhum estudo de investigação anterior. O ponto forte deste estudo é a abordagem da conceção, que se baseou na estrutura de conceção de jogos apresentada no Capítulo 4.

Do mesmo modo, o trabalho apresentado no Capítulo 6 centra-se na avaliação da estrutura de conceção do jogo (apresentada no Capítulo 4) através do protótipo de jogo móvel desenvolvido utilizando o MIT App Inventor Emulator (apresentado no Capítulo 5). O ponto forte deste trabalho é o processo de avaliação que foi efectuado após a conceção da estrutura do jogo. Por conseguinte, a estrutura de conceção do jogo é original e não foi publicada em nenhum estudo anterior.

Uma das caraterísticas que distingue o trabalho de investigação deste livro do trabalho da literatura é a abordagem metodológica. Esta investigação baseou-se nos dados quantitativos e qualitativos que foram recolhidos junto dos participantes. A caraterística única é que os dados qualitativos deste estudo foram recolhidos a partir de um estudo de reflexão em voz alta, juntamente com pré e pós-testes numa experiência laboratorial. Estes dados permitiram ao investigador determinar se a sensibilização dos participantes para o phishing foi ou não melhorada através do protótipo do jogo móvel. Além disso, os dados recolhidos a partir de uma abordagem quantitativa permitiram apoiar os resultados que foram concluídos a partir de um trabalho quantitativo.

8.4 Limitações e trabalho futuro

Em primeiro lugar, o trabalho de investigação deste livro tem várias limitações. O estudo relatado no Capítulo 4 deste livro centrou-se no desenvolvimento de uma estrutura de conceção de jogos para os utilizadores de computadores impedirem ataques de phishing. Em primeiro lugar, o estudo recrutou estudantes universitários com idades compreendidas entre os 18 e os 25 anos como amostra de conveniência. No entanto, os estudantes universitários não representam a população de utilizadores de computadores em geral. São mais jovens, podem ter mais conhecimentos informáticos e provavelmente têm mais conhecimentos sobre ameaças informáticas maliciosas do que os utilizadores comuns. Por conseguinte, os investigadores devem ser cautelosos ao generalizar estes resultados a outros utilizadores de computadores. No entanto, este estudo está mais centrado no desenvolvimento de uma estrutura de conceção de jogos para evitar ataques de phishing do que na generalização. Por conseguinte, justifica-se a utilização de um subconjunto da população de utilizadores de computadores como dimensão da amostra. Além disso, é praticamente inviável recolher uma amostra aleatória de toda a população de utilizadores de computadores. É necessária investigação futura para confirmar os resultados desta investigação utilizando amostras diferentes.

Em segundo lugar, o estudo selecionou os ataques de phishing como TI maliciosa e a educação anti-phishing como medida de salvaguarda, a fim de investigar empiricamente o quadro de conceção do jogo. No entanto, isto não significa necessariamente que a fonte de uma ameaça informática maliciosa e a medida de proteção tenham de ser uma TI e um comportamento, respetivamente. A fonte de uma ameaça informática maliciosa pode ser uma pessoa (por exemplo, um hacker ou um atacante) ou um evento (por exemplo, uma negação de serviço) e a medida de proteção pode ser uma TI (por exemplo, uma ferramenta anti-phishing ou uma aplicação antivírus) ou uma inação (por exemplo, deixar de descarregar brindes). Por conseguinte, pode ser efectuada investigação futura com diferentes fontes de ameaças informáticas maliciosas e medidas de salvaguarda para observar se as conclusões deste estudo se mantêm inalteradas.

A abordagem de conceção teórica apresentada no Capítulo 5 centrou-se na conceção de um jogo para telemóvel como uma ferramenta para os utilizadores de computadores se protegerem de ataques de phishing. O objetivo do jogo móvel anti-phishing desenvolvido era ensinar o utilizador a identificar endereços de sítios Web de phishing, que é uma das muitas formas de identificar um ataque de phishing. Além disso, podem ser realizadas investigações futuras para conceber e desenvolver um jogo móvel que ensine outras áreas, como os sinais e o conteúdo da página Web, os ícones de bloqueio e os jargões da página Web, o contexto da mensagem de correio eletrónico e as mensagens de aviso gerais apresentadas no sítio Web.

O estudo apresentado no Capítulo 6 deste livro centra-se na avaliação da estrutura de conceção do jogo através do protótipo de jogo para telemóvel desenvolvido com o MIT App Inventor Emulator. Embora o jogo móvel tenha funcionado corretamente, teria sido útil conceber e desenvolver um protótipo de jogo móvel de alta fidelidade com alguns gráficos e objectos visuais atraentes para interagir melhor com o utilizador. Talvez isso possa aumentar a satisfação do utilizador ao interagir com o jogo, o que, presumivelmente, ajuda a melhorar a sensibilização para o phishing através do jogo. Por conseguinte, uma investigação futura beneficiaria da avaliação da estrutura de conceção do jogo através de um protótipo de jogo móvel de alta fidelidade. Além disso, pode ser utilizada uma combinação diferente de sítios Web legítimos e de phishing nos pré e pós-testes, para garantir que o protótipo do jogo para telemóvel sensibiliza para evitar ameaças de phishing. Além disso, como investigação futura, o mesmo estudo relatado no Capítulo 6 pode ser realizado através de um ataque de phishing simulado num ambiente laboratorial. Isto ajuda a observar como as pessoas são susceptíveis a ataques de phishing na vida real antes e depois do seu envolvimento com o protótipo de jogo para telemóvel.

O estudo apresentado no Capítulo 7 examinou a eficácia do protótipo de jogo móvel desenvolvido, em comparação com a aprendizagem tradicional em linha, para contrariar as ameaças de phishing. Os resultados do estudo mostraram que os participantes que jogaram o jogo móvel conseguiram identificar melhor os sítios Web fraudulentos do que os participantes que leram o sítio Web sem qualquer formação. Pode ser realizada investigação futura para investigar um conjunto de diretrizes de conceção para melhor conceber os sistemas tradicionais de aprendizagem em linha para impedir as ameaças de phishing. Estas orientações podem basear-se nos elementos do quadro de conceção do jogo que reforçaram o comportamento de evitamento dos utilizadores de computador e a motivação para se protegerem contra ataques de phishing.

8.5 Resumo

Este capítulo abordou as principais conclusões do trabalho de investigação e foi apresentada uma discussão pormenorizada das principais conclusões. Além disso, foi ilustrada a contribuição do trabalho de investigação e a sua originalidade. Por último, foram discutidas as limitações e as áreas de trabalho futuro, a fim de abrir mais oportunidades para a investigação futura.

Referências

Abbasi, A., Zahedi,F.M. e Chen, Y., 2012. Impact of Anti-Phishing Tool Performance on AttackSuccess Rates, 2012 IEEE International Conference on Intelligence and Security Informatics (ISI), 11-14 de junho de 2012, pp.12 - 17.

Aggarwaly, A., Rajadesingan, A. e Kumaraguru, P., 2012. PhishAri:Automatic Realtime Phishing Detection on Twitter, Seventh IEEE APWG eCrime Researchers Summit (eCRS), Las Croabas, Puerto Rico, pp. 22-25, Disponível em: <http://precog.iiitd.edu.in/Publications_files/AA_AR_PK_eCRS_2012.pdf>, (Acedido em 3 de dezembro de 2012)

Allen, M., 2006. Engenharia social: Um meio de violar um sistema informático. Relatório técnico, SANS Institute.

Amory, A. e Seagram. R., 2003. Modelos de jogos educativos: Conceptualization and Evaluation, South African Journal of Higher Education, 17 (2), pp.206-217.

Anandpara, V., Dingman, A., Jakobsson, M., Liu, D. e Roinestad, H., 2007. "Phishing IQ Tests Measure Fear, Not Ability", Actas de Criptografia Financeira e Segurança de Dados, 11.ª Conferência Internacional, pp.362-366.

Anderson, C. L., e Agarwal, R., 2006. Praticando a computação segura: Message Framing, Self-View, and Home Computer User Security Behaviour Intentions, Conferência Internacional sobre Sistemas de Informação, Milwaukee, WI, 1543-1561.

Anderson, R., 2001. Security Engineering: A Guide to Building Dependable Distributed Systems, Londres, Wiley Computer Publishing.

Andrews, G., Woodruff, E., MacKinnon, K.A. e Yoon, S., 2003. Desenvolvimento de conceitos para crianças do jardim de infância através de uma simulação de saúde, Computer Assisted Learning, 19, pp.209-219.

Anido, L., Burgos, D., Caeiro, M., Torrente, J., Fernàndez, M., Gonzàlez, J., Manso, M., Ortega, M., Rodriguez, D., e Fernàndez-Manjón, B., 2011. Game Tel: an Approach to Multi-Format and Multi-Device Accessible Engineering Education, Conferência Frontiers in Education (FIE 2011), Rapid City, Dakota do Sul, EUA.

APWG,2006. Phishing Activity Trends Report, Disponível em: <http://www.antiphishing.org/reports/apwg_report_August_2006.pdf>, (Acedido em 21Agosto 2012).

APWG, 2012. Grupo de Trabalho Anti-Phishing. Disponível em: <http://www.antiphishing.org/>, (Acedido em 10 de agosto de 2012).

APWG, 2013. Phishing Activity Trends Report, 4th Quarter 2012, Disponível em: < http://docs.apwg.org/reports/apwg_trends_report_Q4_2012.pdf >, (Acedido em 27 de abril de 2013).

APWG, 2013. Welcome to APWG Public Education, Disponível em:< http://education.apwg.org/>, (Acedido em 10 de março de 2013)

Arachchilage , N. A. G. e Cole, M., 2011. Designing a mobile game for home computer users to protect against "phishing attacks", International Journal for eLearning Security (IJeLS), 1 (1/2), pp.19 -26.

Arachchilage, N. A. G. e Cole, M., 2011. Design a mobile game for home computer users to prevent from "phishing attacks", Information Society (i-Society), 27-29 June 2011, 485-489, Disponível em:

<http://ieeexplore.ieee.org/stamp/stamp.jsp?tp=&arnumber=5978543&isnumber=59 784>, (Acedido em 22 de dezembro de 2011).

Arachchilage, N. A. G., & Love, S. (2013). Uma estrutura de design de jogos para evitar ataques de phishing. Computadores em Comportamento Humano, 29(3), 706-714.

Arachchilage, N. A. G., & Love, S. (2014). Consciência de segurança dos utilizadores de computadores: Uma perspetiva de prevenção de ameaças de phishing. Computadores em Comportamento Humano, 38, 304-312.

Arachchilage, N. A. G., Love, S., & Beznosov, K. (2016). Comportamento de prevenção de ameaças de phishing: An empirical investigation. Computadores em Comportamento Humano, 60, 185197.

Arachchilage, N. A. G. (2013). Gaming for Security. ITNOW, 55(1), 32-33.

Arachchilage, N. A. G., Tarhini, A., & Love, S. (2015). Projetando um jogo móvel para impedir ameaças maliciosas de TI: Uma perspetiva de prevenção de ameaças de phishing. arXivpreprint arXiv:1511.07093.

Arachchilage, N.A.G., Educação para a segurança centrada no utilizador: Um design de jogo para frustrar ataques de phishing. arXiv preprint arXiv:1511.03459.2015.

Art, C. e Glenn, D., 2005. Modelling End User Behaviour to Secure a PC in a Unmanaged Environment, AMCIS 2005 Proceedings, 449, Disponível em: <http://aisel.aisnet.org/amcis2005/44>,(Acedido em 11 de janeiro de 2012).

Aytes, K. e Terry, C., 2004. Computer Security and Risky Computing Practices (Segurança informática e práticas informáticas de risco): A Rational Choice Perspective, Journal of Organizational and End User Computing, 16 (2), pp.22-40.

Bailey, B.P, Konstan, J.A. e Carlis, J.V., 2001. DEMAIS: Designing Multimedia Applications with Interactive Storyboards, Actas da Nona Conferência Internacional ACM sobre Multimédia, Ottawa, Canadá, 30 de setembro - 5 de outubro de 2001, pp.241-250.

Baillie, L., Morton, L., Moffat, D. e Uzor, S., 2010. Capturing the response of players to a location-based game, Personal and Ubiquitous Computing, 12 de junho de 2010.

Baker, A., Navarro, E. O. e Hoek. A. V. D., 2003. Problems and Programmers: an Educational Software

Engineering Card Game, Actas da 25ª Conferência Internacional sobre Engenharia de Software, ICSE'03, pp.614 - 619, Washington, DC, EUA.

Banerjee, A., Cole, S., Duflo, E. e Linden, L., 2007. Remedying education: Evidence from two randomized experiments in India, Quarterly Journal of Economics, 122 (3), 1235-1264.

BBC News, 2010. Google Android phone shipments increase by 886%, Disponível em: <http://www.bbc.co.uk/news/technology-10839034>, (Acedido em 25 de abril de 2012).

BBC News, 2010. Hacking 'fun' for British teens, Disponível em: <http://news.bbc.co.uk/1/hi/technology/8574259.stm>, (Acedido em 16 de agosto de 2012).

BBC News, 2012. Apple duplica lucros trimestrais para 11,6 mil milhões de dólares (7,2 mil milhões de libras),Disponível em: <http://www.bbc.co.uk/news/business-17835234>. (Acedido em 25 de abril de 2012).

BBC News, 2012. Orçamento 2012: Tax breaks for games industry,Disponível em: <http://www.bbc.co.uk/news/technology-17464478>, (Acedido em 23 de abril de 2012).

BBC News, 2012. LinkedIn users targeted in email scam after hack, Disponível em: <http://www.bbc.co.uk/news/technology-18351986>. (Acedido em 25 de abril de 2012).

BBC News, 2012. Inquérito sobre pirataria informática da Team Poison: UK teenager arrested, Disponível em: <http://www.bbc.co.uk/news/technology-18017387>, (Acedido em 16 de agosto de 2012).

BBC News, 2012. Desenvolvedores de World of Warcraft pesam aplicativo de jogos para celular,Disponível em: <http://www.bbc.co.uk/news/technology-17456453>. (Acedido em 25 de abril de 2012).

BBC. Notícias, 2010. Microsoft patches Internet Explorer hole, Disponível em: <http://news.bbc.co.uk/1/hi/8469632.stm>, (Acedido em 30 de maio de 2011).

Beaudry, A., e Pinsonneault, A., 2001. IT-induced adaptation and individual performance: a coping acts model, Twenty-Second International Conference on Information Systems, pp.475-480.

Bellotti, F., Berta, R., Gloria, A. D. e primavera, L., 2009. Enhancing the educational value of video games, Computers in Entertainment, 7 (2), pp.1-18.

Bellotti, F., Berta, R., Gloria, A. D. e Zappi, V., 2008. Exploring gaming mechanisms to enhance knowledge acquisition in virtual worlds, DIMEA '08, Proceedings of the 3rd international conference on Digital Interactive Media in Entertainment and Arts, Nova Iorque, NY, EUA, pp.77-84.

Benedek, J. e Miner, T., 2002. Measuring desirability: New methods for evaluating desirability in a usability lab setting, Actas da Conferência UPA 2002, Orlando, FL, 8-12 de julho de 2002.

Bernhaupt, R., Ijsselsteijn, W., Mueller, F. F., Tscheligi, M. e Wixon, D., 2008 Evaluating User Experiences in Games, CHI '08 extended abstracts on Human factors in computing systems, Florença,

Itália, ACM, 3905-3908, Disponível em: <DOI =10.1145/1358628.1358953>,(Acedido em 25 de maio de 2012).

Bishop, M., 2003. What is computer security?, Security & Privacy, IEEE , 1 (1), 6769, janeiro - fevereiro de 2003, Disponível em: <doi: 10.1109/MSECP.2003.1176998>, (Acedido em 20Dezembro 2011).

Breakwell, G., Hammond, S. M. e Fife-Schaw, C., 1995. Research methods in Psychology, Londres, Sage.

Brody, R. G., Mulig, E. e Kimball, V., 2007. Phishing, pharming and identity theft, Academy of Accounting and Financial Studies, 11, pp.43-56.

Brooke, J., 1996. SUS: A Quick and Dirty Usability Scale, In Usability evaluation in industry, Jordan, P.W., Thomas, B., Weerdmeester, B .A. e McClelland, I.L., (Eds.), Usability Evaluation in Industry, London: Taylor & Francis, Disponível em: <http://www.cee.hw.ac.uk/~ph/sus.html>, (Acedido em 27Abril 2012).

Centro de Investigação sobre a Contraproliferação, 2002. Anthrax in America: a chronology and analysis of the Fall 2001 attacks, Disponível em: <http://www.ndu.edu/centercounter/ANTHRAX%20CHRONOLOGY.pdf>, (Acedido em 30 de maio de 2011).

Champion, V. e Scott, C., 1997. Reliability and validity of breast cancer screening belief scales in African American women, Nursing Research, 6 (46), pp.331-337.

Chasey, J., 2010.iTNOW, The Magazine for the IT Professional, British Computer Society, The Charted Institute for IT, novembro de 2010.

Chin, J. P., Diehl, V. A. e Norman, K., 1988. Development of an instrument measuring user satisfaction of the human-computer interface, Proceedings of ACM CHI '88, Washington, DC, 213-218, Disponível em: <http://www.acm.org/~perlman/question.cgi?form=QUIS e http://www.lap.umd.edu/QUIS/index.html>. (Acedido em 28 de abril de 2012).

Chin, W. W., Marcolin, B. L. e Newsted, P. R., 2003. A Partial Least Squares Latent Variable Modeling Approach for Measuring Interaction Effects: Results from a Monte Carlo Simulation Study and an Electronic Mail Emotion/Adoption Study, Information Systems Research, (14) 2, pp.189-217.

CNN. com, 2005. A convicted hacker debunks some myths, Disponível em: <http://www.cnn.com/2005/TECH/internet/10/07/kevin.mitnick.cnna/index.html>, (Acedido em 04 de abril de 2011).

Compeau, D. R. e Higgins, C. A., 1995. Computer self-efficacy: development of a measure and initial test, MIS Quarterly, 19, pp.189-211.

Cone, B. D., Irvine, C. E., Thompson, M. F. e Nguyen, T. D., 2007. A Video Game for cyber Security Training and Awareness, Computers & Security, 26, 63-72.

Coolican, H., 2004. Métodos de Investigação e Estatística em Psicologia. 4ª ed., Londres, Hodder and Stoughton. Londres, Hodder and Stoughton.

Costabile, M. F., Angeli, A. C. D., Lanzilotti, R., Ardito, C., Buono, P. e Pederson, T., Explore! possibilities and challenges of mobile learning, Proceeding of the twenty-sixth annual SIGCHI conference on Human factors in computing systems, 05-10 April 2008, Florence, Italy Disponível em: <doi>10.1145/1357054.1357080>, (Acedido em 30 de abril de 2012).

Creswell, J. W., 2003. Research design, qualitative, quantitative and mixed methods approaches. Londres, Sage.

Cronbach, L. J. e Meehl, P. E., 1955. Construct validity in psychological test, Psychological Bulletin, 52, pp.281-302.

Cronbach, L. J., 1951. Coefficient alpha and the internal structure of tests, Psychometrika, 16, pp.297-334.

Cunliffe, D., Kritou, E. e Tudhope, D., 2001. Usability evaluation for museum web sites, Museum Management and Curatorship, 19 (3), pp.229-252.

Daher, W., 2010. Building mathematical knowledge in an authentic mobile phone environment, Australasian Journal of Educational Technology, 26 (1), 85-104.

Davis, F. D., 1989. Perceived Usefulness, Perceived Ease of Use and User Acceptance of Information Technology, MIS Quarterly, 13 (3), pp.319-338.

Davis, F. D., Bagozzi, R. P. e Warshaw, P. R., 1983. User Acceptance of Computer Technology: A Comparison of Two Theoretical Models, Management Science, 35 (8), pp.982-1003.

Denk, M., Weber, M. e Belfin, R., 2007. Mobile learning challenges and potentials, Int. J. Mob. Learn. Organ., 1, pp.122-139.

Dhamija, R. e Tygar, J. D., 2005. A batalha contra o phishing: peles de segurança dinâmicas. Actas do Simpósio de 2005 sobre Privacidade e Segurança Utilizáveis, Pittsburgh, Pensilvânia, 06 a 08 de julho de 2005, SOUPS '05, ACM Press, Nova Iorque, NY, 93, pp.77-88. Disponível em: <DOI=

http://doi.acm.org/10.1145/1073001.1073009>, (Acedido em 20 de março de 2011).

Dhamija, R., Tygar, J. D. e Hearst, M., 2006. Why phishing works, Proceedings of the SIGCHI Conference on Human Factors in Computing Systems, Montréal, Québec, Canada, April 22 - 27, 2006. Eds. CHI '06. ACM Press, Nova Iorque, NY, 581-590. Disponível em: <DOI=http://doi.acm.org/10.1145/1124772.1124861>, (Acedido em 15 de maio de 2011).

Dix, A., Finlay, J., Abowd, G. e Beale, R., 2004. Human-Computer Interaction 3rd ed., Prentice Hall.

Doswell, F., 2008. A case study on computer security for non-expert computer user, Proceedings of the 46th Annual Southeast Regional Conference on XX (ACM-SE 46), ACM, New York, USA, pp.361-365, Disponível em: <http://doi.acm.org/10.1145/1593105.1593201>, (Acedido em 15Mai 2012).

Downes, T., 1999. Brincar com as tecnologias informáticas em casa. Educação e Tecnologias da Informação, 4 (1), pp.65-79.

Downs, J. S., Holbrook, M. e Cranor, L. F., 2007. Behavioural response to phishing risk, Proceedings of the anti-phishing working groups - 2nd annual eCrime researchers summit, pp.37-44, outubro de 2007, Pittsburgh, Pennsylvania, Disponível em: <doi=10.1145/1299015.1299019>, (Acedido em 25 de março de 2011).

Downs, J. S., Holbrook, M. e Cranor, L., 2006. Decision strategies and susceptibility to phishing, Proceedings of the Second Symposium on Usable Privacy and Security, Pittsburgh, Pennsylvania, SOUPS '06, vol. 149.ACM Press, New York, USA, 79-90, July 12 -14 , 2006, Disponível em:

<DOI=http://doi.acm.org/10.1145/1143120.1143131>.(Acedido em 10 de janeiro de 2012).

Drake, C. E., Oliver, J. J. e Koontz, E. J., 2006. Mail Frontier Anatomy of a Phishing Email, fevereiro de 2006, Disponível em: <http://www.mailfrontier.com/docs/MF_Phish_Anatomy.pdf>, (Acedido em 03 de abril de 2011).

Eagle, M., 2009. Level up: a framework for the design and evaluation of educational games, Actas da 4.ª Conferência Internacional sobre Fundamentos dos Jogos Digitais, FDG '09, Nova Iorque, NY, EUA: ACM 2009, pp.339-341.

Egelman, S., Cranor, L. F., e Hong, J., 2008. You've been warned: An empirical study of the effectiveness of web browser phishing warnings, Proceedings of the twenty-sixth annual SIGCHI conference on Human factors in computing systems, April 05-10, 2008, Florence, Italy <doi=10.1145/1357054.1357219>, (Acedido em 10 de janeiro de 2011).

Elina, M. I. e Koivisto, 2006. Mobile games 2010, Actas da conferência internacional de 2006 sobre investigação e desenvolvimento de jogos, 1-2, 4 - 6 de dezembro de 2006, Perth, Austrália.

Ericsson K. A. e Simon, H. A., 1984. Análise de protocolos: Verbal reports as data. Cambridge, MA: The MIT Press.

Evers, J., 2007. Security Expert, User education is pointless, Disponível em: <http://news.com.com/2100-7350_3-6125213.html>, (Acedido em 12 de junho de 2011).

Facer, K., Furlong J., Furlong, R. e Sutherland, R., 2003. Screen Play: Children and Computing in the Home. Routledge Falmer, Londres.

Facer, K., Joiner, R., Stanton, D., Reid, J., Hull, R. e Kirk, D., 2004. Savannah: mobile gaming and learning, Computer Assisted Learning, 20, pp.399-409.

Falthzik, A. M. e Carroll, S. J., 1971. Rate of Return for Closed Versus Open- Ended Questions in a Mail Questionnaire Survey of Industrial Organizations, Psychological Reports 29, I l2l- II22.

Finstad, K., 2006. The System Usability Scale and Non-Native English Speakers, Usability Studies, 4 (1), pp.185-188.

Fishwick, P. A., Henderson, J., Fresh, E., Futterknecht, F. e Hamilton, B. D., 2008. Simulating culture: an experiment using a multi-user virtual environment, Proceedings of the 40th Conference on Winter Simulation, WSC '08, pp.786-794.

Foreman, J., 2004. Video game studies and the emerging instructional revolution, Innovate, 1, Disponível em: <http://www.innovateonline.info/>, (Acedido em 29 de abril de 2012).

Freitas, S. D. e Oliver, M., 2006. Como é que a aprendizagem exploratória com jogos e simulações no âmbito do currículo pode ser avaliada de forma mais eficaz?, Computers & Education, 46, pp.249-264.

Froschauer, J., Seidel, I., Gartner, M., Berger, H. e Merkl, D., 2010. Design and evaluation of a serious game for immersive cultural training, 16th International Conference on Virtual Systems and Multimedia (VSMM '10), October 20- 23,COEX Seoul Korea.

Garera, S., Provos, N., Chew, M. e Rubin, A. D., 2007. A framework for detection and measurement of phishing attacks, Proceedings of the 2007 ACM workshop on Recurring malcode, Alexandria, Virgínia, EUA, novembro de 2007.

Garner, P., Mullins, I., Edwards, R. e Coulton, P., 2006. Mobile Terminated SMS Billing & #8212, Exploits and Security Analysis, Terceira Conferência Internacional sobre Tecnologia da Informação: Novas Gerações, ITNG 2006, pp.294 - 299, 10-12 de abril de 2006, Disponível em: <doi: 10.1109/ITNG.2006.94>,(Acedido em 12 de maio de 2012).

Gee, J., 2003. What video games have to teach us about learning and literacy, Basingstoke, Palgrave Macmillan, Nova Iorque.

Ghazvini, F. F., Earnshaw, R., Robison, D. e Excell, P., 2009b. A Cidade MOBO: A Mobile Game Package for Technical Language Learning, International Journal of Interactive Mobile Technologies (iJIM), 3 (2), pp.19-24.

Ghazvini, F., Earnshaw, R.A., Robison, D. e Excell, P.S., 2009a. Designing Augmented Reality Games for Mobile Learning Using an Instructional- Motivational Paradigm, International Conference on CyberWorlds, CW '09, pp.312-319, 7-11 de setembro de 2009, Disponível em: <doi: 10.1109/CW.2009.27>,(Acedido em 12 de julho de 2012).

Gong, J. e Tarasewich, P., 2004. Guidelines for Handheld Mobile Device Interface Design, Actas do Instituto de Ciências da Decisão, Reunião Anual, Boston, Massachusetts, 3751-3756.

Gordon, L. A., M. P. Loeb, W. Lucyshyn e R. Richardson. (2006) 2006 CSI/FBI computer crime and security survey. Instituto de Segurança Informática.

Gorling, S., 2006. The Myth of User Education, Proceedings of the 16th Virus Bulletin International Conference, Royal Institute of Technology, Department of Industrial Economics and Management (INDEK), October 11-13, Montréal, Canada. < SSRN: http://ssrn.com/abstract=938695>, (Acedido em 28 de agosto de 2012).

Grinter, R., Rodden, T., Aoki, P., Cutrell, E., Jeffries, R. e Olson, G., 2006. Eds. CHI '06. ACM Press, New York, pp.601-610, Disponível em :< DOI=http://doi.acm.org/10.1145/1124772.1124861>, (Acedido em 15 de maio de 2011).

Gruen, D., 2000, Storyboarding for design: An overview of the process. Cambridge MA USA: Lotus Research, Disponível em:

<http://www.research.ibm.com/cambridge>, (Acedido em 11 de março de 2012).

Gunter, G. A., Kenny, R. F. e Vick, E. H., 2008. Taking educational games seriously: using the RETAIN model to design endogenous fantasy into standalone educational games, Educational Technology Research and Development, 56 (5), pp.511-537.

Gustafsson, A. e B°ang, M., 2008. Evaluation of a pervasive game for domestic energy engagement among teenagers, ACE '08, Proceedings of the 2008 International Conference on Advances in Computer Entertainment Technology, Nova Iorque, NY, EUA, pp.232-239.

Harris, S., 1999. Secondary school students' use of computers at home, British Journal of Educational Technology, 30 (4), pp.331-339.

Hashim, A.S., Ahmad, W.F.W. e Rohiza, A., 2010. A study of design principles and requirements for the m-learning application development, 2010 International Conference on User Science and Engineering (i-USEr), 13-15 December 2010, pp.226-231, Disponível em: <doi: 10.1109/IUSER.2010.5716757>, (Acedido em 21Abril 2012).

Henderson, J. Fishwick, P., Fresh, E., Futterknecht, F. e Hamilton, B., 2008. Um ambiente de simulação de aprendizagem imersiva para a cultura chinesa, Actas do

Conferência Inter-serviços/ Indústria, Simulação e Educação (I/ITSEC), Nova Iorque, NY, EUA.

Herley, C., 2009. So Long, and No Thanks for the Externalities: The Rational Rejection of Security Advice by Users, Proc. Workshop sobre Novos Paradigmas de Segurança, ACM, 2009, pp.133-144.

Hertzum e Jacobsen, 2001. The Evaluator Effect: a chilling fact about usability evaluation methods (O efeito do avaliador: um facto assustador sobre os métodos de avaliação da usabilidade). International Journal of HCI, 13 (4), pp.41-443.

Hiner, J., 2002. Change your company's culture to combat social engineering attacks, novembro de 2002, Disponível em: <http://articles.techrepublic.com.com/5100-1035_11- 1047991.html>, (Acedido em 02 de maio de 2011).

Hofstede, G., 1992. Cultural and Organizations - Software of the Mind Intercultural Cooperation and its importance for survival, McGraw-Hill.

Hofstede, G., 2003. Análise de Geert Hofstede, Disponível em:

<http://www.cyborlink.com/besite/hofstede.htm>, (Acedido em 06 de outubro de 2012).

Holloway, S. e Valentine, V., 2003. Cyberkids: children in the information age. Routledge, Londres.

Hong, J. e Landay, J., 2001. WebQuilt: A Framework for Capturing and Visualizing the Web Experience, WWW 10, 1-5 de maio de 2001, Hong Kong, ACM.

Hosein, M., Beharry, S., 2010. Lazer educativo num telemóvel utilizando o Quick Play, Engenharia e Ciências Aplicadas, 5(2), pp.96-100.

Hui, C. P., 2007. Como estudar utilizadores domésticos, TKK T-110.5190, Seminário sobre Internetworking.

Iacovos, K. e Sasse, A. M., 2012. Security Education against Phishing: A Modest Proposal for a Major Rethink, Security & Privacy, IEEE , 10 (2), pp.24-32, março-abril de 2012, Disponível em: <doi: 10.1109/MSP.2011.179>, (Acedido em 18 de julho de 2012).

Irvine, C. E., & Thompson, M.,2003. Objectivos de ensino de um jogo de simulação para segurança informática. ESCOLA DE PÓS-GRADUAÇÃO NAVAL MONTEREY CA.

ISONORM 9241 Parte 1-17, 2008. Requisitos ergonómicos para trabalho de escritório com terminais de visualização, Norma 2008.

ITU ICT-Eye Free Statistics, 2012. Disponível em: <http://www.itu.int/ITU- D/ict/statistics/>, (Acedido em 03 de maio de 2012).

Jagatic, T., Johnson, N., Jakobsson, M. e Menczer, F., 2007. Phishing social, Communications of the ACM, 50 (10), pp.94-100.

James, L., 2005. Phishing Exposed, Syngress, Canadá

Janssen, M. A. e Ostrom, E., 2006. Empirically based, agent-based models, Ecology and Society, 11 (2), 37, Disponível em:

<http://www.ecologyandsociety.org/vol11/iss2/art37/>, (Acedido em 29 de julho de 2012).

Jenkins, H., 2002. Como é que devemos ensinar física newtoniana aos miúdos? Simple Play computer games, Technology Review, março de 2002.

Johnson, B. R. e Koedinger, K. R., 2002. Comparing instructional strategies for integrating concetual and procedural knowledge, Proceedings of the Annual Meeting of the North American Chapter of theInternational Group for the Psychology of Mathematics Education, 1 (4), pp.969-978.

Kaiser, H. F., 1974. Um índice de simplicidade fatorial, Psychometrika.

Kam, M., Kumar, A., Jain, S., Mathur A. e Canny, J., 2009. Improving Literacy in Rural India: Cellphone Games in an After-School Program, Actas da Conferência IEEE/ACM sobre Tecnologias da Informação e da Comunicação e Desenvolvimento, Doha, Qatar, pp.139-149.

Kirakowski, J. e Corbett, M., 1988. Measuring User Satisfaction, Jones, D. M. e Winder, R., (Eds.), People and Computers IV, Cambridge: Cambridge University Press.

Kirriemuir, J., 2002. Videojogos, Educação e Tecnologias Digitais de Aprendizagem: Relevance and Opportunities, D-Lib Magazine, 8.

Klein, G., 1999. Sources of power: How people make decisions? The MIT Press Cambridge, Massachusetts The MIT Press, Cambridge, Massachusetts, Londres, Inglaterra, fevereiro de 1999.

Klopfer, E., 2008. Augmented Learning: Research and Design of Mobile Educational Games: The MIT Press.

Korhonen, H., Elina, M. I. e Koivisto, 2006. Playability heuristics for mobile games, Actas da 8.ª conferência sobre a interação homem-computador com dispositivos e serviços móveis, 12-15 de setembro de 2006, Helsínquia, Finlândia, Disponível em: <doi>10.1145/1152215.1152218>, (Acedido em 20 de novembro de 2010).

Kumaraguru, P. e Cranor, L., 2005. Privacy in India: Attitudes and Awareness, Actas do Workshop 2005 sobre Tecnologias de Melhoria da Privacidade (PET2005), Dubrovnik, Croácia, 30 de maio - 1 de junho de 2005.

Kumaraguru, P., Cranor, L., 2009. Phishguru: um sistema para educar os utilizadores sobre ataques semânticos, Carnegie Mellon University, Pittsburgh, PA.

Kumaraguru, P., Cranshaw, J., Acquisti, A., Cranor, L., Hong, J., Blair, M. A. e Pham, T., 2009. School of phish: a real-world evaluation of anti-phishing training, Actas do 5.º Simpósio sobre Privacidade e Segurança Utilizáveis, 15-17 de julho de 2009, Mountain View, Califórnia Disponível em: <doi>10.1145/1572532.1572536>, (Acedido em 25 de outubro de 2011).

Kumaraguru, P., Rhee, Y., Acquisti, A., Cranor, L. F., Hong, J. e Nunge, E., 2007. Protecting people from phishing: the design and evaluation of an embedded training email system, Actas da conferência SIGCHI sobre Human Factors in Computing Systems, San Jose, Califórnia, EUA, abril - maio de 2007.

Kumaraguru, P., Rhee, Y., Acquisti, A., Cranor, L. F., Hong, J. e Nunge, E., 2007. Protecting people from phishing: the design and evaluation of an embedded training email system, Actas da conferência SIGCHI sobre Human Factors in Computing Systems, San Jose, Califórnia, EUA, abril - maio de 2007.

Kumaraguru, P., Rhee, Y., Sheng, S., Hasan, S., Acquisti, A., Cranor, L. F. e Hong, J., 2007. Getting Users to Pay Attention to Anti-Phishing Education: Evaluation of Retention and Transfer, APWG eCrime Researchers Summit, 4-5 de outubro de 2007, Pittsburgh, PA, EUA.

Kumaraguru, P., Rhee, Y., Sheng, S., Hasan, S., Acquisti, A., Cranor, L. F. e Hong, J., 2007. Getting Users to Pay Attention to Anti-Phishing Education: Evaluation of Retention and Transfer, APWG eCrime Researchers Summit, 4-5 de outubro de 2007, Pittsburgh, PA, EUA.

Kumaraguru, P., Sheng, S., Acquisti, A., Cranor, L. F. e Hong, J., 2008. Lessons from a real world evaluation of anti-phishing training, eCrime Researchers Summit, 15-16 de outubro, pp.1-12.

Kumaraguru, P., Sheng, S., Acquisti, A., Cranor, L. F., e Hong, J., 2007. Ensinando Johnny a não cair em phish. Tech. rep., Cranegie Mellon University, Disponível em:<http://www.cylab.cmu.edu/files/cmucylab07003.pdf>, (Acedido em 12 de junho de 2011).

Kurkovsky, S., 2009. Envolver os alunos através do desenvolvimento de jogos móveis. ACM SIGCSE Bull, 41, pp.44-48.

Landay, J.A. e Myers, B.A., 1996. Sketching Storyboards to Illustrate Interface Behavior, Conference Companion of ACM Conference on Human Factors in Computing Systems, CHI '96, Vancouver, Canadá, 13-18 de abril de 1996, pp.193-194.

Lazarus, R., e Folkman, S., 1984. Stress, Coping, and Adaptation, Nova Iorque: Springer-Verlag.

Lewis, J. R. e Sauro, J., 2009. The Fator Structure of the System Usability Scale, Actas da 1ª Conferência Internacional sobre Design Centrado no Homem: Realizada como parte da HCI International 2009, San Diego, CA, 19-24 de julho de 2009, Disponível em: <doi>10.1007/978-3-642-02806-9_12>, (Acedido em 24 de fevereiro de 2012).

Lewis, J., 1995. IBM Computer Usability Satisfaction Questionnaires: Psychometric Evaluation and Instructions for Use, International Journal of Human-Computer Interaction, 7 (1), 57-78, Disponível em: <http://www.acm.org/~perlman/question.cgi?form=CSUQ>,(Acedido em 20 de fevereiro de 2012).

Liang, H. e Xue, Y., 2009. Avoidance of Information Technology Threats: A Theoretical Perspective, MIS Quarterly, 33 (1), 71-90.

Liang, H. e Xue, Y., 2010. Compreender os comportamentos de segurança na utilização de computadores pessoais: A Threat Avoidance Perspective, Association for Information Systems, 11 (7), pp.394-413.

Likert, R. A., 1932. A technique for the measurement of attitudes, Archives of Psychology, 140, 55, citado em: Coolican, H., 2004. Research Methods and Statistics in Psychology, 4ª ed., Londres, Hodder & Stoughton.

Lim, Y. K., Pangam, A., Periyasami, S. e Aneja, S., 2006. Comparative analysis of high- and low-fidelity prototypes for more valid usability evaluations of mobile devices, Proceedings of the 4th Nordic conference on Human-computer interaction: changing roles, Oslo, Norway, 14-18cOctober 2006, 291-300, Disponível em: <doi>10.1145/1182475.1182506>, (Acedido em 10 de maio de 2012).

Lin, J., Newman, M.W., Hong, J.I. e Landay, J.A., 2000. DENIM: Finding a Tighter Fit Between Tools and Practice for Web Site Design, Actas da ACM

Conferência sobre Factores Humanos em Sistemas Informáticos, CHI 2000, Haia, Países Baixos, 1-6 de abril de 2000, pp.510-517.

Liu, L. e Khooshabeh, P., 2003. Paper or interactive? A study of prototyping techniques for ubiquitous computing environments, Proceedings of CHI '03 extended abstracts on Human factors in computing systems, 05-10 April, Ft.

Lauderdale, Florida, USA , 1030-1031, <doi=10.1145/765891.766132>, (Acedido em 8 de junho de 2012).

Maldonado, H., Lee, J. E. R., Brave, S., Nass, C., Nakajima, H., Yamada, R., Iwamura, K., e Morishima, Y., 2005. We learn better together: enhancing elearning with emotionalcharacters, Actas da conferência de 2005 sobre apoio informático à aprendizagem colaborativa, Sociedade Internacional das Ciências da Aprendizagem, CSCL '05, pp.408-417, 30 de maio a 4 de junho de 2005, Taipei, Taiwan.

Malone, T., 1981. Toward a Theory of Intrinsically Motivating Instruction, Cognitive Science, 5, 333-369.

Mayer, R. E., 2001. Multimedia Learning. Nova Iorque CambridgeUniversity Press.

McFarlane, A., Sparrowhawk, A., &Heald, Y., 2002. Report on the educational use of games, Disponível em: <http://www.teem.org.uk/publications/teem_gamesined_full.pdf.>, (Acedido em 22 de outubro de 2011).

Michael, D. e Chen, S., 2005. Serious Games: Games That Educate, Train, and Inform. Curso de Tecnologia, 2005.

Microsoft, 2012. Utilize o menu Iniciar para verificar se existem actualizações. [online] Disponível em: <Utilize o menu Iniciar para verificar se existem actualizações >, (Acedido em 20 de outubro de 2012).

Miller, M. W. R. e Garfinkel, S., 2005. Do Security Toolbars Actually Prevent Phishing Attacks, Posters SOUPS.

Milne, S., Orbell, S. e Sheeran, P., 2002. Combining Motivational and Volitional Interventions to Promote Exercise Participation: Protection Motivation Theory and Implementation Intentions, British Journal of Health Psychology, 7, pp.163-184.

MIT App Inventor, 2012. Learn About App Inventor, Disponível em: <http://beta.appinventor.mit.edu/learn/>, (Acedido em 12 de março de 2012).

Mitnick, K. e Simon, W. L., 2002. The art of Deception - Controlling the Human Elements of Security (A arte da ilusão - Controlo dos elementos humanos da segurança).

Molnar, A. e Frias-Martinez, M., 2011. Educamovil: Mobile educational games made easy, In Proceedings of the World Conference on Educational Multimedia, Hypermedia and Telecommunications,pp. pp.3684-3689, Chesapeake, VA: AACE.

Moreno, R., Mayer, R. E., Spires, H. A. e Lester, J. C., 2001. The case for social agency in computer-basedteaching: Do students learn more deeply when they interactwith animated pedagogical agents?, Cognition and Instruction, 19 (2), pp.177 - 213.

Moreno-Ger, P., Burgos, D., Sierra, J. L. e Fernàndez-Manjón, B., 2008. Educational Game Design for

Online Education, Computers in Human Behavior, 24 (6), 2530-2540.

Mumtaz, S., 2001. Children's enjoyment and perception of computer use in the home and the school, Computers and Education, 36 (4), pp.347-362.

Munoz-Organero, M., Munoz-Merino, P. J., & Kloos, C. D., 2010. Comportamento do aluno e padrões de interação com um LMS como preditores de motivação em ambientes de e-learning. Education, IEEE Transactions on, 53(3), 463-470.

Nacke, L., 2009. From playability to a hierarchical game usability model, Proceedings of the 2009 Conference on Future Play on @ GDC Canada, 12-13 May 2009, Vancouver, British Columbia, Canada, Disponível em: <doi>10.1145/1639601.1639609>, (Acedido em 28 de setembro de 2011).

Natvig, L., Line, S. e Djupdal, A., 2004. Age of Computers: An Innovative Combination of History and Computer Game Elements for Teaching Computer Fundamentals, Actas da 34ª Conferência ASEE/IEEE Frontiers in Education. (FIE), vol. 3, pp.S2F 1.

Navarro, E. O. e Hoek, A. V. D., 2004. SimSE: an Educational Simulation Game for Teaching the Software Engineering Process, ITiCSE '04, Proceedings of the 9th annual SIGCSE conference on Innovation and technology in computer science education, New York, USA,pp. 233 - 233.

Neilsen, J., 1993. Usability Engineering. Academic Press, Boston, MA.

Ng, B. Y. e Rahim, M. A., 2005. A Socio-Behavioral Study of Home Computer Users Intention to Practice Security", Actas da Ninth Pacific Asia Conference on Information Systems, Banguecoque, 7-10 de julho, Banguecoque, Tailândia.

Ng, B.Y., Kankanhalli, A. e Xu, Y. C., 2009. Estudar o comportamento de segurança informática dos utilizadores: A health belief perspective, Decision Support System, 46 (4), pp.815-825.

Nielsen, J., 2000. Why you only need to test with 5 users, Disponível em: <http://www.useit.com/alertbox/20000319.html>, (Acedido em 08 de maio de 2012).

Nielsen, J., Clemmensen, T. e Yssing, C., 2002. Obter acesso ao que se passa na cabeça das pessoas? - Reflections on the think-aloud technique, NordiCHI, 19-23 de outubro de 2002, ACM.

NOrgaard, M. e Hornbaek, K., 2006. O que é que os avaliadores de usabilidade fazem na prática? An explorative study of think-aloud testing, Actas da Conferência DIS 2006 sobre a conceção de sistemas interactivos, ACM Press, Nova Iorque, pp.209-218.

NOrgaard, M. e Hornbæk, K., 2006. What do usability evaluators do in practice?: an explorative study of think-aloud testing, Actas da 6.ª conferência sobre Designing Interactive systems, University Park, PA, EUA, 26-28 de junho de 2006, Disponível em: <doi>10.1145/1142405.1142439>, (Acedido em 4 de junho de 2012).

Nunnally, J. O., 1978. Psychometric theory. Nova Iorque: McGraw-Hill.

Oates, B.J., 2006. Researching Information Systems and Computing. Londres: Sage.

Oblinger, D., 2004. The next generation of educational engagement, Interactive Media in Education, 8, pp.1-18.

O'Brien, J., Rodden, T., Rouncefield , M. e Hughes, J., 1999. At Home with the Technology: An Ethnographic Study of a Set-Top-Box Trial, ACM Transactions on Computer-Human Interaction, 6 (3), pp.282-308.

Instituto Nacional de Estatística. 2011. Acesso à Internet - Agregados Familiares e Indivíduos, Disponível em: <http://www.ons.gov.uk/ons/dcp171778_227158.pdf>, (Acedido em 17 de outubro de 2011).

Osgood, C. E., Suci, G. e Tannenbaum, P. H., 1957. The Measurement of Meaning. Urbana: Universidade de Illinois. Citado em: Coolican, H., 2004. Research Methods and Statistics in Psychology, 4ª ed., Londres, Hodder and Stoughton. Londres, Hodder and Stoughton.

Pallant J, 2007. A step by step guide to data analysis using SPSS for Windows (Version 15), SPSS survival manual, Open University Press, Buckingham.

Papastergiou, M., 2009. Aprendizagem baseada em jogos digitais no ensino da informática no ensino secundário: Impacto na eficácia pedagógica e na motivação dos alunos. Computadores e Educação, 52 (1), pp.1-12.

Papert, S., 1998. Does Easy Do It? Children, Games, and Learning, Game Developer Magazine, 88.

Parsons, D., Ryu, H. e Cranshaw, M., 2006. A Study of Design Requirements for Mobile Learning Environments, Actas da Sexta Conferência Internacional do IEEE sobre Tecnologias de Aprendizagem Avançadas, pp.96-100.

Phishing IQ tests measure fear, not ability, Usable Security (USEC'07), Disponível em: <http://usablesecurity.org/papers/anandpara.pdf>, (Acedido em 12 de junho de 2011).

PhishTank, 2011. Disponível em: <http://www.phishtank.com/>, (Acedido em 28 de novembro de 2011).

PhishTank, 2013. Disponível em: <http://www.phishtank.com/stats/2013/01/>, (Acedido em 27 de abril de 2013).

Pike, M., 2011. The Magazine for the IT Professional, British Computer Society, The Charted Institute for IT.

Pinelle, D., Wong, N. e Stach, T., 2008. Heuristic Evaluation for Games: Usability Principles for Video Game Design, Proceeding of the twenty sixth annual SIGCHI conference on Human factors in computing systems CHI, Florence, Italy, April, 2008, pp.1453-1462, Disponível em: <doi>10.1145/1357054.1357282>, (Acedido em 12 de março de 2012).

Preece, J., Rogers, Y. R. e Sharp, H., 2002. Interaction Design, beyond humancomputer interaction, John Wiley and Sons, Inc., Nova Iorque.

Prensky, M., 2001. Digital Game-Based Learning Revolution, Digital Game-Based Learning, Nova Iorque.

Purkait, S., 2012. Phishing counter measures and their effectiveness - literature review, Information Management & Computer Security, 20 (5), pp.382 - 420.

Quinn, C. K., 2005. Engaging Learning Designing e-Learning Simulation Games, Pfeiffer: John Wiley & Sons.

Ramey, J., Boren, T., Cuddihy, E., Dumas, J., Guan, Z., Van den Haak, M. e De Jong, M., 2006. Does Think Aloud Work? How Do We Know?", CHI '06 extended abstracts on Human factors in computing systems, 22-27 de abril de 2006, Montreal, Quebeque, Canadá <doi=10.1145/1125451.1125464> (acesso em 2 de julho de 2012).

Rates, S. J., 2004. Doing social science research, SAGE Publications, Londres.

Raybourn, E. M. e Waern, A., 2004. Social Learning Through Gaming, CHI '04 extended abstracts on Human factors in computing systems, 24-29 de abril, Viena, Áustria, 1733-1734, <doi=10.1145/985921.986206>, (Acedido em 10 dc março de 2012).

Repenning, A. e Lewis, C., 2005. Jogar um jogo: The ecologyof designing, building and testing games as educational activities, In ED-Media, World Conference on Educational Multimedia, Hypermedia & Telecommunications, Association for the Advancement of Computing in Education, 27 de junho a 2 de julho, Montreal, Canadá.

Rhoa, H. e Yub, I., 2011. O impacto dos factores de evitamento de ameaças às tecnologias da informação no comportamento de evitamento do utilizador.

Richmond, R., 2006, Hackers set up attacks on home PCs, Financial Firms: study, setembro de 2006, Disponível em: <http://www.marketwatch.com/News/Story/Story.aspx?dist=newsfinder&siteid=google&guid=%7B92615073-95B6-452EA3B9 569BEACF91E8%7D&keyword=>, (Acedido em 27 de março de 2011).

Robila, S. A. e Ragucci, J. W., 2006. Don't be a phish: steps in user education, Proceedings of the 11th annual SIGCSE conference on Innovation and technology in computer science education, 26 - 28 June 2006, Bologna, Italy, Disponível em: <doi>10.1145/1140124.1140187>, (Acedido em 29 de março de 2011).

Robson, C., 2002. Real World Research, (Oxford: Blackwell Publishing).

Rogers, R. L., 2006. Home Computer Security, Carnegie Mellon Software Engineering Institute, outubro de 2006, Disponível em: <http://www.cert.org/homeusers/HomeComputerSecurity/>, (Acedido em 17 de junho de 2010).

Rooden, M. J., 1998. Pensar em pensar em voz alta. In: HANSON, M. A., (eds.), Proceedings of the

Annual Conference of the Ergonomics Society, Cirencester, UK, Taylor & Francis, London (UK), pp.328-332. ISBN: 07484-0811-8.

Root, R. W. & Draper, S., 1983. Questionnaires as a software evaluation tool, Proceedings of the SIGCHI conference on Human Factors in Computing Systems, pp.83-87, December 12-15, Boston, Massachusetts, New York, United States <doi=10.1145/800045.801586> (Acedido em 23 de junho de 2012).

Rosas, R., Nussbaum, M., Cumsille, P., Marianov, V., Correa, M., Flores, P., Grau, V., Lagos, V., Lopez, X., Lopez, V., Rodriguez, P. e Salinas, M., 2003. Beyond Nintendo: design and assessment of educational video games for first and second grade students, Computers & Education, 40(1), pp.71-94.

Roschelle J. e Pea R. D., 2002. A walk on the WILD side: how wireless handhelds may change computer-supported collaborative learning, Actas da Conferência Internacional sobre Apoio Informático à Aprendizagem Colaborativa 2002 (ed. Stahl, G.), Lawrence Erlbaum Associates, Mahwah, NJ, pp.51-60.

Rosenstock, I. M., 1974. The health belief model and preventive health behavior, Health Education Monographs, 2, pp.354-386.

Saleeby, J. R., 2000. Health beliefs about mental illness: an instrument development study, American Journal of Health Behavior, (24) 2, pp.83-95.

Sanchez, F. e Duan, Z., 2012. A Sender-Centric Approach to Detecting Phishing Emails, ASE/IEEE International Conference on Cyber Security, Washington D.C., USA, December 14-16, 2012, Disponível em: <

http://www.cs.fsu.edu/research/reports/TR-121106.pdf >, (Acedido em 3 de dezembro de 2012).

Schechter, S.E., 2007. Os novos indicadores de segurança do imperador, IEEE Symp. Segurança e Privacidade, IEEE CS 2007, pp.51-65.

Schneier, B., 2000. Semantic Attacks; The Third Wave of Network Attacks, CryptoGram Newsletter, outubro de 2000, Disponível em: <http://www.schneier.com/crypto- gram-0010.html>, (Acedido em 02 de abril de 2011).

Schultz, E., 2003. A caixa de Pandora: spyware, adware, autoexecução e NGSCB, Computer & Security (22) 5, pp. 366-367.

Sefelin, R., Tscheligi, M. e Giller, V., 2003. Paper prototyping - what is it good for?: a comparison of paper- and computer-based low-fidelity prototyping, CHI '03 extended abstracts on Human factors in computing systems, Ft. Lauderdale, Florida, USA, 05-10 April 2003, Disponível em: <doi>10.1145/765891.765986>, (Acedido em 27 de junho de 2012).

Sharples, M., 2000. A conceção de tecnologias móveis pessoais para a aprendizagem ao longo da vida, Computer & Education, 34 (3-4), pp.177-193.

Shaw, G., 2003. "Spyware & Adware: the Risks facing Businesses", Network Security (2003) 9, pp.12-14.

Sheng, S., Holbrook, M., Kumaraguru, P., Cranor, L., F. e Downs, J., 2010. Who falls for phish?: a demographic analysis of phishing susceptibility and effectiveness of interventions, 28.ª conferência internacional sobre factores humanos em sistemas informáticos, 10-15 de abril de 2010, Atlanta, Geórgia, EUA.

Sheng, S., Magnien, B., Kumaraguru, P., Acquisti, A., Cranor, L. F., Hong, J. e Nunge, E., 2007. Anti-Phishing Phil: the design and evaluation of a game that teaches people to not fall for phish, Actas do 3.º simpósio sobre privacidade e segurança utilizáveis, Pittsburgh, Pensilvânia, julho de 2007.

Shih, Y. H., Hou, H. T. e Wu, Y. T. T., 2011. A Review on the Concepts and Instructional Methods of Mini Digital Physics Games of PHYSICSGAMES.NET, Edutainment'11, Actas da 6.ª conferência internacional sobre E-learning e jogos, tecnologias de edutainment, LNCS, 6872,pp.517-521.

Shneiderman, B., 1987. Designing the user interface: supplemental materials, Universidade de Maryland em College Park, College Park, MD.

Sipior, J. C., Ward, B. T. e Roselli, G. R., 2005. "The ethical and legal concerns of spyware, "Information Systems Management (22) 2, pp. 39-49.

Smith, H., Milberg, S. e Burke, S., 1996. Information privacy: measuring individuals' concerns about organizational practices, MIS Quarterly, 20 (2), pp.167196.

Sonderegger, A. e Sauer, J., 2010. The influence of design aesthetics in usability testing: effects on user performance and perceived usability, Applied Ergonomics, 41 (3), pp.403-410.

Squire, K., 2003. Video games in education, International Journal of Intelligent Simulations and Gaming, 2, pp.49-62.

Stafford, T. F. e Urbaczewski, A., 2004. "Spyware: the ghost in the machine", Communications of the AIS 14, pp. 291-306.

Stajano, F. e Wilson, P., 2011. Compreender as vítimas de burlas: Seven Principles for Systems Security, Comm. ACM, 54 (3), pp.70-75.

Susan, H., Catherine, A. e Ritu, A., 2006. Practicing Safe Computing, Proceedings Message Freaming, Self-View and Home Computer User Security Behaviour Intentions, ICIS 2006, 93, Disponível em: <http://aisel.aisnet.org/icis2006/93>, (Acedido em 15 de março de 2011).

Taran, C., 2005. Motivation Techniques in eLearning, Fifth IEEE International Conference on Advanced Learning Technologies (ICALT'05), pp.617-619.

Thurstone, L. L., 1931. The measurement of social attitude. Journal of Abnormal and Social Psychology, 26, pp.249-69. Citado em: Coolican, H., 2004. Research Methods and Statistics in Psychology. 4ª ed., Londres, Hodder & Stought. Londres, Hodder & Stoughton.

Tian, F., Lv, F., Wang, J., Wang, H., Luo, W., Kam, M., Setlur, V., Dai, G., e Canny, J. 2010. Let's Play Chinese Characters: Mobile Learning Approaches via Culturally Inspired Group Games, Actas da 28.ª Conferência Internacional sobre Factores Humanos em Sistemas Informáticos, Atlanta, 1 (4), 1603-1612.

Timko, D., 2008. The social engineering threat (A ameaça da engenharia social), Information Systems Security Association.

Tolentino, G.P., Battaglini, C., Pereira, A.C.V., de Oliveria, R.J. e de Paula, M.G.M., 2011. Usability of Serious Games for Health, 2011 Third International Conference on Games and Virtual Worlds for Serious Applications (VS-GAMES), pp.172-175, 4-6 de maio de 2011, Disponível em: <doi: 10.1109/VS-GAMES.2011.33>, (Acedido em 26 de março de 2012).

Torrente, J., Blanco, A. D., Marchiori, E.J. , Moreno-Ger, P. e Fernàndez-Manjón, B., 2010. Introduzir os jogos educativos no processo de aprendizagem, EDUCON 2010, IEEE, Madrid, Espanha, pp.1121-1126.

Truong, K. N., Hayes,G. R. e Abowd,G. D., 2006. Storyboarding: an empirical determination of best practices and effective guidelines, Proceedings of the 6th conference on Designing Interactive systems, 26-28 June 2006, University Park, PA, USA, Disponível em: <doi>10.1145/1142405.1142410>, (Acedido em 12 de junho de 2012).

Tseng, S. S., Chen, K. Y., Lee, T. J., Weng, J. F., 2011. Automatic content generation for anti-phishing education game, 2011 International Conference on Electrical and Control Engineering (ICECE), pp.6390-6394, 16-18 de setembro de 2011, Disponível em: <doi: 10.1109/ICECENG.2011.6056921>, (Acedido em 15 de maio de 2012).

Tu, Z., Yuan, Y., 2012. Understanding User's Behaviors in Coping with Security Threat of Mobile Devices Loss and Theft, 2012 45th Hawaii International Conference on System Science (HICSS), 4-7 de janeiro de 2012, pp.1393-1402, Disponível em: <doi:10.1109/HICSS.2012.620>, (Acedido em 25 de julho de 2012).

Tullis, T. S. e Stetson, J. N., 2004. A Comparison of Questionnaires for Assessing Website Usability, Conferência da Associação de Profissionais de Usabilidade (UPA) 2004, Minneapolis, EUA, 7-11 de junho de 2004.

Van Eck, R., 2006. Digital Game-Based Learning: It's Not Just the Digital Natives Who Are Restless, Educause Review, 41 (2), 16-30.

Virzi, R. A., 1992. Refining the test phase of usability evaluation: how many subjects is enough?, Human factors, 34 (4), pp.457-468.

Walliman, N., 2001. Your research project: a step-by-step guide for the first-time researcher, Thousand Oaks, London, Sage Publications.

Walls, R., 2012. Using Computer Games to Teach Social Studies, Digital Media; Project Assignment,

Uppsala University, Disponível em: <http://uu.diva- portal.org/smash/record.jsf?pid=diva2:561746>, (Acedido em 3 de dezembro de 2012).

Wang, A.I., Fsdahl, T., Morch-Storstein, O. K., 2008. An Evaluation of a Mobile Game Concept for Lectures, IEEE 21st Conference on Software Engineering Education and Training, CSEET '08, 14-17 de abril de 2008, pp.197-204, Disponível em: <doi: 10.1109/CSEET.2008.15>, (Acedido em 14 de novembro de 2011).

Warkentin, M. e A. C. Johnston (2006) IT Security Governance and Centralized Security Controls, em M. Warkentin e R. Vaughn (Eds.) Enterprise Information Assurance and System Security: Managerial and Technical Issues, Hershey, PA: Idea Group Publishing, pp. 16-24.

Wegerif, R., 2003. Thinking Skills, Technology and Learning: NESTA Futurelab Literature Review. NESTA Futurelab, Bristol, Disponível em: <http://www.nestafuturelab.org/research>, (Acedido em 3 de fevereiro de 2012).

Wolber, D., 2011. App inventor and real-world motivation, Proceedings of the 42nd ACM technical symposium on Computer science education, SIGCSE '11, March 09-12, 2011, Dallas, TX, USA, 601-606, <doi=10.1145/1953163.1953329>, (Acedido em 24 de março de 2012).

Woon, I., Tan, G. W. e Low, R., 2005. A Protection Motivation Theory Approach to Home Wireless Security, Conferência Internacional sobre Sistemas de Informação, Las Vegas, 11-14 de dezembro, pp.367-380.

Workman, M., Bommer, W. H. e Straub, D., 2008. Security Lapses and the Omission of Information Security Measures: A Threat Control Model and Empirical Test, Computers in Human Behavior, 24 (6), pp.2799-2816.

Wu, M., Miller, R. e Garfinkel, S., 2005. Do Security Toolbars Actually Prevent Phishing Attacks?, Proceedings of the SIGCHI Conference on Human Factors in Computing Systems, Montreal, Quebec, Canada, 22 - 27April 2006.

Ye, Z. e Sean, S., 2002. Trusted Paths for Browsers, Actas do 11º Simpósio de Segurança USENIX, Associação USENIX, Berkeley, CA, EUA, p. 263 - 279, 5-09 de agosto de 2002.

Yordanova, K., 2007. Mobile learning and integration of advanced technologies ineducation, Actas da conferência internacional de 2007 sobre sistemas e tecnologias informáticas, 14-15 de junho de 2007, Bulgária, Disponível em: <doi>10.1145/1330598.1330695>, (Acedido em 17 de janeiro de 2012).

Zaharias, P. e Poylymenakou, A., 2009. Developing a usability evaluation method for e-learning applications: beyond functional usability, International Journal of Human-Computer Interaction, 25 (1), pp.75-98.

Zhang, Y., Egelman, S., Cranor, L. F. e Hong, J., 2007. Phinding phish - Evaluating anti-phishing tools, Proceedings of the 14th Annual Network & Distributed System Security Symposium, February 28 - March 2, 2007, Disponível em: <http://lorrie.cranor.org/pubs/toolbars.html>, (Acedido em 04 de junho de 2011).

Zhu, Q., Zhao, L., Cao, S., Shen, J. e Zhang, S. 2009. A BnB Mobile Game Online Based on J2ME and J2EE, 7th ACIS International Conference on Software Engineering Research, Management and Applications, SERA '09, pp.19-24, 2-4 December 2009, Disponível em: <doi: 10.1109/SERA.2009.10>, (Acedido em 21 de junho de 2012).

Zyda, M., 2005. "Da simulação visual à realidade virtual e aos jogos", Computer, vol. 38, n.º 9, pp. 25-32.

Apêndices

Brunel
UNIVERSITY
WEST LONDON

UNIVERSIDADE DE LONDRES OESTE

Appendix 1

MODELO DE FORMULÁRIO DE CONSENTIMENTO

(Adapte este formulário à sua situação de investigação)

O participante deve preencher sozinho a totalidade desta folha

Assinale a casa correspondente

SIM NÃO

Leu a Ficha de Informação do Participante na Investigação?

Teve a oportunidade de colocar questões e discutir este estudo? -----

Recebeu respostas satisfatórias a todas as suas perguntas?

Com quem é que falou?

Tem conhecimento de que não será referido pelo seu nome em nenhum relatório relativo ao estudo?

Compreende que é livre de se retirar do estudo:

- em qualquer altura
- sem ter de apresentar um motivo para se retirar?
- (eliminar se não for relevante, adaptar se necessário) sem afetar os seus cuidados futuros?

(Se for caso disso) Aceito que a minha entrevista seja gravada. -----

(Se for caso disso) Aceito a utilização de citações diretas não imputáveis quando --------------

o estudo é redigido ou publicado.

Concorda em participar neste estudo?

Assinatura do participante na investigação:

Nome em maiúsculas: Data:

Declaração de testemunhas

Certifico que a pessoa acima referida deu o seu consentimento informado.

Testemunhado por:

Nome em maiúsculas:Data:

Brunel
UNIVERSITY
WEST LONDON

Appendix 2

Um questionário de teste da estrutura de conceção de jogos

O meu nome é Gamagedara Arachchilage Nalin Asanka, sou candidato a investigação de doutoramento na Escola de Sistemas de Informação, Computação e Matemática da Universidade de Brunel e o meu título de investigação é "Sensibilização para a segurança dos utilizadores de computadores: Uma abordagem de aprendizagem baseada em jogos".

O objetivo deste questionário é avaliar o quadro de conceção de jogos proposto para os utilizadores de computadores se protegerem de ataques de phishing. O phishing é um roubo de identidade em linha que visa roubar informações sensíveis, como o nome de utilizador, a palavra-passe e os dados bancários em linha das vítimas. Por exemplo, o atacante cria um sítio Web fraudulento com o aspeto e a aparência do sítio Web legítimo. Os utilizadores são convidados para os sítios fraudulentos através do envio de e-mails e roubam o seu dinheiro.

Os resultados do estudo farão parte da minha tese de doutoramento e serão publicados em revistas nacionais e internacionais e apresentados em conferências. A participação neste questionário não é obrigatória e os participantes podem desistir em qualquer altura sem consequências.

As informações que fornecer serão inteiramente confidenciais e não serão partilhadas com pessoas que não estejam diretamente ligadas a este projeto. Se tiver quaisquer preocupações ou queixas relativamente aos aspectos éticos deste projeto, contacte siscm.srec@brunel.ac.uk

Por favor, responda honestamente e com a maior exatidão possível. A sua contribuição é muito apreciada. *Boa sorte* com tudo!

Muito obrigado.

Nalin Asanka

Por favor, selecione a resposta mais adequada a cada afirmação

Informações pessoais

Selecione o seu sexo:	Masculino	Feminino	
Selecione a sua faixa etária:	18-34	35-49	50-60

Selecione a sua formação: Menos de um diploma do ensino secundário

Diploma do ensino secundário

Licenciatura

Diploma de pós-graduação

Em média, quantas horas por semana passa na Internet?

0-5 6-10

11-15 16- 20

21+

Questionário de teste do quadro de conceção do jogo

4. **Suscetibilidade percebida**

	Discordo totalmente 1	Não concordo 2	Neutro 3	De acordo 4	Concordo plenamente 5
É extremamente provável que o meu computador venha a ser infetado por um ataque de phishing no futuro	☐	☐	☐	☐	☐
As minhas hipóteses de sofrer ataques de phishing são grandes.	☐	☐	☐	☐	☐
Penso que um ataque de phishing não irá infetar o meu computador no futuro	☐	☐	☐	☐	☐

5. **Gravidade percebida**

	Discordo totalmente 1	Não concordo 2	Neutro 3	Concordo 4	Concordo plenamente 5
Um ataque de phishing roubaria as minhas informações pessoais do meu computador sem o meu conhecimento	☐	☐	☐	☐	☐
Um ataque de phishing invadiria a minha privacidade	☐	☐	☐	☐	☐
Considero que um ataque de phishing não roubaria as minhas informações pessoais do	☐	☐	☐	☐	☐

meu computador sem o meu conhecimento					
Considero que um ataque de phishing não invade a minha privacidade	☐	☐	☐	☐	☐

6. **Ameaça percebida**

	Discordo totalmente 1	Não concordo 2	Neutro 3	De acordo 4	Concordo plenamente 5
Os ataques de phishing são uma ameaça para mim	☐	☐	☐	☐	☐
Um ataque de phishing é um perigo para o meu computador	☐	☐	☐	☐	☐
É arriscado utilizar o meu computador se este estiver a ser atacado por phishing	☐	☐	☐	☐	☐
Penso que um ataque de phishing não causará qualquer dano ao meu computador.	☐	☐	☐	☐	☐

7. **Perceção da eficácia das salvaguardas**

	Discordo totalmente 1	Não concordo 2	Neutro 3	Concordo 4	Concordo plenamente 5
A educação anti-phishing baseada em jogos seria útil para detetar ataques de phishing	☐	☐	☐	☐	☐
A educação anti-phishing baseada em jogos aumentaria o meu desempenho na proteção do meu computador contra ataques de phishing	☐	☐	☐	☐	☐
A educação anti-phishing baseada em jogos permitir-me-ia detetar mais rapidamente ataques de phishing no meu computador	☐	☐	☐	☐	☐
Considero que a educação anti-phishing baseada em jogos não seria útil para proteger o meu computador de ataques de	☐	☐	☐	☐	☐

phishing					

8. **Custo percebido da salvaguarda**

	Discordo totalmente 1	Não concordo 2	Neutro 3	De acordo 4	Concordo plenamente 5
Demorará muito pouco tempo a adquirir formação sobre antiphishing através de uma aprendizagem baseada em jogos	☐	☐	☐	☐	☐
Será menos dispendioso obter formação sobre antiphishing através de uma aprendizagem baseada em jogos	☐	☐	☐	☐	☐
Obter educação baseada em jogos anti-phishing para detetar ataques de phishing é inconveniente para mim	☐	☐	☐	☐	☐

9. Auto-eficácia

	Discordo totalmente 1	Não concordo 2	Neutro 3	Concordo 4	Concordo plenamente 5
Poderia adquirir conhecimentos anti-phishing com sucesso se nunca os tivesse aprendido antes	☐	☐	☐	☐	☐
Poderia adquirir conhecimentos sobre anti-phishing se tivesse apenas recursos relacionados como referência	☐	☐	☐	☐	☐
Eu poderia adquirir conhecimentos sobre anti-phishing se alguém me ajudasse a começar	☐	☐	☐	☐	☐
Conseguiria adquirir conhecimentos sobre anti-phishing se tivesse muito tempo para concluir a tarefa	☐	☐	☐	☐	☐
Poderia adquirir conhecimentos sobre anti-phishing se alguém me ensinasse a fazê-lo primeiro	☐	☐	☐	☐	☐

Considero que a aquisição de conhecimentos sobre anti-phishing não me ajuda a detetar ataques de phishing	☐	☐	☐	☐	☐

10. Motivação para evitar

	Discordo totalmente 1	Não concordo 2	Neutro 3	De acordo 4	Concordo plenamente 5
Tenciono obter educação antiphishing baseada em jogos para evitar ataques de phishing	☐	☐	☐	☐	☐
Prevejo que ganharia educação antiphishing baseada em jogos para evitar ataques de phishing	☐	☐	☐	☐	☐
Sinto que não quero receber educação anti-phishing baseada em jogos para evitar ataques de phishing	☐	☐	☐	☐	☐

11. Comportamento de evitamento

	Discordo totalmente 1	Não concordo 2	Neutro 3	Concordo 4	Concordo plenamente 5
Eu jogo o jogo anti-phishing para evitar ataques de phishing	☐	☐	☐	☐	☐
Actualizo frequentemente os meus conhecimentos em matéria de anti-phishing através da formação na base de dados do jogo	☐	☐	☐	☐	☐
A atualização dos conhecimentos anti-phishing através da educação baseada em jogos não é muito importante para evitar ataques de phishing	☐	☐	☐	☐	☐

Apêndice 3

Protótipo de jogo para telemóvel: Foi implementado um protótipo de jogo móvel para os utilizadores de computador para impedir ataques de phishing com base no desenho do storyboard.

1

5554:<build>
10:07 PM
Anti Phishing Net Mobile Game
URL :http://147.46.236.55/PayPal/login.html
Score :1 Lives :5 Time Left :564
Created by Nalin @ Brunel University Laboratory

2

5554:<build>
10:08 PM
Anti Phishing Net Mobile Game
URL :http://147.46.236.55/PayPal/login.html
"Don't trust URLs with all numbers in the front"
Score :1 Lives :5 Time Left :410
Created by Nalin @ Brunel University Laboratory

3

5554:<build>
10:09 PM
Anti Phishing Net Mobile Game
URL :www.paypa1.com
Score :2 Lives :5 Time Left :385
Created by Nalin @ Brunel University Laboratory

4

5554:<build>
10:09 PM
Anti Phishing Net Mobile Game
URL :www.paypa1.com
"Don't trust URLs with misspelled known websites"
Score :2 Lives :5 Time Left :277
Created by Nalin @ Brunel University Laboratory

5

5554:<build>
10:09 PM
Anti Phishing Net Mobile Game
URL :www.argos.co.uk.myshop.com
Score :4 Lives :5 Time Left :247
Created by Nalin @ Brunel University Laboratory

6

5554:<build>
9:53 PM
Anti Phishing Net Mobile Game
URL : http://www.nationwide.co.uk/default.htm
Score :0 Lives :5 Time Left :554
Created by Nalin @ Brunel University Laboratory

7

5554:<build>
10:10 PM
Anti Phishing Net Mobile Game
URL :https://ibank.barclays.co.uk/
Score :8 Lives :4 Time Left :91
Created by Nalin @ Brunel University Laboratory

8

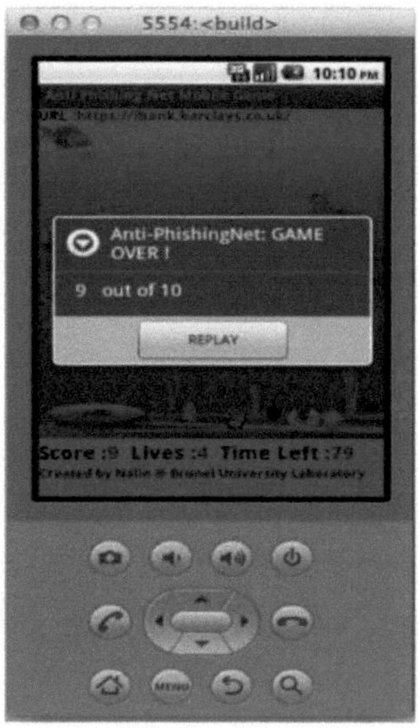
5554:<build>
10:10 PM
Anti-PhishingNet: GAME OVER !
9 out of 10
REPLAY
Score :9 Lives :4 Time Left :79

9

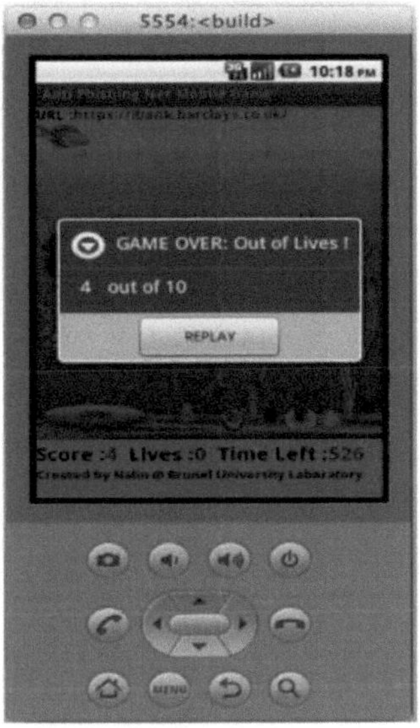

10

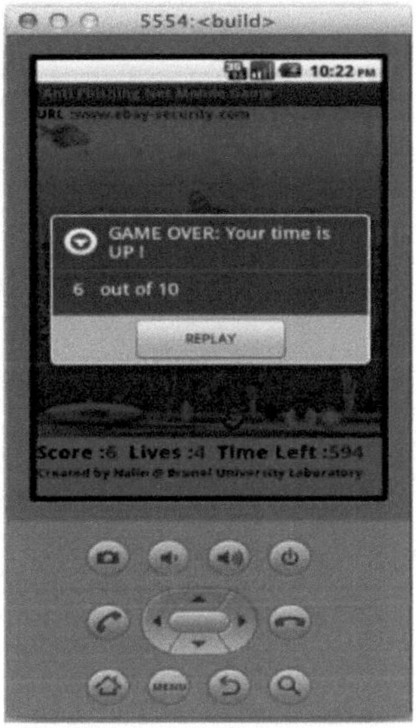

11

12

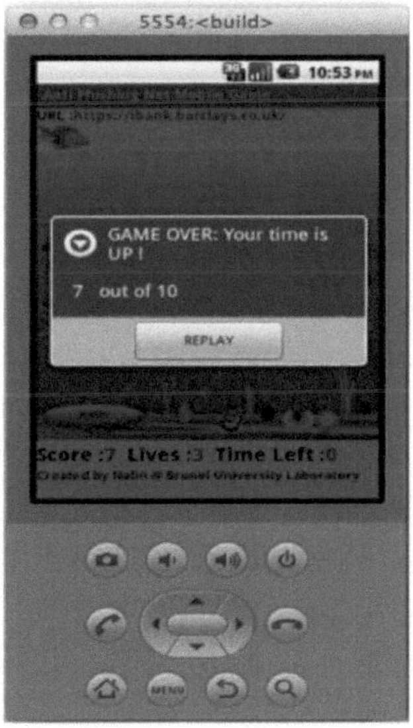

Apêndice 4

O questionário de usabilidade estilo Likert

O meu nome é Gamagedara Arachchilage Nalin Asanka, sou candidato a investigação de doutoramento na Escola de Sistemas de Informação, Computação e Matemática da Universidade de Brunel e o meu título de investigação é "Sensibilização para a segurança dos utilizadores de computadores domésticos: Uma abordagem de aprendizagem baseada em jogos móveis".

O objetivo deste questionário é medir a usabilidade de um protótipo de jogo para telemóvel. O jogo móvel é utilizado para educar os utilizadores de computadores domésticos a evitarem ataques de phishing. O phishing é um roubo de identidade em linha que visa roubar informações sensíveis das vítimas, como o nome de utilizador, a palavra-passe e os dados bancários em linha. Por exemplo, o atacante cria um sítio Web fraudulento com o aspeto e a aparência do sítio Web legítimo. Os utilizadores são convidados a entrar em sítios Web fraudulentos através do envio de e-mails e roubam o seu dinheiro.

Os resultados do estudo farão parte da minha tese de doutoramento e serão publicados em revistas nacionais e internacionais e apresentados em conferências. A participação neste questionário não é obrigatória e os participantes podem desistir em qualquer altura sem consequências.

As informações que fornecer serão inteiramente confidenciais e não serão partilhadas com pessoas que não estejam diretamente ligadas a este projeto. Se tiver quaisquer preocupações ou queixas relativamente aos aspectos éticos deste projeto, contacte siscm.srec@brunel.ac.uk

Descrição do jogo para telemóvel:

O jogo baseia-se no cenário de uma personagem de um pequeno "peixe" e do seu "professor" que vivem num grande lago. Supõe que és o peixe pequeno que quer comer minhocas para se tornar um peixe grande. No entanto, deves ter cuidado com os phishers que te tentam enganar com minhocas falsas. Cada minhoca gerada aleatoriamente está associada a um endereço de sítio Web (URL), que pode ser legítimo ou falso. A tua tarefa é comer todos os vermes verdadeiros que associam endereços de sítios Web legítimos e rejeitar os vermes falsos que se associam a endereços de sítios Web falsos antes que o tempo acabe.

Por favor, responda honestamente e com a maior exatidão possível. A sua contribuição é muito apreciada. *Boa sorte* com tudo!

Muito obrigado.

Nalin Asanka

Por favor, selecione a resposta mais adequada a cada afirmação

Informações pessoais

Selecione o seu sexo: MasculinoFeminino

Selecione a sua faixa etária: 18-3435-4950-60

Selecione as suas habilitações literárias: Menos de um diploma do ensino secundário

Diploma do ensino secundário Licenciatura Licenciatura Pós-graduação

Em média, quantos

horas por semana 0-56-1011-1516- 2021+

gastar na Internet?

Experiência de utilização de telemóvelTelemóvel

dispositivo: Telemóvel

Assistente pessoal digital (PDA)

Tablet PC

Avaliação da usabilidade de protótipos de jogos para telemóvel

Não	Declaração	Fortemente De acordo 1	Não concordo 2	Neutro 3	De acordo 4	Fortemente Não concordo 5
1	Penso que gostaria de utilizar este jogo para telemóvel com frequência	☐	☐	☐	☐	☐
2	**Achei o jogo para telemóvel desnecessariamente complexo**	☐	☐	☐	☐	☐
3	Achei que o jogo para telemóvel era fácil de utilizar	☐	☐	☐	☐	☐
4	**Penso que necessitaria do apoio de uma pessoa técnica para poder utilizar este jogo para telemóvel**	☐	☐	☐	☐	☐
5	Achei que as várias funções deste jogo para telemóvel estavam bem integradas	☐	☐	☐	☐	☐
6	Achei que havia demasiadas inconsistências neste jogo para telemóvel	☐	☐	☐	☐	☐
7	Imagino que a maioria das pessoas aprenderia a utilizar este jogo para telemóvel muito rapidamente	☐	☐	☐	☐	☐
8	**Achei o jogo para telemóvel muito difícil de utilizar**	☐	☐	☐	☐	☐
9	**Senti-me muito confiante ao utilizar o**	☐	☐	☐	☐	☐

	jogo para telemóvel					
10	Precisei de aprender muitas coisas antes de poder avançar com este jogo para telemóvel	☐	☐	☐	☐	☐

Apêndice 5

Os participantes foram recrutados para o estudo think-aloud na Universidade de Brunel, Londres, que são utilizadores de computadores, e foram convidados através do envio de mensagens de correio eletrónico e da publicação de uma mensagem no Facebook a pedir a sua ajuda.

A mensagem de correio eletrónico foi redigida da seguinte forma;

Caros amigos,

Espero que estejam a passar um bom bocado, com um tempo maravilhoso, depois dos exames e peço desculpa por estar a fazer uma publicação cruzada. Estou a planear realizar uma experiência para um estudo de investigação na quinta e na sexta-feira (quinta, 24 de maio de 2012 e sexta-feira, 25 de maio de 2012). Terei todo o prazer em convidar-vos para a experiência, se por vezes tiverem alguma coisa para mim. O tema da investigação é "Conceber uma estrutura de jogo móvel para os utilizadores de computadores pessoais se protegerem de ataques de phishing". Por isso, vou recrutar alguns voluntários para testar o meu artefacto de software (que é um protótipo de design de jogo). Só têm de jogar o jogo e dar-me a vossa opinião. A experiência não demora mais do que "uma" hora por cada pessoa.

Por conseguinte, não hesite em reservar o seu horário para mim através de: http://www.doodle.com/xzb7aq8nnbu4wsra

Muito obrigado.

Felicidades,

Nalin

A mensagem do facebook tinha o seguinte teor;

Gamagedara Arachchilage Nalin Asanka
Dear Folks,

I hope you're having a nice time with wonderful weather after exams and my apologies for cross posting. I'm planning to conduct an experiment for research study on Thursday and Friday (Thursday, the 24th, May, 2012 and Friday, the 25th, May, 2012). I would be delighted to invite you all for the experiment if you have sometimes for me. The research is all about "Designing a mobile game framework for personal computer users to protect themselves from phishing attacks". Therefore, I'm going to recruit some volunteers to test my software artefact (which is a game design prototype). You only need to do is first play the game and let me know your feedback. I'm there to provide all the instructions. The experiment takes no longer than "One" hour per each person.

Therefore, please feel free to allocate your time slot for me via : http://www.doodle.com/xzb7aq8nnbu4wsra

Many thanks.

Best wishes,
Nalin

Research Study - Experiment - Doodle: easy scheduling
doodle.com
Dear Folks, I hope you're having a nice time with wonderful weather after exams and my apologies for

Like · Comment · Unfollow post · Share · 23 May at 21:56

Appendix 6

Protocolo experimental: Instruções do estudo do utilizador em voz alta

Protocolo experimental: Instruções para o estudo do utilizador Think-aloud

Esta experiência - "Estudo do utilizador" - contribui para avaliar uma estrutura de conceção de jogos para os utilizadores de computadores pessoais para impedir ataques de phishing. Há algumas instruções que deve seguir na ordem indicada abaixo.

Sessão 1: Teste de phishing (Pré-teste)

- Descrição da tarefa: São-lhe dados 10 sites suspeitos de "phishing" e é-lhe pedido que identifique os sites legítimos dos sites de phishing. O phishing é um roubo de identidade em linha, que tem por objetivo roubar informações sensíveis das vítimas, como o nome de utilizador, a palavra-passe e os dados bancários em linha. Por exemplo, o atacante cria um sítio Web fraudulento que tem o aspeto e a aparência de um sítio Web legítimo. Os utilizadores são convidados para sites fraudulentos através do envio de e-mails e roubam o seu dinheiro". O teste é baseado no PC, onde obterá a pontuação no final do teste.

- Tarefa: Para fazer o teste, escreva a ligação abaixo no endereço Web (URL) do seu navegador e siga as instruções que lhe são dadas.

htt p://peopl e. brunei, ac.uk/"cspgnag/index.php

Sessão 2: Jogar o jogo móvel

- Descrição da tarefa: O protótipo do jogo móvel foi concebido e implementado para ensinar os utilizadores de computadores domésticos a prevenir ataques de phishing.

- Tarefa: São-lhe dados quinze minutos para completar a atividade de treino do jogo móvel. O experimentador ajudá-lo-á a jogar o jogo, que funciona no telemóvel Samsung Galaxy Mini. Ao fazê-lo, é-lhe pedido que expresse as suas opiniões e comentários sobre o jogo móvel no contexto específico do conhecimento, da compreensão e da sensibilização para os ataques de phishing. Após a atividade de formação sobre o jogo móvel, deve preencher um inquérito (Tabela 6.1) para avaliar a satisfação subjectiva do utilizador relativamente à interface do protótipo do jogo móvel.

Sessão 3: Teste de phishing (Pós-teste)

- Descrição da tarefa: São-lhe dados mais 10 sites suspeitos de "phishing" e é-lhe pedido que identifique os sites legítimos dos sites de phishing. O teste baseia-se no PC, sendo a pontuação obtida no final do teste.

- Tarefa: Para fazer o teste, escreva a ligação abaixo no endereço Web (URL) do seu navegador e siga as instruções que lhe são dadas.

htt p√peopl e. brunei, ac.ul√"cspgnag/indexl.php

Appendix 7

Este apêndice apresenta os métodos estatísticos e os resultados utilizados para testar todas as hipóteses discutidas no Capítulo 4.

Estudo-piloto

FIABILIDADE

/VARIABLES=PSUS1 PSUS2 R_PSUS3_R

/SCALE ('TODAS AS VARIÁVEIS') ALL

/MODELO=ALPHA.

Resumo do processamento do caso

		N	%
Casos	Válido	16	100.0
	Excluído[a]	0	.0
	Total	16	100.0
a. Supressão por lista com base em		em todas as variáveis do procedimento.	

Estatísticas de fiabilidade	
Alfa de Cronbach	N de artigos
.716	3

FIABILIDADE

/VARIABLES=PSEV1 PSEV2 R_PSEV8_R R_PSEV9_R /SCALE ('TODAS AS VARIÁVEIS') ALL

/MODELO=ALPHA.

Resumo do processamento do caso			
		N	%
Casos	Válido	16	100.0
	Excluído[a]	0	.0
	Total	16	100.0
Eliminação por lista com base em todas as variáveis do procedimento.			

Estatísticas de fiabilidade	
Alfa de Cronbach	N de artigos
.869	4

FIABILIDADE

/VARIABLES=PTHR1 PTHR2 PTHR3 R_PTHR_R

/SCALE ('TODAS AS VARIÁVEIS') ALL

/MODELO=ALPHA.

Resumo do processamento do caso			
		N	%
Casos	Válido	16	100.0
	Excluído[a]	0	.0
	Total	16	100.0
a. Supressão por lista com base em		em todas as variáveis do procedimento.	

Estatísticas de fiabilidade	
Alfa de Cronbach	N de artigos
.770	4

FIABILIDADE

/VARIABLES=PSEF1 PSEF2 PSEF3 R_PSEF4_R

/SCALE ('TODAS AS VARIÁVEIS') ALL

/MODELO=ALPHA.

Resumo do processamento do caso			
		N	%
Casos	Válido	16	100.0
	Excluído[a]	0	.0
	Total	16	100.0
a. Eliminação com base na lista		em todas as variáveis do procedimento.	

Estatísticas de fiabilidade	
Alfa de Cronbach	N de artigos
.904	4

FIABILIDADE

/VARIABLES=PCOST1 PCOST2 R_PCOST3_R /SCALE ('TODAS AS VARIÁVEIS') ALL /MODEL=ALPHA.

Resumo do processamento do caso			
		N	%
Casos	Válido	16	100.0
	Excluído[a]	0	.0
	Total	16	100.0
a. Supressão por lista com base em		em todas as variáveis do procedimento.	

Estatísticas de fiabilidade	
Alfa de Cronbach	N de artigos
.938	3

FIABILIDADE

/VARIABLES=SE1 SE3 SE6 SE7 SE9 R_SE11_R /SCALE ('TODAS AS VARIÁVEIS') ALL /MODEL=ALPHA.

Resumo do processamento do caso			
		N	%
Casos	Válido	16	100.0
	Excluído[a]	0	.0
	Total	16	100.0
a. Eliminação com base na		em todas as variáveis do	

lista	procedimento.
Estatísticas de fiabilidade	
Alfa de Cronbach	N de artigos
.798	6

FIABILIDADE

/VARIÁVEIS=AM1 AM2 R_AM3_R

/SCALE ('TODAS AS VARIÁVEIS') ALL /MODEL=ALPHA.

Resumo do processamento do caso			
		N	%
Casos	Válido	16	100.0
	Excluído[a]	0	.0
	Total	16	100.0
a. Supressão por lista com base em		em todas as variáveis do procedimento.	
Estatísticas de fiabilidade			
Alfa de Cronbach			N de artigos
.751			3

FIABILIDADE

/VARIABLES=AB1 AB2 R_AB3 R /SCALE ('TODAS AS VARIÁVEIS') ALL /MODEL=ALPHA.

Resumo do processamento do caso			
		N	%
Casos	Válido	16	100.0
	Excluído[a]	0	.0
	Total	16	100.0
a. Eliminação com base na lista		em todas as variáveis do procedimento.	
Estatísticas de fiabilidade			
Alfa de Cronbach			N de artigos
.880			3

FREQUÊNCIAS VARIÁVEIS=SEXO IDADE EDU NET_TIME

/PERCENTILES=100.0

/STATISTICS=STDDEV MÉDIA

/BARCHART POR CENTO

/ORDER=ANALYSIS.

Estatísticas

	SEXO	IDADE	EDU	TEMPO_LÍQUIDO
Válido N	16	16	16	16
Em falta	0	0	0	0
Média	1.38	1.00	2.19	4.00
Desvio Std. Desvio	.500	.000	.403	1.211
Percentis 100	2.00	1.00	3.00	5.00

Estudo principal

FIABILIDADE

/VARIABLES=PSUS1 PSUS2 R_PSUS3_R /SCALE ('TODAS AS VARIÁVEIS') ALL /MODEL=ALPHA.

Resumo do processamento do caso			
		N	%
Casos	Válido	151	100.0
	Excluído[a]	0	.0
	Total	151	100.0
a. Eliminação por lista com base em todas as variáveis do procedimento.			

Estatísticas de fiabilidade	
Alfa de Cronbach	N de artigos
.730	3

FIABILIDADE

/VARIABLES=PSEV1 PSEV2 R_PSEV8_R R_PSEV9_R /SCALE ('TODAS AS VARIÁVEIS') ALL

/MODELO=ALPHA.

Resumo do processamento do caso			
		N	%
Casos	Válido	151	100.0
	Excluído[a]	0	.0
	Total	151	100.0
a. Eliminação por lista com base em todas as variáveis do procedimento.			

Estatísticas de fiabilidade	
Alfa de Cronbach	N de artigos
.766	4

FIABILIDADE

/VARIABLES=PTHR1 PTHR2 PTHR3 R_PTHR_R /SCALE ('TODAS AS VARIÁVEIS') ALL

/MODEL=ALPHA.

Resumo do processamento do caso			
		N	%
Casos	Válido	151	100.0
	Excluído[a]	0	.0
	Total	151	100.0
a. Eliminação por lista com base em todas as variáveis do procedimento.			

Estatísticas de fiabilidade	
Alfa de Cronbach	N de artigos
.701	4

FIABILIDADE

/VARIABLES=PSEF1 PSEF2 PSEF3 R_PSEF4_R /SCALE ('TODAS AS VARIÁVEIS') ALL /MODEL=ALPHA.

Resumo do processamento do caso			
		N	%
Casos	Válido	151	100.0
	Excluído[a]	0	.0
	Total	151	100.0
a. Eliminação por lista com base em todas as variáveis do procedimento.			

Estatísticas de fiabilidade	
Alfa de Cronbach	N de artigos
.803	4

FIABILIDADE

/VARIABLES=PCOST1 PCOST2 R_PCOST3_R /SCALE ('TODAS AS VARIÁVEIS') ALL /MODEL=ALPHA.

Resumo do processamento do caso			
		N	%
Casos	Válido	151	100.0
	Excluído[a]	0	.0
	Total	151	100.0
a. Eliminação por lista com base em todas as variáveis do procedimento.			

Estatísticas de fiabilidade	
Alfa de Cronbach	N de artigos
.805	3

FIABILIDADE

/VARIABLES=SE1 SE3 SE6 SE7 SE9 R_SE11_R /SCALE ('TODAS AS VARIÁVEIS') ALL

/MODELO=ALPHA.

Resumo do processamento do caso			
		N	%
Casos	Válido	151	100.0
	Excluído[a]	0	.0
	Total	151	100.0

a. Eliminação por lista com base em todas as variáveis do procedimento.

Estatísticas de fiabilidade	
Alfa de Cronbach	N de artigos
.714	6

FIABILIDADE

/VARIABLES=AM1 AM2 R_AM3_R /SCALE ('TODAS AS VARIÁVEIS') ALL /MODEL=ALPHA.

Resumo do processamento do caso			
		N	%
Casos	Válido	151	100.0
	Excluído[a]	0	.0
	Total	151	100.0

a. Eliminação por lista com base em todas as variáveis do procedimento.

Estatísticas de fiabilidade	
Alfa de Cronbach	N de artigos
.753	3

FIABILIDADE

/VARIÁVEIS=AB1 AB2 R_AB3_R

/SCALE ('TODAS AS VARIÁVEIS') ALL

/MODEL=ALPHA.

Resumo do processamento do caso			
		N	%
Casos	Válido	151	100.0
	Excluído[a]	0	.0
	Total	151	100.0

a. Eliminação por lista com base em todas as variáveis do procedimento.

Estatísticas de fiabilidade	
Alfa de Cronbach	N de artigos
.762	3

Análise de regressão (AB, AM)

Estatísticas descritivas			
	Média	Desvio Std. Desvio	N
AB	2.46	.860	151
AM	2.3135	.73860	151

Correlações			
		AB	AM
Pearson Correlação	AB	1.000	.390
	AM	.390	1.000
Sig. (unicaudal)	AB	.	.000
	AM	.000	.
N	AB	151	151
	AM	151	151

Variáveis introduzidas/Removidas[b]			
Modelo	Variáveis Entrou	Variáveis Removido	Método
1	AM[a]	.	Entrar
a. Todas as variáveis pedidas foram introduzidas.			
b. Variável dependente: AB			

Resumo do modelo[b]				
Modelo	R	R Quadrado	Quadrado R ajustado	Erro Std. da Estimativa
1	.390[a]	.152	.147	.794
a. Preditores: (Constante), AM				
b. Variável dependente: AB				

ANOVA[b]						
Modelo		Soma de quadrados	df	Quadrado médio	F	Sig.
1	Regressão	16.871	1	16.871	26.753	.000[a]
	Residual	93.961	149	.631		
	Total	110.831	150			

a. Preditores: (Constante), AM
b. Variável dependente: AB

Análise de Regressão (PTHR, PSUS e PSEV)

Estatísticas descritivas			
	Média	Desvio Std. Desvio	N
PTHR	2.20	.684	151
PSUS	2.93	.922	151
PSEV	2.1805	.77844	151

Correlações

		PTHR	PSUS	PSEV
Correlação de Pearson	PTHR	1.000	.357	.499
	PSUS	.357	1.000	.052
	PSEV	.499	.052	1.000
Sig. (unicaudal)	PTHR	.	.000	.000
	PSUS	.000	.	.263
	PSEV	.000	.263	.
N	PTHR	151	151	151
	PSUS	151	151	151
	PSEV	151	151	151

Variáveis introduzidas/removidasb			
Modelo	Variáveis introduzidas	Variáveis removidas	Método
1	PSEV, PSUS	.	Entrar
a. Todas as variáveis pedidas foram introduzidas.			
b. Variável dependente: PTHR			

Resumo do modelo[b]				
Modelo	R	R Quadrado	Quadrado R ajustado	Erro Std. do Estimativa
1	.599[a]	.359	.350	.551
a. Preditores: (Constante), PSEV, PSUS				
b. Variável dependente: PTHR				

ANOVAb					
Modelo	Soma de quadrados	df	Quadrado médio	F	Sig.

1	Regressão	25.183	2	12.591	41.428	.000[a]
	Residual	44.982	148	.304		
	Total	70.165	150			
a. Preditores: (Constante), PSEV, PSUS						
b. Variável dependente: PTHR						

Análise de Regressão (AM, PTHR, PSEF, PCOST, SEF)

Estatísticas descritivas			
	Média	Desvio Std. Desvio	N
AM	2.31	.739	151
PTHR	2.20	.684	151
PSEF	2.02	.708	151
PCOST	2.75	.930	151
SE	2.02	.708	151

Correlações						
		AM	PTHR	PSEF	PCOST	SE
Pearson Correlação	AM	1.000	.386	.381	-.112	.162
	PTHR	.386	1.000	.346	.276	.346
	PSEF	.381	.346	1.000	.043	1.000
	PCOST	-.112	.276	.043	1.000	.043
	SE	.162	.346	1.000	.043	1.000
Sig. (unicaudal)	AM	.	.000	.000	.085	.000
	PTHR	.000	.	.000	.000	.000
	PSEF	.000	.000	.	.301	.000
	PCOST	.000	.000	.301	.	.301
	SE	.000	.000	.000	.301	.
N	AM	151	151	151	151	151
	PTHR	151	151	151	151	151
	PSEF	151	151	151	151	151
	PCOST	151	151	151	151	151
	SE	151	151	151	151	151

Variáveis introduzidas/Removidas[b]			
Modelo	Variáveis introduzidas	Variáveis Removido	Método
1	SEF, PCOST,	.	Entrar

	PTHR		
a. Tolerância = .000 limites atingidos.			
b. Variável dependente: AM			

Resumo do modelo[b]				
Modelo	R	R Quadrado	Quadrado R ajustado	Erro Std. da Estimativa
1	.468[a]	.219	.203	.659
a. Preditores: (Constante), SEF, PCOST, PTHR				
b. Variável dependente: AM				

ANOVA[b]						
Modelo		Soma de quadrados	df	Quadrado médio	F	Sig.
1	Regressão	17.949	3	5.983	13.768	.000[a]
	Residual	63.880	147	.435		
	Total	81.829	150			
a. Preditores: (Constante), SEF, PCOST, PTHR						
b. Variável dependente: AM						

Correlações (AB, AM)

CORRELAÇÕES

/VARIABLES=AB AM

/PRINT=TWOTAIL NOSIG

/MISSING=PAIRWISE.

Correlações			
		AB	AM
AB	Correlação de Pearson	1	.390**
	Sig. (bicaudal)		.000
	N	151	151
AM	Correlação de Pearson	.390**	1
	Sig. (bicaudal)	.000	
	N	151	151
**. A correlação é significativa ao nível de 0,01 (bicaudal).			

Correlações (AM, PCOST)

CORRELAÇÕES

/VARIABLES=AM PCOST /PRINT=TWOTAIL NOSIG /MISSING=PAIRWISE.

Correlações			
		AM	PCOST
AM	Correlação de Pearson	1	-.112
	Sig. (bicaudal)		.037
	N	151	151
PCOST	Correlação de Pearson	-.112	1
	Sig. (bicaudal)	.037	
	N	151	151

Correlações (AM, PTHR)

CORRELAÇÕES

/VARIABLES=AM PTHR

/PRINT=TWOTAIL NOSIG

/MISSING=PAIRWISE.

Correlações			
		AM	PTHR
AM	Correlação de Pearson	1	.386**
	Sig. (bicaudal)		.000
	N	151	151
PTHR	Correlação de Pearson	.386**	1
	Sig. (bicaudal)	.000	
	N	151	151
**. A correlação é significativa ao nível de 0,01 (bicaudal).			

Correlações (AM, SEF)

CORRELAÇÕES

/VARIABLES=AM SEF

/PRINT=TWOTAIL NOSIG

/MISSING=PAIRWISE.

Correlações			
		AM	SEF
AM	Correlação de Pearson	1	.381**
	Sig. (bicaudal)		.000
	N	151	151
SEF	Correlação de Pearson	.381**	1
	Sig. (bicaudal)	.000	

	N	151	151
**. A correlação é significativa ao nível de 0,01 (bicaudal).			

Correlações (AM, PSEF)

CORRELAÇÕES

/VARIABLES=AM PSEF

/PRINT=TWOTAIL NOSIG

/MISSING=PAIRWISE.

Correlações			
		SE	AM
SE	Correlação de Pearson	1	.162*
	Sig. (bicaudal)		.047
	N	151	151
AM	Correlação de Pearson	.162*	1
	Sig. (bicaudal)	.047	
	N	151	151
*. A correlação é significativa ao nível de 0,05 (bicaudal).			

Correlações (AM, SEF)

CORRELAÇÕES

/VARIABLES=AM SEF

/PRINT=TWOTAIL NOSIG

/MISSING=PAIRWISE.

Correlações			
		AM	SEF
AM	Correlação de Pearson	1	.381**
	Sig. (bicaudal)		.000
	N	151	151
SE	Correlação de Pearson	.381**	1
	Sig. (bicaudal)	.000	
	N	151	151
**. A correlação é significativa ao nível de 0,01 (bicaudal).			

Variáveis:

AB – Avoidance Behaviour

AM – Avoidance Motivation

PTHR – Perceived Threat

SEF – Safeguard Effectiveness

PCOST – Perceived Safeguard Cost

SE – Self-Efficacy

PSEV – Perceived Severity

PSUS – Perceived Susceptibility

SEX – Sex

AGE – Age

EDU – Education

NET_TIME - Average hours spent per week on the Internet

MIX
Papier aus verantwortungsvollen Quellen
Paper from responsible sources
FSC® C105338

Printed by Books on Demand GmbH, Norderstedt / Germany